全国机械行业职业教育优质规划教材（高职高专）
经全国机械职业教育教学指导委员会审定

数控机床故障诊断与维修

主　编　任群生
副主编　李　琦　史利娟
参　编　周宏菊　胡双喜　郑小年

机械工业出版社

本书为全国机械行业职业教育优质规划教材（高职高专），经全国机械职业教育教学指导委员会审定。

本书以强调实际动手能力为主线，第1、2章主要讲述数控机床维护规划与实施，数控机床的安装、调试及验收；第3~7章讲述数控系统故障诊断与维修、进给系统故障诊断与维修、主轴驱动系统故障诊断与维修、机床电气故障诊断与维修、机械故障诊断与维修的一些细节和理论，并以微课视频形式深入浅出地介绍了数控机床的维修方法与步骤。每章都配有相关的习题，以及习题答案和PPT（见电子资源）。本书对数控车床、数控铣床及加工中心的维修具有一定的指导作用和参考价值。

本书通俗易懂，可作为高等职业院校机械类数控维修、电气维修、机电一体化技术、数控技术专业教材，也可作为社会化培训教材，还可供从事数控机床维修和电气维修的技术人员阅读参考。

本书配有电子课件，凡使用本书作教材的教师可登录机械工业出版社教育服务网（http://www.cmpedu.com），注册后免费下载。咨询电话：010-88379375。

图书在版编目（CIP）数据

数控机床故障诊断与维修/任群生主编. —北京：机械工业出版社，2018.8（2024.9重印）

全国机械行业职业教育优质规划教材. （高职高专） 经全国机械职业教育教学指导委员会审定

ISBN 978-7-111-60949-0

Ⅰ.①数… Ⅱ.①任… Ⅲ.①数控机床-故障诊断-高等职业教育-教材 ②数控机床-维修-高等职业教育-教材 Ⅳ.①TG659

中国版本图书馆CIP数据核字（2018）第217369号

机械工业出版社（北京市百万庄大街22号 邮政编码100037）
策划编辑：王英杰 责任编辑：王英杰 武 晋 王莉娜
责任校对：樊钟英 封面设计：鞠 杨
责任印制：单爱军
北京虎彩文化传播有限公司印刷
2024年9月第1版第7次印刷
184mm×260mm·14.5印张·353千字
标准书号：ISBN 978-7-111-60949-0
定价：45.00元

电话服务	网络服务
客服电话：010-88361066	机 工 官 网：www.cmpbook.com
010-88379833	机 工 官 博：weibo.com/cmp1952
010-68326294	金 书 网：www.golden-book.com
封底无防伪标均为盗版	机工教育服务网：www.cmpedu.com

前 言

本书为全国机械行业职业教育优质规划教材（高职高专），经全国机械职业教育教学指导委员会审定。

教材是教师教学的脚本，是学生学习的课本，是学校实现人才培养目标的载体。本书是遵照全国机械职业教育教学指导委员会2014年全国机械职业教育"十二五"规划专项研究课题数控技术专业系列课程开发暨教材建设会议精神，由职业院校的优秀教师和坚守于企业一线的专家共同编写的。

"中国制造2025"以体现信息技术与制造技术深度融合的数字化、网络化、智能化制造为主线，率先推动我国制造业从新一代信息技术、高档数控机床和机器人等十大领域进行突破式发展，而职业教育作为技术技能型人才培养的主力军，在推动制造业发展方面发挥着重要的作用。如何紧跟时代潮流、如何响应国家制造业发展的新需要、如何培养一批高端技术技能型人才，是职业院校面对的重大课题，而教材建设是保证教学质量最基础性的工作。目前我国机床市场需求进入结构换档升级期，市场需求向自动化、成套、客户化定制方向发展，对智能化的要求也越来越高，因此高档数控机床维修就显得越来越重要。但是，毕业后就能动手进行数控机床维修的高技能人才缺口很大。

目前，规划教材、精品教材、示范教材比比皆是，但真正包含寓教于学一体的PPT并且有动手视频的教材少之又少。针对这些现象，同时为了满足职业教育和读者的需要，我们编写了本书。本书不仅包含PPT及视频，而且有习题及答案，是一本教、学、做一体化教材。此外，本书中还加入了FANUC 0i-F系统的有关视频，以满足读者的需求。

"数控机床故障诊断与维修"课程的理论性和实践性很强，是高职院校数控、机电、维修等专业的重要专业课，要求学生掌握数控机床的系统组成、原理和结构，机、电、液一体化的构成，以及数控机床接口技术、PMC、参数调整修改和机电联调等多方面知识，对教学提出了很高的要求。没有理论指导下的实践是盲目的实践，反之没有实践的理论是空洞的理论。基于此，组织渤海船舶职业学院、北京工业职业技术学院、陕西国防工业职业技术学院、湖北科技职业学院的教师以及武汉华中数控股份有限公司的高级工程师共同编写了本书。

由于数控机床的技术发展很快，且编者水平有限，本书难免存在疏漏和不妥之处，敬请广大读者批评指正。真诚希望本书能满足广大师生的教、学需求并对从事数控机床维修和调试的读者有所帮助，并热忱希望您将对本书的意见和建议通过E-mail告诉我们，E-mail地址：ren0820@qq.com。

编 者

目 录

前 言
第1章 数控机床的维护规划与实施 …… 1
1.1 数控机床的日常维护与保养 …… 1
1.1.1 数控机床的日常维护 …… 1
1.1.2 数控机床的保养 …… 5
1.2 数控机床日常维护规划的制订 …… 6
1.3 数控系统数据备份与恢复及电池更换 …… 12
1.3.1 数控系统数据备份与恢复 …… 12
1.3.2 数控系统电池的更换 …… 17
1.4 数控机床的维修 …… 20
1.4.1 数控机床故障的分类 …… 20
1.4.2 数控机床维修常用的方法 …… 22
1.4.3 数控机床故障排除的思路 …… 24
1.4.4 数控机床维修常用的原则 …… 25
1.4.5 数控机床维修的基本要求 …… 26
习题 …… 32

第2章 数控机床的安装、调试及验收 …… 33
2.1 数控机床的安装 …… 33
2.1.1 数控机床安装前的准备工作 …… 33
2.1.2 数控机床的安装步骤 …… 36
2.1.3 数控机床安装、调试、检验所用的工具 …… 38
2.2 数控机床的调试 …… 41
2.3 数控机床的验收 …… 44
2.4 数控卧式车床的验收 …… 51
2.5 数控铣床和加工中心的验收 …… 57
习题 …… 65

第3章 数控系统故障诊断与维修 …… 68
3.1 FANUC 0i Mate-D 数控装置结构认知 …… 68
3.1.1 FANUC 数控系统的认识 …… 68
3.1.2 FANUC 0i Mate-D 数控系统的结构 …… 70
3.2 系统配置查看、报警履历和诊断画面显示 …… 72
3.2.1 系统配置的查看 …… 72
3.2.2 报警履历的显示 …… 74
3.2.3 诊断画面的显示 …… 75
3.3 典型数控系统报警故障分析及处理 …… 76
3.3.1 系统报警分类及主板上的 LED 显示 …… 76
3.3.2 系统 ROM 奇偶错误报警（报警号 900）故障分析与处理 …… 78
3.3.3 DRAM/SRAM 奇偶校验错误报警（报警号 910~911/912~913）故障分析与处理 …… 79
3.3.4 FSSB 报警（报警号 926）故障分析与处理 …… 80
3.3.5 存储器全清 …… 82
3.4 MDI 方式下不能运行的故障分析与处理 …… 83
3.4.1 MDI 方式下的数控机床工作过程分析 …… 83
3.4.2 MDI 方式下的故障分析与处理 …… 86
3.5 数控机床急停故障分析与诊断 …… 89
3.5.1 急停控制回路原理 …… 89
3.5.2 急停故障的分析与诊断 …… 91
3.5.3 急停故障实例分析 …… 91
习题 …… 93

第4章 进给系统故障诊断与维修 …… 94
4.1 进给伺服单元的连接 …… 94
4.1.1 α系列伺服单元 …… 95
4.1.2 βi系列伺服单元 …… 97
4.2 伺服单元报警的故障分析与处理 …… 99
4.3 进给伺服模块的连接 …… 100

4.3.1	伺服模块的功能接口	……	100
4.3.2	伺服模块的连接	……	101

4.4 进给伺服模块报警的故障分析 …… 103
4.5 数控系统伺服参数的设定及调整 …… 104
    4.5.1 数控系统伺服参数的设定 …… 104
    4.5.2 数控系统伺服调整 …… 107
4.6 数控机床进给伺服系统报警的故障分析与处理 …… 110
    4.6.1 伺服过热报警和伺服不能就绪报警 …… 110
    4.6.2 伺服移动误差过大报警和伺服停止误差过大报警 …… 112
    4.6.3 伺服综合报警 …… 113
    4.6.4 伺服反馈断线报警和伺服参数设定错误报警 …… 114
4.7 进给伺服系统位置检测装置报警及故障维修 …… 120
    4.7.1 伺服电动机内装编码器报警及故障维修 …… 120
    4.7.2 绝对位置检测装置报警及故障维修 …… 122
    4.7.3 分离型检测装置（光栅尺）报警及故障维修 …… 124
4.8 数控机床振荡故障诊断与维修 …… 125
习题 …… 127

第 5 章 主轴驱动系统故障诊断与维修 …… 128

5.1 数控机床主轴驱动系统概述 …… 128
    5.1.1 数控机床主轴驱动系统的组成及功能 …… 128
    5.1.2 数控机床主轴传动配置方式及其特点 …… 129
    5.1.3 主轴分段无级变速的换档方式 …… 132
    5.1.4 数控机床主轴速度控制方式 …… 135
    5.1.5 数控机床主轴常用控制功能的名词术语 …… 135
5.2 模拟量控制的主轴驱动装置及维修技术 …… 137
    5.2.1 通用变频器的组成及端子功能 …… 137
    5.2.2 数控机床主轴变频调速的应用 …… 140
    5.2.3 数控机床主轴变频调速控制过程中的常见故障及其诊断 …… 144
5.3 串行控制的主轴驱动装置及维修技术 …… 146
    5.3.1 FANUC 系统串行主轴电动机 …… 146
    5.3.2 FANUC 系统电源模块 …… 148
    5.3.3 FANUC 系统主轴模块 …… 152
    5.3.4 主轴参数设定及初始化 …… 159
5.4 数控机床主轴准停控制功能及维修技术 …… 164
    5.4.1 主轴准停功能及其应用 …… 164
    5.4.2 主轴准停控制装置及系统参数设定 …… 165
    5.4.3 主轴准停功能的控制 …… 167
    5.4.4 主轴准停控制过程中的常见故障 …… 167
5.5 数控车床螺纹加工中的常见故障分析及处理 …… 168
    5.5.1 数控车床主轴编码器及其功能连接 …… 168
    5.5.2 数控车床螺纹加工常见故障诊断与维修 …… 169
习题 …… 170

第 6 章 机床电气故障诊断与维修 …… 172

6.1 FANUC 0i 系统 PMC 认知 …… 172
    6.1.1 数控机床用 PMC 的类型 …… 172
    6.1.2 数控机床用 PMC 与外部的信号交换 …… 173
    6.1.3 PMC 程序的结构及工作过程 …… 174
    6.1.4 PMC 程序的顺序执行特点 …… 175
6.2 PMC 画面及操作 …… 176
    6.2.1 PMC 菜单结构 …… 176
    6.2.2 PMC 的维修与监控功能 …… 176
    6.2.3 PMC 梯形图的监控与编辑功能 …… 181
6.3 数控机床工作状态开关 PMC 控制分析 …… 188
6.4 数控车床自动换刀 PMC 控制分析 …… 190
6.5 数控机床润滑系统 PMC 控制分析 …… 192
6.6 数控机床加工程序功能按钮 PMC 控制分析 …… 193
6.7 数控机床辅助功能代码 PMC 控制分析 …… 196
6.8 电源维护及故障诊断 …… 198
    6.8.1 电源单元输入电路工作原理 …… 198
    6.8.2 电源单元输出电路工作原理 …… 200

6.8.3　电源单元常见故障及诊断 ……… 200
习题 …………………………………… 203

第7章　机械故障诊断与维修 ……… 204

7.1　数控机床主轴部件典型故障的分析处理 ………………………………… 204
　　7.1.1　数控机床主轴部件的结构 …… 204
　　7.1.2　数控机床主轴部件的维护 …… 206
　　7.1.3　主轴部件的故障诊断 ………… 207
7.2　刀库与换刀机械手典型故障的分析处理 ………………………………… 209
　　7.2.1　刀架、刀库和换刀装置的机械结构 …………………………… 209
　　7.2.2　刀架、刀库和换刀机械手的维护 …………………………… 210
　　7.2.3　刀架、刀库和换刀机械手的故障诊断 ………………………… 211
7.3　滚珠丝杠副的轴向间隙调整及典型故障处理 ……………………………… 213
　　7.3.1　滚珠丝杠的特点 ……………… 213
　　7.3.2　滚珠丝杠副的维护 …………… 213
　　7.3.3　滚珠丝杠副的故障诊断 ……… 215
7.4　数控车床导轨副的典型故障处理 … 216
　　7.4.1　数控车床导轨副的结构与分类 … 216
　　7.4.2　数控车床导轨副的维修 ……… 217
　　7.4.3　数控车床导轨副的故障诊断 … 218
习题 …………………………………… 219

附录　FANUC系统常用缩略语 ………… 220

参考文献 ……………………………………… 224

第 1 章
数控机床的维护规划与实施

本章导读

- **主要内容及教学要求**

1. 介绍了数控机床的日常维护与保养,要求了解数控机床维护管理的主要内容及基本要求,会进行数控机床的日常维护、保养和管理。

2. 介绍了数控机床的三级保养及日常点检,要求会制订数控机床日常维护规划。

3. 介绍了数控机床 FANUC 0i-D 系统数据备份与恢复方法,要求掌握在开机引导画面和正常画面下利用输入/输出功能进行 SRAM 数据及 FROM 数据的备份和恢复方法。

4. 介绍了数控系统电池的更换方法,要求熟悉数控系统存储器所用锂电池和碱性干电池的更换方法,以及绝对脉冲编码器电池(DC6V)的更换方法。

5. 介绍了数控机床的维修操作方法,要求了解数控机床的故障分类,具备数控机床维修人员的基本素质,会使用常用的维修器具,能排除常见故障。

- **重点、难点**

1. 数控系统数据的备份与恢复。
2. 数控机床维修常用的原则。

1.1 数控机床的日常维护与保养

数控机床是现代机械工业的重要技术装备,也是先进制造技术的重要基础装备。正确的操作和维护保养是保障数控机床使用寿命的关键因素。正确的操作使用能够防止机床发生非正常磨损,避免突发故障;做好日常维护保养,可使机床保持良好的技术状态,延缓其老化进程,及时发现并消除故障隐患,从而保证其安全运行。

1.1.1 数控机床的日常维护

1. 数控机床的维护管理

不同种类的数控机床虽然在结构和控制上有所区别,但在机床维护保养、故障诊断及处理等方面存在共性。数控机床维护属于设备管理范畴,是企业生产过程的重要组成部分。正确使用和精心维护能防止机床发生非正常磨损,而且用户可以在维护的过程中及时发现并消除故障隐患,从而增加机床的平均无故障时间和开动率,避免停机损失;同时还可以延长设备使用寿命,保持数控机床的加工精度。

2. 数控机床维护管理的基本要求

维修人员可以根据以下要求，有针对性地对数控机床进行维护：

（1）完整性　数控机床的零部件齐全；工具、附件、工件放置整齐；线路、管路完整。

（2）洁净性　数控机床内外清洁、无黄斑、无油污、无锈蚀；各滑动面、丝杠、齿条、齿轮等处无油垢、无碰伤；各部位不漏油、不漏水、不漏气、不漏电；切屑应清理干净。

（3）灵活性　为保证运动部件的灵活性，必须按照数控机床的润滑标准定时、定量地加油、换油；油质要符合要求；油壶、油枪、油杯、油嘴齐全；油毡、油线清洁，油标明亮，油路畅通。

（4）安全性　严格实行定人定机和交接班制度；操作者必须熟悉数控机床的结构，遵守操作和维护规程，合理使用，精心维护，监测异常，不出事故；各种安全防护装置齐全、可靠，控制系统正常，接地良好，无事故隐患。

3. 数控机床维护管理的主要内容

（1）严格遵守操作规程　数控系统编程、操作和维修人员必须经过专门培训，熟悉所用数控机床的机械系统、数控系统、强电设备、液压、气源等部分及使用环境、加工条件等，能按机床和系统使用说明书的要求正确、合理地使用，应尽量避免因操作不当引起的故障。

（2）保持良好的润滑状态　要定期检查、清洗自动润滑系统，及时添加或更换油液、油脂，使主轴、丝杠等各运动部件始终保持良好的润滑状态，以减缓机械磨损速度。

（3）机械精度的检查调整　保持各运动部件之间的几何误差在允许范围内，其中包括对换刀系统、工作台交换系统、丝杠反向间隙等的检查与调整。

（4）防止数控装置过热及尘埃进入　定时清理数控装置的散热通风系统。应每天检查数控电气柜上的各冷却风扇工作是否正常，定期检查风道过滤器是否有堵塞现象。如果过滤网上灰尘积聚过多，需及时清理，否则会引起数控电气柜内温度过高（一般不允许超过55℃）造成过热报警或数控系统工作不可靠。

加工车间的空气中一般都有油雾、灰尘、金属粉末等颗粒物，当它们落在电气接插件上或电路板上时，容易引起元器件及电路板的损坏，所以应尽量减少数控电气柜门的开、关次数。除非进行必要的调整和维修，否则不允许随意开启柜门，更不允许在敞开柜门的状况下运行机床。

（5）经常检查电网电压　一般数控系统允许的电网电压波动范围为额定值的±5%～±10%，否则会使数控系统工作不稳定，甚至造成重要电子元器件损坏。因此，要经常注意电网电压的波动。特别是在电网质量比较恶劣的地区，应及时配置数控系统专用的交流稳压电源装置。

（6）定期检查和更换存储器用电池及进行备用印制电路板的管理　通常数控系统存储参数用的存储器采用 SRAM，断电期间，其存储内容的保持由电池供电实现。一般采用锂电池或可充电的镍电池供电，当电池电压下降至一定值时就会造成参数丢失。因此，要定期检查电池电压，当电压下降至限定值或报警时要及时更换。

对已经购置的备用印制电路板,应定期将其安装到 CNC 系统上通电运行。实践证明,印制电路板长期不用时易出故障。

(7) 定期检查和更换直流电动机电刷　直流电动机电刷过度磨损会影响其性能甚至使其损坏,所以必须定期进行检查、清扫和更换。还要检查各接插件是否松动。对于数控车床、数控铣床和加工中心等,应每年检查一次;对于频繁加速的机床(如压力机等),应每两个月检查一次。

(8) 机床和工作环境的清洁卫生　如果数控机床使用环境不好,就会直接影响机床的正常运行。例如,电路板太脏,可能出现短路情况;空气过滤器或油水过滤器太脏,会出现散热不好、压力不足等情况并造成故障。因此,必须定期进行维护保养。

(9) 选择合理的维修方式　设备维修可以分为事后维修、预防维修、改善维修、预知维修或状态维修等。如果从修理费用、停产损失、维修组织和维修效果等方面衡量,每一种维修都有它的优点和缺点。应选择最佳的维修方式,即用最少的费用取得最好的修理效果。

(10) 建立专业维修机构和维修协作交流平台　数控机床的硬件、软件配置各不相同,数控系统类型也不同,这就给维修带来了很大的困难。企业应建立自己专业化的设备维修机构,应提供业务培训,保持维修人员队伍的稳定性,并给维修站、维修中心配备必要的技术手册、工具器具及测试仪器等。建立维修协作交流平台,特别应与使用同类数控机床的单位建立友好联系,在资料收集、备件调试、维修经验交流、人员相互支援上相互协作,这对数控机床的使用和维修能起到很好的推动作用。

(11) 备件国产化　数控机床维修中,如果需要从国外购买备件,难免会出现供应不及时、价格贵、渠道不畅通等情况。因此,应抓紧备件国产化工作。

4. 数控机床的点检

常用的数控机床维护方法是点检。所谓点检,就是按照一定的标准和一定的周期对设备规定的部位进行检查。其优点是能及时发现设备的故障隐患,并加以修理和调整,使设备保持规定的功能;缺点是定期点检工作量大。设备运行阶段的点检作为一项设备管理制度,可降低故障率和维修费用,因此应认真并持之以恒地执行,以保证数控机床正常运行。

从点检的要求和内容上来看,点检可分为日常点检、专职点检和生产点检三个层次。

日常点检人员主要对机床的一般部位进行检查,处理和排除数控机床在运行过程中出现的小故障。

专职点检人员负责对数控机床的关键部位进行重点检查,制订点检计划,做好诊断记录,分析维修结果,提出建议。

生产点检人员主要负责对生产中的数控机床进行检查、润滑、紧固等工作。数控机床点检维修过程如图 1-1 所示。数控机床维护点检卡见表 1-1。在实际工作中,应根据机床的具体状况和维护要求,制订相应的点检卡。

数控机床的点检一般包括下面几部分内容。

(1) 安全保护装置

1) 开机前检查机床的各运动部件是否在停机位置,各旋钮、手柄是否在规定的位置,机床的各保险及防护装置是否齐全。

2) 检查各种夹紧装置安装是否牢固可靠,有无松动、移位、损坏等现象。

表1-1 数控机床维护点检卡

设备名称：_____ 设备编号_____ 负责人_____ 年___月

项次	日检查内容	1	2	3	4	5	6	7	8	9	10	11	12	13	14	15	16	17	18	19	20	21	22	23	24	25	26	27	28	29	30	31
1	检查电源电压是否正常（380V±38V）																															
2	检查气压压力表读数是否正常																															
3	机床外观是否整洁，切屑等杂物是否清理																															
4	目视检查液位是否达标，必要时应添加油液																															
5	检查机床润滑系统工作是否正常																															
6	检查切削液回收过滤网是否有堵塞现象																															
7	轴间找正过程中，各轴向运动是否有异常现象																															
8	给工作台和导轨防护罩涂抹少量防锈油或轻油，移动坐标轴听声音判断护板是否运行顺畅																															

项次	周检查项目	一周	二周	三周	四周
1	检查气压调节阀下面的自动排水口是否正常				
2	用刷子清洗切削液箱滤网				
3	电气柜内油污清除				
4	利用除锈剂去除锈斑				
5	检查气枪管及接头连接处是否有杂物				

项次	季检查项目	一季度	二季度	三季度	四季度
1	配重链条的润滑油检查				
2	给齿轮箱添加或更换新油				
3	工作台的水平检查调整				

项次	月检查项目	项次	月检查项目
1	在导轨上涂抹润滑油脂，检查滑轮固定螺栓是否牢固可靠，滑轮导轨两边磨损是否正常	1	十二月
2	检查油水分离器是否堵塞	2	检查主轴冷却系统的切削液
3	检查并清理过滤器，必要时加新油	3	清洗切削液箱底部的污垢残屑
4	检查并清理机床控制柜上的防尘过滤网		
5	更换切削液并彻底清洗切削液箱		

项次	年检查项目
1	机床精度检测
2	检查主轴冷却系统的切削液
3	清洗切削液箱底部的污垢残屑

备注：机床维护保养负责人要根据检查项目，记录检查结果。(1)记录符号。V:良好；X:异常；R:维修中。(2)每日上午8:30完成点检。(3)每周最后一个工作日进行周保养。(4)每月最后一个工作日进行月保养。(5)每季最后一个工作日进行季保养。(6)每年12月最后一个工作日进行年保养。

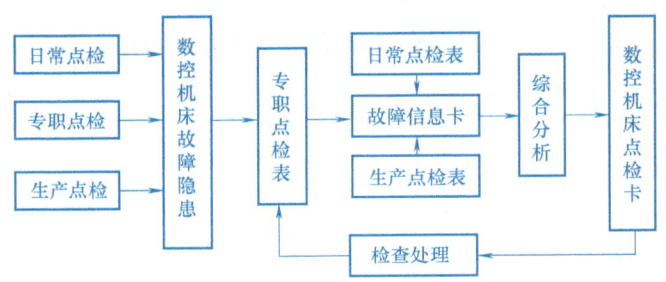

图 1-1　数控机床点检维修过程

(2) 机械及气压、液压仪器仪表　开机后先使机床低速运转，机床预热后再检查以下各项目。

1) 主轴运转是否正常，有无噪声及异常现象。
2) 各轴向导轨是否正常，回参考点是否正常。
3) 气压、液压系统是否正常，仪表读数是否在正常值范围之内。

(3) 电气防护装置

1) 各种电气元件、开关是否接触良好，运转是否正常。
2) 电动机运转情况是否正常，有无异常声音。

(4) 润滑装置

1) 机床低速运转时，检查导轨的供油情况是否正常。
2) 按要求的位置及规定的油品加注润滑油，加注后将油盖盖好，然后检查油路是否畅通。

(5) 文明生产

1) 设备外观应整洁，无灰尘油污，呈现本色。
2) 各润滑面无锈蚀、无颗粒物，应有洁净的油膜。
3) 丝杠应洁净、无黑锈、有亮泽、有油膜，转动顺畅。
4) 生产中严格按操作规程操作，应保持现场整洁有序。

1.1.2　数控机床的保养

1. 设备的三级保养制

设备的三级保养制是专业管理维修与群管群修相结合的一种设备维修制度。三级保养制内容包括日常维护保养、一级保养和二级保养。三级保养制是以岗位工和维修工为主对设备进行的以保为主、保修并重的管理制度，是搞好设备维护保养的有效办法。

(1) 日常维护保养　班前和班后由操作工认真检查设备，擦拭各个部位和加注润滑油，使设备保持整齐、清洁、润滑、安全。班中设备发生故障，应及时给予排除，并认真做好交接班记录。

(2) 一级保养　以操作工为主、维修工为辅，按计划对设备进行局部拆卸和检查，清洗规定的部位，疏通油路、管路，更换或清洗油线、油毡、过滤器，调整设备各部位的配合间隙，紧固设备各个部位。

（3）二级保养　以维修工为主，操作者配合。列出设备的检修计划，对设备进行部分解体检查和修理，更换或修复磨损件，清洗、换油、检查、修理电气部分，局部恢复精度，满足加工零件的最低要求。

2. "三好""四会"的内容

实行三级保养制，必须要求操作工对设备做到"三好""四会"。

（1）"三好"的内容

1）管好。自觉遵守定人定机制度，凭操作证使用设备，不乱用别人的设备；管好工具、附件，不丢失损坏，放置整齐；安全防护装置齐全好用；线路、管路完整。

2）用好。设备不带病运转，不超负荷使用，不大机小用、精机粗用；遵守操作规程和维护保养规程；细心爱护设备，防止发生事故。

3）修好。按计划检修时间，停机修理；积极配合维修工，参加设备的二级保养工作和大、中修理后完工验收及试机工作。

（2）"四会"的内容

1）会使用。熟悉设备结构，掌握设备的技术性能和操作方法，懂得加工工艺，正确使用设备。

2）会保养。正确地按润滑图表规定加油、换油；保持油路畅通，油线、油毡、过滤器清洁；认真清扫，保持设备内外清洁，无油垢、无脏物，漆见本色铁见光；按规定进行一级保养工作。

3）会检查。了解设备精度标准，会检查与加工工艺有关的精度检验项目，并能进行适当调整；会检查安全防护和保险装置。

4）会排除故障。能通过不正常的声音、温度和运转情况，发现设备的异常状况，并能判断异常状况的部位和原因，及时采取措施，排除故障。发生事故时，参与分析，明确事故原因，吸取教训，做出预防措施。

保养与设备点检不同。点检主要是设备的日常检查，目的是防止因设备问题而导致生产的产品报废以及延长设备使用时间；而保养主要是针对设备在日常检查中发现的问题进行保养和维修，并根据设备使用性能规定，按时更换零件、液压油等。

1.2　数控机床日常维护规划的制订

数控机床正常使用时间的长短与日常维护和保养有着密切联系，正确使用和制订日常维护保养制度可以避免约50%的意外故障，能将平均无故障时间延长一倍以上。因此，越来越多的数控机床使用厂家开始重视数控机床日常维护保养规划的制订。

根据数控机床的三级保养制，可以将数控机床的日常维护保养规划制订为：每天进行的保养，即在班前、班中和班后保养；每月进行的保养（又称一保），一般在月底或月初进行；每半年或每年进行的保养（又称二保）。一般按照数控机床的组成部件来确定维护内容，表1-2和表1-3分别为数控车床和加工中心的日常维护规划记录表。

表 1-2 数控车床日常维护规划记录表

设备名称			设备编号	
维护保养员			联系人	
保养日期			验收人员	

日常维护保养

编号		保养内容	检查要求	存在问题及改进措施
1	班前	操作面板按钮、开关和指示灯检查	位置正确、可靠,指示灯无损坏现象	
2		机床接地线检查	完整、可靠	
3		润滑系统检查	符合规定,或者液位不低于标识范围内下限以上的1/3处	
4		液压系统检查		
5		冷却系统检查		
6		气动系统输入端压力值检查	指示灵敏、准确	
7		主轴及进给系统预热检查	正常,无异常振动和噪声	
8		主轴卡盘和尾座顶尖的液压夹紧力检查	安全、可靠	
9		刀盘(刀库)及各动力头、排屑装置检查	运行正常,无异常振动和噪声	
10		各坐标轴回参考点检查	准确	
11	班中	执行数控车床(车削中心)操作规程	严格遵守	
		操作中发现异常,立即停机,由相关人员进行检查或排除故障	处理及时,不带故障运行,并严格遵守	
12	班后	机床清理、清洁	洁净、防锈	
13		机床各部分停机位置	合理	
14		断电、断气	严格遵守	
15		机床周围环境"6S"管理完成情况	严格按"6S"管理	
16		机床交接班记录	要求严格遵守	

一级保养

编号		保养内容	检查要求	存在问题及改进措施
1	主轴箱	检查制动装置及主轴电动机传动带	洁净、安全、可靠,传动带松紧合适	
		检查、清理主轴锥孔表面毛刺	光滑、洁净	
2	各坐标进给传动系统	清洗滚珠丝杠螺母副,调整镶条间隙	洁净、间隙适宜	
		检查、洁净各坐标传动机构及导轨和毛毡	洁净、无污物、无毛刺	
		检查并清洁各坐标限位开关、减速开关、零位开关及机械保险机构	洁净、无污物、安全、可靠	
		对于闭环系统,检查各坐标光栅尺表面或感应同步尺表面	要求洁净、无污物,压缩空气供给正常	
3	刀塔	检查、清洗刀盘刀位槽、刀位孔及刀具紧锁机构	洁净、可靠	
		检查刀盘上各动力头	工作正常、可靠	
		检查各定位机构	安全、可靠	

(续)

编号		保养内容	检查要求	存在问题及改进措施
4	尾座	分解和清洗套筒、丝杠、螺母	洁净、无毛刺	
		检查尾座的锁紧机构	安全、可靠	
		检查、调整尾座顶尖与主轴的同轴度	符合技术规定	
5	液压系统	清洗过滤器	洁净、无污物	
		检查液位	符合规定,或者液位不低于标识范围内下限以上的1/3处	
		液压泵及油路	无泄漏,压力、流量符合技术要求	
		压力表	指示灵敏、准确,并在定期校验时间范围内	
6	气动系统	清洗过滤器	洁净、无污物	
		气路、压力表	无泄漏,压力、流量符合技术要求;指示灵敏、准确,并且在定期校验时间范围内	
7	中心润滑系统	检查油泵、压力表	无泄漏,压力、流量符合技术要求;压力指示灯符合规定,指示灵敏、准确,并且在定期校验时间范围内	
		检查油路、分油器;清洗过滤器、油箱	洁净、无污物,油路畅通、无泄漏,单向阀工作正常	
		检查油位	润滑油必须加至油标上限	
8	切削液系统	清洗切削液箱、过滤器和排屑器,检查切削液泵、油路	洁净、无污物、无泄漏,压力、流量符合技术要求	
		排屑器上各按钮、开关	位置正确、可靠	
9	整机外观	全面擦拭机床表面及死角	要求漆见本色、铁见光	
		清理电气柜内的灰尘	洁净、无污物	
		清洗各排风系统及过滤网	洁净、可靠	
		清理、洁净机床周围环境	按定置管理及"6S"管理达到标准	
二级保养				
1	主轴箱	对于包含齿轮传动的主轴系统,检查、清洗主轴箱内各零部件,检查同步带	洁净、无污物,传动灵活、可靠,无异常噪声和振动	
		检查并调整主轴制动装置	灵活、可靠	
		检查、清洗主轴内锥孔表面,调整主轴间隙	光滑、无毛刺,间隙适宜	
		检查直流电动机,清理炭灰并调整电刷	洁净、可靠	
2	各坐标进给传动系统	检查、清洗传动机构各零部件,检查同步带	洁净、无污物,传动灵活、可靠,无异常噪声和振动	
		检查直流电动机,清理炭灰并调整电刷	洁净、可靠	

(续)

编号	保养内容		检查要求	存在问题及改进措施
3	刀塔	检查刀塔电动机	转动灵活,符合要求	
		检查定位机构	要求准确、可靠	
4	尾座	分解和清洗尾座,清洗尾座套筒锥孔表面毛刺	要求洁净、表面光滑	
		检修尾座和套筒锁紧机构	安全、可靠	
5	液压系统	清洗液压油箱	洁净、无污物	
		检修、清洗过滤器,需要时更换滤芯	洁净、无污物	
		检查液压泵及各液压元件	灵活、可靠,无泄漏、无松动,压力、流量符合技术要求	
		检测液压卡盘和尾座顶尖的压力范围、脚踏开关	压力调节准确,卡盘、顶尖活动灵活、可靠,脚踏开关工作正常、可靠	
		检查油质,需要时进行更换	符合技术要求	
		检查压力表,需要时进行校验	合格,有校验标志	
6	气动系统	检修、清洗过滤器,需要时更换滤芯	洁净、无污物	
		检查各气动元件和气路	灵活、可靠,无泄漏、无松动,压力、流量符合技术要求	
		检修压力表,需要时进行校验	合格,并有校验标志	
7	中心润滑系统	检修油泵、过滤器、油路、分油器、油标	洁净、无污物,油路畅通、无泄漏,压力、流量符合技术要求,润滑时间准确	
		检查压力表,需要时进行校验	合格,有校验标志	
8	切削液系统	检修切削液泵、各元件及管路,清洗过滤器,需要时更换滤芯	无泄漏,压力、流量符合技术要求	
		检查压力表,需要时进行校验	合格,有校验标志	
		检修和清洗排屑器、传动链、操作系统	洁净、无污物,各按钮和开关工作正常、可靠,排屑器运行正常、可靠	
9	整机外观	清理、洁净机床周围环境,机床附件要摆放整齐	符合定置管理及"6S"管理要求	
		检查各类标牌	齐全、清晰	
		检查各部件的紧固件、连接件、安全防护装置	齐全、可靠	
		试机:主轴和各坐标轴从低速到高速运行,主轴高速运行转速不低于 20r/min,刀盘各刀位循环顺时针和逆时针 360°运行、定位	运行正常,温度、噪声符合国家标准要求	
10	精度	几何精度	符合出厂公差标准	
		检测各直线坐标轴和 C 坐标轴的定位精度、重复定位精度以及反向误差	符合出厂公差标准	
		检测刀盘的定位精度、重复定位精度	符合出厂公差标准	

表 1-3　加工中心日常维护规划记录表

设备名称			设备编号	
维护保养员			联系人	
保养日期			验收人员	
日常保养				
编号		保养内容	检查要求	存在问题及改进措施
1	班前	操作面板按钮、开关和指示灯检查	位置正确、可靠,指示灯无损坏现象	
2	班前	机床接地线检查	完整、可靠	
3	班前	润滑系统检查	符合规定或液位不低于标识范围下限以上的1/3处	
4	班前	液压系统检查	符合规定或液位不低于标识范围下限以上的1/3处	
5	班前	冷却系统检查	符合规定或液位不低于标识范围下限以上的1/3处	
6	班前	气动系统输入端压力值检查	指示灵敏、准确	
7	班前	主轴及进给系统预热检查	正常,无异常振动和噪声	
8	班前	检查刀库、机械手、可交换工作台、排屑装置等的工作状况	正常、可靠,无异常振动和噪声	
9	班前	各坐标轴回参考点检查	准确	
10	班中	执行加工中心操作规程	严格遵守	
10	班中	操作中发现异常,立即停机,由相关人员进行检查或排除故障	严格遵守	
10	班中	主轴转速≥8000 r/min 时,或在说明书指定的主轴转速范围内时,刀具及锥柄应按要求进行动平衡	严格执行	
11	班后	机床清理、洁净	洁净、防锈	
12	班后	机床各部分停机位置	合理	
13	班后	断电、断气	严格遵守	
14	班后	机床周围环境"6S"管理完成情况	严格按"6S"管理	
15	班后	机床交接班记录	严格遵守	
一级保养				
1	主轴系统	主轴锥孔	光滑、洁净	
1	主轴系统	主轴拉刀机构	安全、可靠	
2	各坐标进给传动系统	检查、洁净各坐标传动机构、导轨及毛毡或刮屑器	洁净、无污物、无毛刺	
2	各坐标进给传动系统	检查各坐标限位开关、减速开关、零位开关及机械保险机构	洁净、无污物、安全、可靠	
2	各坐标进给传动系统	对于闭环系统,检查各坐标光栅尺表面或感应同步尺表面	要求洁净、无污物、压缩空气供给正常	
3	自动换刀装置	检查、清洗机械手、刀库各部位	洁净、可靠	
3	自动换刀装置	检查刀库上刀座、机械手上卡爪锁紧机构	洁净、安全、可靠、无毛刺	

(续)

编号	保养内容		检查要求	存在问题及改进措施
4	工作台	检查工作台面及T形槽	洁净、无毛刺	
		对于可交换工作台,检查托盘上、下表面及定位销	洁净、无毛刺	
5	液压系统	清洗过滤器	洁净、无污物	
		检查液位	符合规定,或者液位不低于标识范围内下限以上的1/3处	
		液压泵及油路	无泄漏,压力、流量符合技术要求	
		压力表	指示灵敏、准确,并在定期校验时间范围内	
6	气动系统	清洗过滤器	洁净、无污物	
		气路、压力表	无泄漏,压力、流量符合技术要求;指示灵敏、准确,并且在定期校验时间范围内	
7	中心润滑系统	检查油泵、压力表	无泄漏,压力、流量符合技术要求;压力指示灯符合规定,指示灵敏、准确,并且在定期校验时间范围内	
		检查油路、分油器;清洗过滤器、油箱	洁净、无污物,油路畅通、无泄漏,单向阀工作正常	
		检查油位	润滑油必须加至油标上限	
8	切削液系统	清洗切削液箱、过滤器和排屑器,检查切削液泵、油路	洁净、无污物、无泄漏,压力、流量符合技术要求	
		排屑器上各按钮、开关	位置正确、可靠	
9	整机外观	全面擦拭机床表面及死角	要求漆见本色、铁见光	
		清理电气柜内的灰尘	洁净、无污物	
		清洗各排风系统及过滤网	洁净、可靠	
		清理、洁净机床周围环境	按定置管理及"6S"管理达到标准	
二级保养				
1	主轴系统	对于包含齿轮传动的主轴系统,检查、清洗主轴箱内各零部件,检查同步带	洁净、无污物,传动灵活、可靠,无异常噪声和振动	
		检查并调整主轴制动装置	灵活、可靠	
		检查、清洗主轴内锥孔表面,调整主轴间隙	光滑、无毛刺,间隙适宜	
		检查直流电动机,清理炭灰并调整电刷	洁净、可靠	
2	各坐标进给传动系统	检查、清洗传动机构各零部件,检查同步带	洁净、无污物,传动灵活、可靠,无异常噪声和振动	
		检查直流电动机,清理炭灰并调整电刷	洁净、可靠	

(续)

编号	保养内容		检查要求	存在问题及改进措施
3	自动换刀机构	检查自动换刀系统的传动、机械手和保护机构	洁净、无损坏现象,功能协调、安全、可靠	
		检查机械手换刀时刀具与主轴中心及与刀座中心的同轴度	洁净、无毛刺,定心准确无误	
4	液压系统	清洗液压油箱	洁净、无污物	
		检修、清洗过滤器,需要时更换滤芯	洁净、无污物	
		检查液压泵及各液压元件	灵活、可靠,无泄漏、无松动,压力、流量符合技术要求	
		检查油质,需要时进行更换	符合技术要求	
		检查压力表,需要时进行校验	合格,有校验标志	
5	气动系统	检修、清洗过滤器,需要时更换滤芯	洁净、无污物	
		检查各气动元件和气路	灵活、可靠,无泄漏、无松动,压力、流量符合技术要求	
		检修压力表,需要时进行校验	合格,并有校验标志	
6	中心润滑系统	检修油泵、过滤器、油路、分油器、油标	洁净、无污物,油路畅通、无泄漏,压力、流量符合技术要求,润滑时间准确	
		检查压力表,需要时进行校验	合格,有校验标志	
7	切削液系统	检修切削液泵、各元件及管路,清洗过滤器,需要时更换滤芯	无泄漏,压力、流量符合技术要求	
		检查压力表,需要时进行校验	合格,有校验标志	
		检修和清洗排屑器、传动链、操作系统	洁净、无污物,各按钮和开关工作正常、可靠,排屑器运行正常、可靠	
8	整机外观	清理、洁净机床周围环境,机床附件要摆放整齐	符合定置管理及"6S"管理要求	
		检查各类标牌	齐全、清晰	
		检查各部件的紧固件、连接件、安全防护装置	齐全、可靠	
		试机:主轴和各坐标轴从低速到高速运行,主轴高速运行转速不低于 20r/min,刀库、机械手正常运行	运行正常,温度、噪声符合国家标准要求	
9	精度	主要几何精度	符合出厂公差标准	
		检测各直线坐标和回转坐标的定位精度、重复定位精度以及反向误差	符合出厂公差标准	

1.3 数控系统数据备份与恢复及电池更换

1.3.1 数控系统数据备份与恢复

在使用数控机床的过程中,因为各种原因会造成数控系统数据的丢失,如机床断电、控制单元损坏、电池失效或更换时出现差错等,如果之前没有做好备份,那么数控机床将会瘫痪,导致产生巨大的损失。数控系统数据的备份和恢复是数控机床设备管理中很重要的一个方面。在数控机床安装调试完成后或对数据进行修改后,及时对数控系统做好数据备份并妥善保管,可以预防数据的丢失,且当机床出现存储器等方面的故障时,可以用数据恢复的方法对数据进行刷新,从而恢复机床的功能。

1. FANUC 系统中的存储器

FANUC 系统中的存储器有 SRAM、DRAM、FROM 三种。SRAM（Static RAM）即为静态存储器,它是可以随机存取,并且其内容经常可以自由改写的存储装置。SRAM 中的数据由于断电后需要电池保护,有易失性,需要保留数据。DRAM（Dynamic-RAM）即为动态存储器,其保留数据时间很短,在控制系统中起缓存作用。FROM（FLASH-ROM）又称闪存,是不能自动写入、只可以读取的存储器。FROM 中的数据相对稳定,一般情况下不容易丢失。

1) FROM 中存放 FANUC 公司的系统软件,包括:

①插补控制软件；②数字伺服软件；③PMC 控制软件；④PMC 应用程序（梯形图）；⑤宏编译程序；⑥网络通信（通过以太网及 RS232C、DNC 等）控制软件；⑦图形显示软件等。

2) SRAM 中存放着机床厂及用户数据,包括:

①系统参数（包括数字伺服参数）；②加工程序；③用户宏程序；④PMC 参数；⑤刀具补偿及工件坐标补偿数据；⑥螺距误差补偿数据。

2. 数控系统数据备份与恢复的操作

数控系统数据备份是指将系统数据存储到系统以外的介质里。数据恢复就是将系统数据恢复到系统以外的介质中所记录的状态。FANUC 数控系统常用来备份数据的介质有软盘和存储卡等,其中,存储卡有 FLASH ATA 卡和小型闪存卡（CF 卡）两种。也可以通过控制单元上的 RS232C 串口与个人计算机连接,进行数据的备份和恢复。此外,FANUC 0i-D 数控系统还可以进行数据自动备份和恢复,将数控系统的 DRAM 和 SRAM 中所保存的数据自动备份到不需要电池的 FROM 中,并根据需要加以恢复。当由于电池耗尽等不可预料的原因而导致数控系统的数据丢失时,可以简单恢复数据。另外,现在数控系统新增 USB 接口,可以通过这个接口外接 U 盘,进行在线加工、数据备份、系统软件升级等。

(1) 在开机 BOOT 画面下进行数据备份和恢复

1) 使用存储卡备份和恢复 SRAM 中的数据。步骤如下:

① 在 JOG 状态下按下功能键 ![key]，出现图 1-2 所示"设定（手持盒）"画面,将"写参数"项设为 1,将系统"I/O 通道"设为 4。

② 将 CF 卡通过适配器插入显示器侧的卡插槽内,关闭电源。

③ 同时按下显示器下端最右面两个软

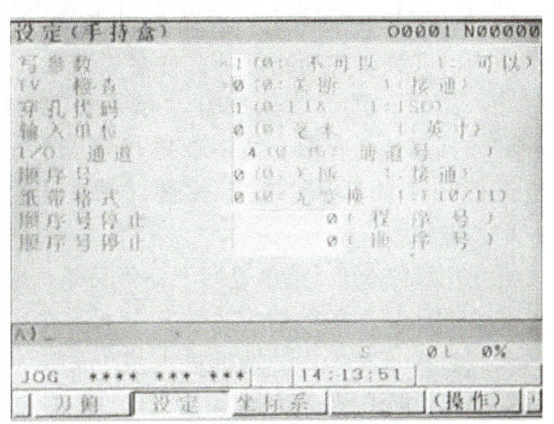

图 1-2 "设定（手持盒）"画面

键不放，如图 1-3 所示，再按下系统上电按钮。继续按着最右侧两键不放，直到调出 FANUC 0i-D 系统引导画面，如图 1-4 所示。

图 1-3　显示器下端软键

④ 用【UP】软键、【DOWN】软键将光标移动至图 1-4 中的 "7. SRAM DATA UTILITY"，按【SELECT】软键，进入图 1-5 所示的 SRAM 数据备份/恢复画面，再根据实际操作用【UP】软键、【DOWN】软键进行选择：备份数据选择 "1. SRAM BACKUP"；恢复数据选择 "2. SRAM RESTORE"。

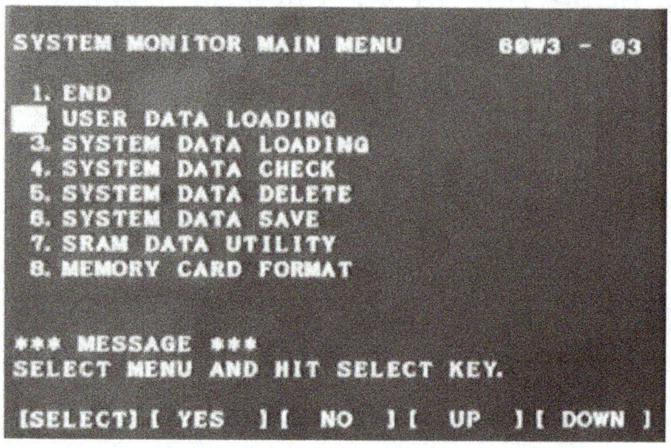

图 1-4　FANUC 0i-D 系统引导画面

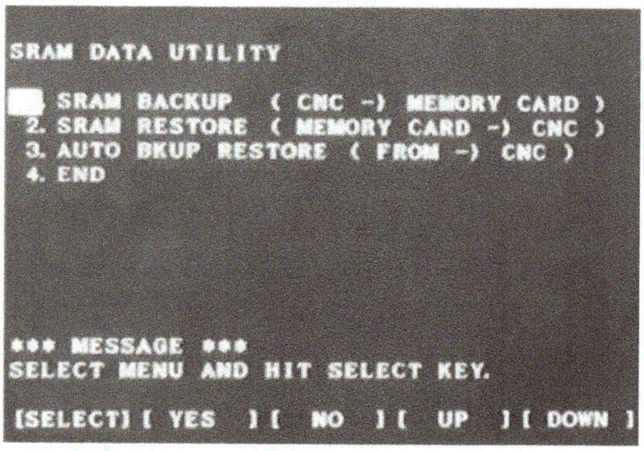

图 1-5　SRAM 数据备份/恢复画面

⑤ 按下【SELECT】软键，执行备份操作，状态栏提示 "ARE YOU SURE?" "HIT YES OR NO."。如果确认备份操作，按下【YES】软键，此时状态栏显示 "STORE TO MEMORY CARD"，表示正在备份。当备份完成后，状态栏显示 "SRAM BACKUP COMPLETE." "HIT SELECT KEY."，此时按下【SELECT】软键，完成数据备份。

此时，如果存储卡上已经备份过文件，存储卡内的文件名与所指定的文件名或默认文件名一致时，显示确认信息 "是否盖写保存？"，如图 1-6 所示。按下软键【覆盖】时，进行文件的覆盖；按下软键【取消】时，取消输出。

⑥ 使用 "END" 菜单返回上一级目录。

恢复 SRAM 中的数据时，重复上面①~③的步骤；在步骤④中，选择进入图 1-5 所示 SRAM 数据备份/恢复画面后，选择 "2. SRAM RESTORE" 加载数据；再按下

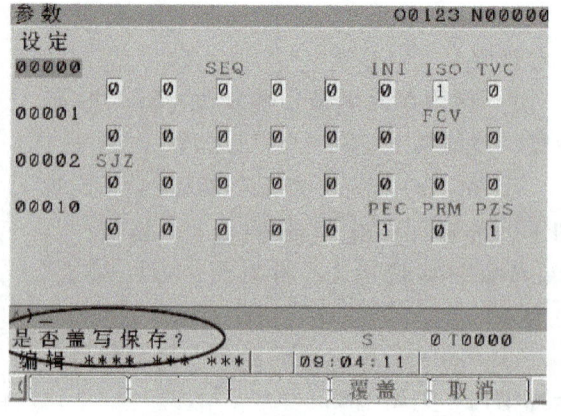

图 1-6　参数画面

【SELECT】软键，根据提示按下【YES】软键，状态栏提示"ARE YOU SURE?""HIT YES OR NO."。如果确认恢复操作，按下【YES】软键，数据开始加载直至加载完成；然后再按下【SELECT】软键，返回到引导画面。此时可以关机、重启，完成 SRAM 数据的恢复操作。

2）使用存储卡备份和恢复 FROM 中的数据。步骤如下：

①~③与用存储卡备份 SRAM 中的数据时的步骤相同。

④ 在图 1-4 所示的系统引导画面中，用【UP】软键、【DOWN】软键将光标移动至"6. SYSTEM DATA SAVE"，按【SELECT】软键，进入图 1-7 所示的"SYSTEM DATA SAVE"菜单，再根据实际操作用翻页键进行选择，如将光标移动至"57 PMC1"文件处，可进行 PMC 梯形图文件的备份，如图 1-8 所示。

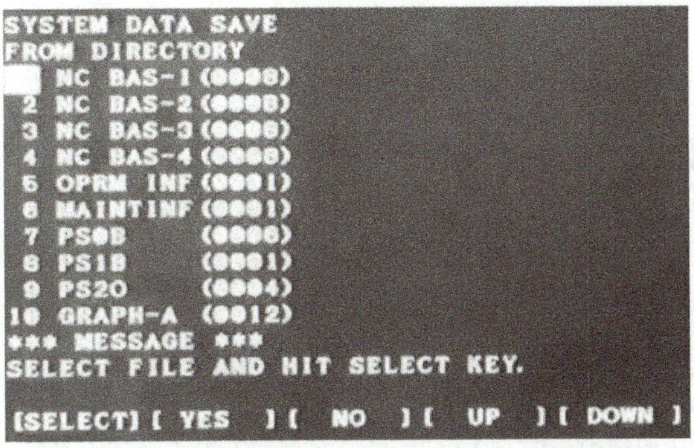

图 1-7 "SYSTEM DATA SAVE"菜单

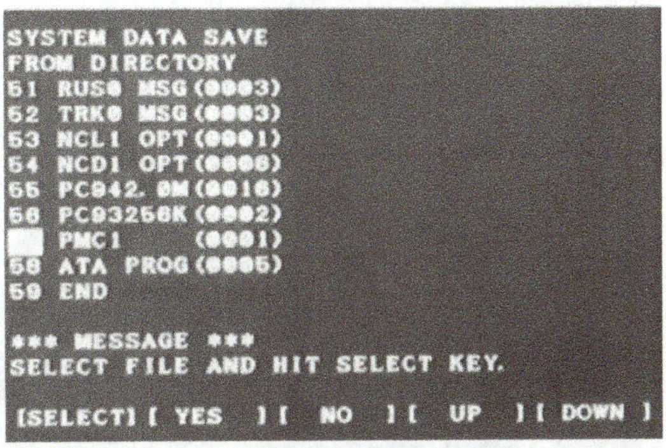

图 1-8 PMC 文件备份画面

⑤ 根据屏幕提示依次按下【SELECT】软键和【YES】软键，开始执行备份，状态栏提示"STORE TO MEMORY CARD"信息，显示文件名后完成备份。

⑥ 使用"END"菜单返回上一级目录。

恢复 FROM 中的数据时，重复前面①~③的步骤，出现图 1-4 所示的系统引导画面，用【UP】软键、【DOWN】软键将光标移动至"2. USER DATA LOADING"，按下【SELECT】软键，进入文件选择画面；然后通过翻页键和光标移动键选择所要恢复的文件，如"23 PMC1"梯形图文件（图1-9）；再按下【SELECT】软键，状态栏提示"LOADING OK?""HIT YES OR NO."信息，按下【YES】软键，开始加载恢复数据；当加载完成后状态栏提示"LOADING COMPLETE."信息，然后按下【SELECT】

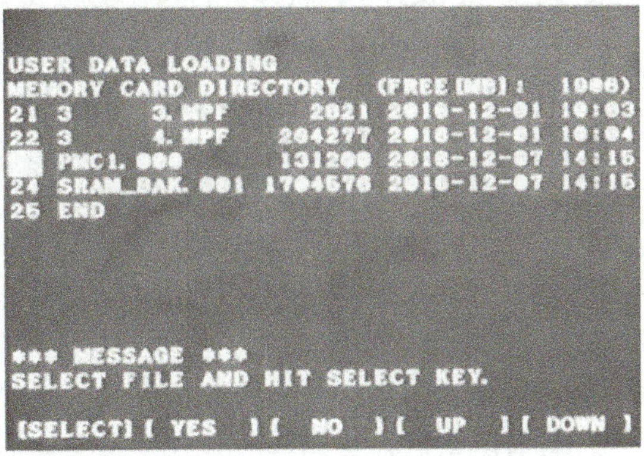

图 1-9 PMC 文件恢复画面

软键返回图 1-9 所示画面；最后通过【UP】软键、【DOWN】软键选择"25 END"，返回上一级目录，至此梯形图文件加载恢复成功。

（2）在正常画面下利用输入/输出功能进行数据的备份和恢复 在正常画面下，利用输入/输出功能可以对数控系统参数、PMC 参数、零件程序、螺距误差补偿量、刀具补偿量、宏程序变量等进行备份和恢复。设定画面的参数设定步骤如下：

a. 选择 MDI 方式或设定为紧急停止状态，将 CF 卡通过适配器插入显示器侧的卡插槽内。

b. 按 MDI 键盘上的功能键 ![key] 数次，再按【设定】软键，出现"设定（手持盒）"画面，将"写参数"项设为 1，将系统"I/O 通道"设为 4，如图 1-10 所示。

注意：在报警状态下不能输出数据。

1）数控系统参数的备份与恢复。进行数控系统参数备份，就是将数据从 CNC 存储器通过 I/O 接口输出到外部存储卡中。步骤如下：

① 按功能键【SYSTEM】数次，选择参数设定画面，如图 1-11 所示。

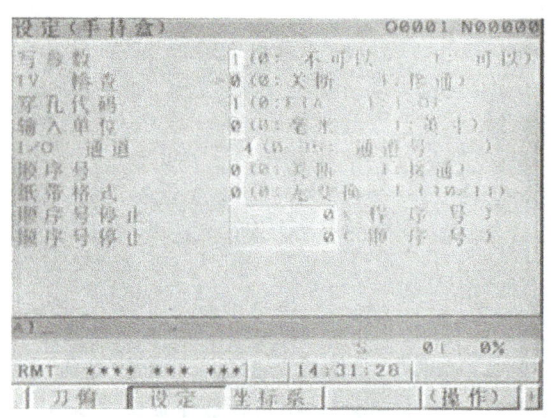
图 1-10 "设定（手持盒）"画面

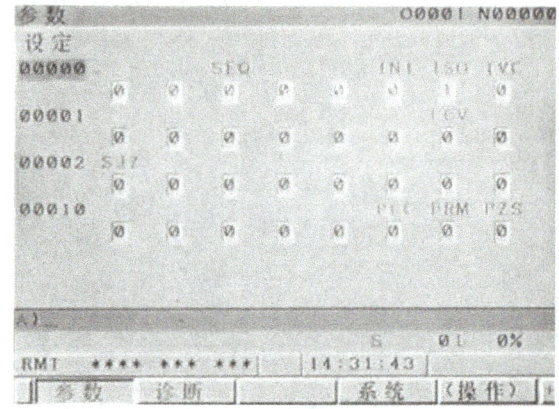
图 1-11 参数设定画面

② 选择 EDIT 方式或设定为紧急停止状态。

③ 按下 MDI 键盘上的【SYSTEM】功能键，再按下【参数】软键，选择参数画面。

④ 按下【（操作）】软键，再按下继续菜单键 ![key]。

⑤ 按下【F 输出】软键，再按下【全部】软键，最后按下【执行】软键，显示"输出"字样并闪烁，闪烁停止后，系统参数的输出备份完成。

进行数控系统参数恢复，就是将数据从外部存储卡通过 I/O 接口输入到 CNC 存储器中。步骤如下：

①~④与备份步骤①~④相同。

⑤ 按下【F 读取】软键，再按下【执行】软键，开始参数的输入，显示"输入"字样并闪烁。

⑥ 参数输入结束后，暂时断开电源，然后再通电。

⑦ 带有绝对脉冲编码器的装置发出报警 DS0300，再次执行返回参考点操作，完成系统参数的恢复。

2）螺距误差补偿量的备份与恢复。

① 备份。大部分操作步骤与数控系统参数的备份步骤相同，不同的是在步骤③中，按下功能键【SYSTEM】后再按下【螺补】软键，即可完成螺距误差补偿量的备份（输出）。

② 恢复。大部分操作步骤同数控系统参数恢复步骤①~⑥，区别在第③步，按下【SYSTEM】功能键后再按下【螺补】软键。

3）零件程序的备份与恢复。

备份：① 将输出设备设为可写入状态。

② 按下功能键 数次，显示程序编辑画面或程序一览画面。

③ 选择 EDIT 方式或设定为紧急停止状态。

④ 按下【(操作)】软键，再按下继续菜单键 。

⑤ 按下【F 输出】软键，输入需要输出的程序号，按下【O 设定】软键；此外，要指定输出文件名并输入输出文件名，按下【F 名称】软键。如果此处不指定输出文件名和输出程序号，则输出主程序或后台编辑中的程序。

⑥ 按下【执行】软键，输出程序，画面右下方有"输出"提示信息闪烁，直至完成零件程序的输出备份。要取消输出时，按下【取消】软键。

恢复：① 选择 EDIT 方式或设定为紧急停止状态。

② 将程序保护置于"OFF"（KEY = 1）。

③ 按功能键 数次，再按下【PROG】软键，选择程序内容显示画面。

④ 按下【操作】软键，再按下继续菜单键 。

⑤ 按下【输入】软键，并按下【执行】软键，开始程序的输入，完成程序的加载恢复。

4）刀具补偿量的备份与恢复。

备份：① 选择 EDIT 方式。

② 按下功能键 。

③ 再按下【刀偏】软键，选择刀具补偿显示画面。

④ 按下【(操作)】软键，并按下继续菜单键 。

⑤ 按下【输出】软键，并按下【执行】软键，开始输出，完成刀具补偿量的备份。

恢复：① 在 EDIT 方式下，将程序保护置于"OFF"（KEY = 1）。

② 按下功能键 。

③ 再按下【刀偏】软键，选择刀具补偿显示画面。

④ 按下【(操作)】软键，并按下继续菜单键 。

⑤ 按下【输入】软键，并按下【执行】软键，开始输入，完成刀具补偿量的恢复。

1.3.2 数控系统电池的更换

偏置数据和系统参数都存储在控制单元的 SRAM 中。SRAM 由安装在控制单元中的锂电池或碱性电池盒供电，因此即使主电源断开，其中存储的数据也不会丢失。电池是在机床制造商发货之前安装的，该电池可供存储器正确保存数据一年。

1. 数控系统存储器电池的更换

当电池电压下降时，显示屏画面上显示【BAT】报警信息，同时电池报警信号被输出给 PMC。当显示这个报警信息时，就应该尽快更换电池，通常可在 1~2 周内更换电池。

如果电池电压进一步下降，就无法对存储器供电，在这种情况下接通控制单元的外部电源时，会导致存储器中保存的数据丢失，从而导致系统警报器因数据丢失而发出报警。在更换完电池后，需清除存储器中的全部内容，然后重新输入数据。因此，FANUC 公司建议用户，即使不产生电池报警，每年也应定期更换电池一次。需要注意的是，在更换电池之前，应该将所有数据再备份一次，以防数据丢失。在更换电池前，还应注意新电池与旧电池型号应一致。

（1）数控系统存储器所用锂电池的更换方法

1）显示器一体型的数控系统存储器的锂电池的更换如图 1-12 所示。根据实际硬件的不同，电池的安装位置可能有区别。安装前先准备好锂电池，如备货规格为 A02B-0309-K102。

① 接通机床（数控系统）的电源大约 30s，然后断开电源。

② 拉出数控系统背面右下方的锂电池。抓住锂电池的闩锁部分，一边拆除壳体上附带的卡爪，一边将其向上拉出，如图 1-12a 所示。

③ 安装上预先准备好的锂电池，直到其卡爪闩锁于壳体，如图 1-12b 所示务必确认闩锁已经切实挂住。

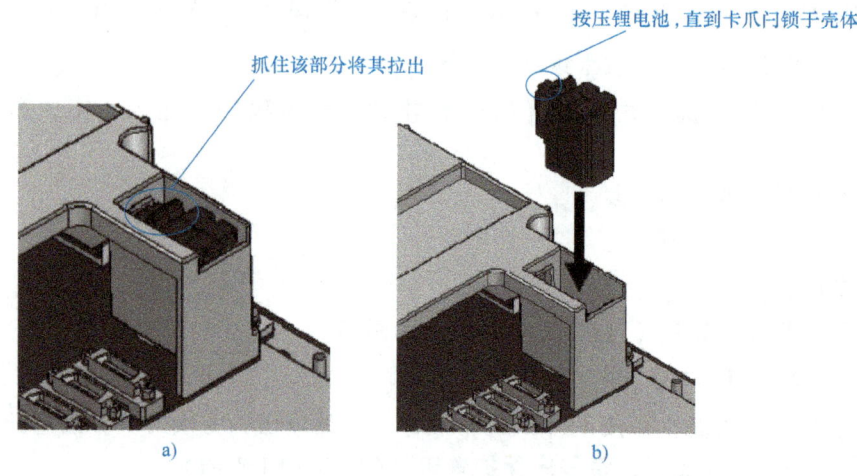

图 1-12 显示器一体型的数控系统存储器的锂电池的更换

⚠警告：① 如果没有正确更换锂电池，可能会导致爆炸。

② 请勿更换指定锂电池（A02B-0309-K102）以外的电池。

③ 步骤①~③应在 30min 内完成。如果电池脱开的时间太长，SRAM 中保存的数据将会丢失。

④ 在进行更换锂电池的作业前，请将 SRAM 内的数据统一保存起来。这样即使 SRAM 中保存的数据丢失，恢复起来也较为简单。

2）显示器分离型的数控系统存储器的锂电池更换方法。预先准备好锂电池（备货规格：A02B-0200-K102），按图 1-13 所示进行锂电池的更换。

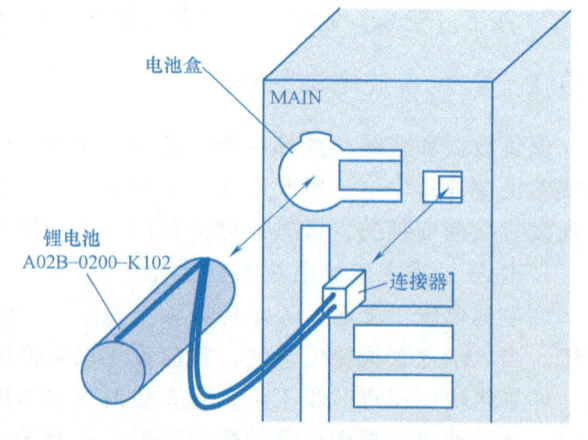

图 1-13 显示器分离型的数控系统存储器的锂电池的更换

① 接通机床（数控系统）的电源大约 30s，然后断开电源。

② 拆除数控系统上部的锂电池。首先拉出锂电池的电缆，拆下连接器，然后从电池盒中取出锂电池。电池盒在主板的面板上部。

③ 更换锂电池，接上连接器。

（2）CNC 系统存储器所用碱性干电池的更换方法

① 准备好市面上出售的碱性干电池（1号），如图 1-14 所示。

② 接通机床（数控系统）的电源。

③ 取下电池盒盖。

④ 更换干电池。

⑤ 安装电池盒盖。

注意：更换碱性干电池时要接通数控系统的电源。如果在切断电源的状态下更换电池，应采用与更换锂电池相同的方法。在连接电池时，请注意电池的正负极性。极性连接错误时，会导致电池发热、破裂、起火。

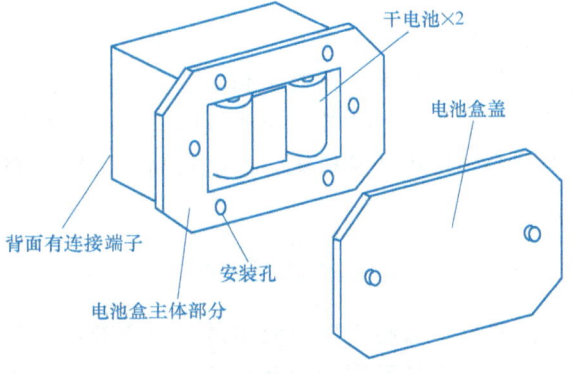

图 1-14　更换碱性干电池

2. 绝对脉冲编码器电池的更换（DC6V）

绝对脉冲编码器连接在外置检测器接口单元上，其当前位置数据由外置检测器接口单元的连接器 JA4A 上的电池供电来保持。当电池电压下降时，就会发出 DS 报警 306~308。发出 DS 报警 307（电池电压低）时，表示应尽快更换电池。标准时间限制为 1~2 周，这是因为电池实际能够使用多久依脉冲编码器的数量而定。当绝对脉冲编码器的电池电压继续下降时，就会发出 DS 报警 306（电池用尽报警），在这种情况下，电池无法继续为存储脉冲编码器的当前位置供电。发出 DS 报警 300（请求返回参考点报警），表示应在更换电池后执行返回参考点操作。

电池的寿命随所连接的绝对脉冲编码器数量而变化。即使无报警，FANUC 公司也建议用户每年定期更换一次电池。

绝对脉冲编码器电池的更换方法如下：

1）事先准备好市面上出售的碱性电池（1号）4节。

2）接通机床（数控系统）的电源。

3）松开电池盒螺钉，然后拆下盒盖。电池盒的位置可通过查找机床厂家提供的说明书获得。

4）更换干电池。新电池必须按照图 1-15 所示进行安装，注意极性方向。

5）安装新电池之后重新装好盒盖。

6）关闭数控系统电源。

⚠ 警告：连接电池时，请注意电池的正负极性。弄错电池极性可能导致电池发热、破裂或起火，将导致绝对脉冲编码

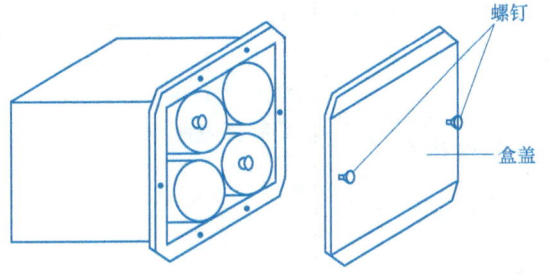

图 1-15　绝对脉冲编码器电池的安装

器的绝对位置数据丢失。切勿更换指定电池（1号碱性干电池）以外的电池。

注意：应在接通数控系统电源的状态下更换电池，否则会导致已经存储的绝对位置数据丢失。

1.4 数控机床的维修

数控机床的应用水平是一个国家综合国力的重要标志。它是一种高投入、高效的自动化设备，具有高精度、高效率和高适应性的特点。因此，要发挥数控机床的高效益，就要保证它的开动率，降低数控机床的故障率，缩短故障修复时间，提高机床的利用率。这就要求操作人员合理使用数控机床，保证其高效运行，同时也要精心维护和及时修理，形成一定的维修保障能力。

1.4.1 数控机床故障的分类

故障是指数控机床在使用过程中全部或部分丧失其规定功能的事件或现象。故障形式是多样的，可以从不同的角度对其进行分类（见表1-4）。

表1-4 数控机床故障分类

序号	分类方法	故障类别		说 明
1	按数控机床发生故障的部件分类	机床本体故障	主要包括机械、润滑、冷却、排屑、液压、气动与防护装置等的故障	因机械安装、调试及操作使用不当等原因而引起的机械传动故障和导轨副摩擦过大故障，通常表现为传动噪声大、加工精度低、运行阻力大。例如，传动链的挠性联轴器松动，齿轮、丝杠与轴承缺油，导轨镶条调整不当，导轨润滑不良以及数控系统参数设置不当等原因都有可能引起这类故障
		电气故障	弱电故障	主要指数控装置、PLC控制器、显示器以及伺服单元、输入/输出装置等电子电路故障，包括上述各装置的印制电路板上的集成电路芯片、分立元件、接插件以及外部连接组件等发生的故障，以及加工程序出错、系统程序和参数的改变或丢失、计算机运算出错等故障
			强电故障	主要是指继电器、接触器、开关、熔断器、电源变压器、电磁铁、行程开关等元器件，以及由其所组成的电路发生故障。这一部分的故障十分常见，必须引起足够的重视
2	按数控机床发生故障的性质分类	系统性故障		通常是指只要满足一定的条件或超过某一设定，工作中的数控机床必然会发生的故障。这类故障现象极为常见，如液压系统的压力值随着液压回路过滤器的阻塞而降到某一设定参数时，必然会发生液压系统故障报警，使数控机床断电停机；润滑、冷却或液压等系统由于管路泄漏引起液位下降到某一限值，必然会发生液位报警，使数控机床停机；数控机床在加工中因切削量过大达到某一限值时，必然会发生过载或超温报警，导致数控系统迅速停机。因此，正确使用与精心维护数控机床是杜绝或避免这类系统性故障的切实保障

（续）

序号	分类方法	故障类别		说　明
2	按数控机床发生故障的性质分类	随机性故障		指数控机床在同样的条件下工作时偶然发生的一两次故障。因此，随机性故障的原因分析与故障诊断较其他类型的故障困难得多。一般而言，这类故障的发生往往与安装质量、组件排列、参数设定、元器件品质、操作失误与维护不当，以及工作环境影响等因素有关。如：接插件与连接组件因疏忽未加锁定，印制电路板上的元器件松动变形或焊点虚脱，继电器触点、各类开关触点因污染锈蚀及直流电刷接触不良等所造成的接触不可靠等。另外，工作环境温度过高或过低、湿度过大、电源波动与机械振动、有害粉尘与气体污染等原因均可引发此类故障
3	按数控机床发生故障时有无报警显示分类	有报警显示的故障	硬件报警显示	指各单元装置上的警示灯有指示。如控制操作面板、位置控制印制电路板、伺服控制单元、主轴单元、电源单元等部位以及光电阅读机等外设装置上常设有这类警示灯。借助相应部位的警示灯可大致分析并判断出故障发生的部位与性质，给故障分析、诊断带来方便。维修人员在日常维护和排除故障时应认真检查警示灯的状态是否正常
			软件报警显示	指具有自诊断功能的数控系统显示屏上显示出来的报警号和报警信息，常见的有存储器报警、过热报警、伺服系统报警、轴超程报警、程序出错报警、主轴报警、过载报警和短路报警等
		无报警显示的故障		这类故障发生时无任何硬件或软件的报警显示，因此分析诊断难度较大。如：数控机床通电后，在手动方式或自动方式运行时，某轴出现爬行现象，或发出异常声响，无任何报警显示；机床在自动方式运行时突然停止，而 CRT 显示器上无任何报警显示。对于这类故障，要根据故障发生前后的状态变化进行分析和判断
4	按数控机床发生故障的原因分类	自身故障		这类故障是由数控机床自身原因引起的，与外部使用环境条件无关。数控机床所发生的绝大多数故障均属该类故障
		外部故障		这类故障是由外部原因造成的。如：数控机床的供电电压过低，电压波动过大，电压相序不对或三相电压不平衡；环境温度过高，有害气体、潮气、粉尘侵入数控系统，外来振动和干扰，以及人为操作不当（如手动进给过快造成超程报警，自动切削进给过快造成过载报警；由于操作人员不按时按量给机床机械传动系统加注润滑油，造成传动噪声或导轨摩擦因数过大而使工作台进给超载）
5	按数控机床产生故障的部位分类	软件故障	系统软件故障	由设计原因所引起，表现为故障的固有性
			应用软件故障	由人为操作输入错误造成，带有一定的偶然性和随机性
		硬件故障	永久性故障	表现为固定而不能恢复的特征，又称为硬故障
			间发性故障	带有一定的随机性，可转化为硬故障
			边缘性故障	元器件老化而使边界值发生变化，可逐步转化为永久性故障

(续)

序号	分类方法	故障类别	说　　明
6	按故障发生的过程分类	渐发性故障	渐发性故障的出现有一个发展过程，一般预先有明显的迹象。这种故障通过监控或测试可以预测，故障原因与零部件的磨损、腐蚀、疲劳、蠕变及老化、热变形等过程有密切关系。如机床主轴轴承在使用中的逐渐磨损，随着时间的推移达到一定程度时会导致精度不符合要求
		突发性故障	事先没有任何明显的征兆，是偶然发生的。如：因机床使用不当或出现过载而引起的零件折断；因设备各项参数达到极限值而引起的部件变形或断裂
7	按抗干扰分类	内部干扰故障	由于系统工艺、结构、线路设计、电源及地线处理不当或元器件性能变化引起内部互相干扰，表现为很强的偶发性和随机性
		外部干扰故障	有极强的偶发性和随机性，往往因工作现场和工作环境有大型用电设备，如附近有电焊机工作产生干扰而发生的故障

1.4.2　数控机床维修常用的方法

对于数控机床发生的大多数故障，总体上来说可采用下述几种方法来进行故障诊断和排除。

1. 常规检查法

常规检查法是指依靠人的感觉器官并借助一些简单的仪器来寻找机床故障的产生原因。这种方法在维修中是常用的，也是首先采用的。在机床维修过程中，根据"先机后电、先外后内"的维修原则，要求维修人员在遇到故障时应先采取问、看、听、触、嗅等方法，由外向内逐一进行检查，以达到确诊和排除故障的目的。

（1）问　询问机床故障的发生经过，弄清故障是突发的还是渐发的。一般是向机床操作者了解情况，因为他们熟悉机床性能，故障发生时又在现场耳闻目睹，其提供的情况对故障的分析很有帮助。一般询问如下情况：

1）机床开机是否正常。
2）比较故障前后工件的精度和表面粗糙度，以便分析故障产生的原因。
3）传动系统、走刀系统是否正常，出力是否均匀，吃刀量和走刀量是否减少等。
4）润滑油牌号、用量是否合适。
5）机床何时进行过保养、检修等。

（2）看　就是用肉眼仔细检查下面的情况：

1）看颜色。如果机床转动部位运转不正常就会发热，长时间升温会使机床外表颜色发生变化，大多呈黄色。看有无熔体烧断、元器件烧焦、烟熏、开裂现象，有无断路现象，以此判断有无过电流、过电压、短路问题。

2）看转速。观察主传动速度快慢的变化，主传动齿轮、飞轮是否跳、摆，传动轴是否弯曲、晃动等。

3）观察数控系统显示的报警信息、驱动装置上的指示灯状态或数码管显示等。

（3）听　利用人的听觉可查找数控机床因故障而产生的各种异常声响的声源。

1）电气部分常见的异常声响有如下几种：电源变压器、阻抗变换器与电抗器等因为铁心松动、锈蚀等原因引起铁片振动的"吱吱"声；继电器、接触器等因磁回路间隙过大、短路环断裂、动静铁心或镶条轴线偏差、线圈欠电压运行等原因引起的电磁"嗡嗡"声或触点接触不良的"嗡嗡"声；元器件因为过电流或过电压运行失常引起的击穿爆裂声。

2）机械部分常见的异常声响有如下几种：伺服电动机、气控或液控元件等发生的异常声响基本上与机械故障方面的异常声响相同，主要表现为机械的摩擦声、振动声与撞击声等。

（4）触　也称敲捏法。这种方法常用于检查因虚焊、虚接、碰线、多余物短路、多余物卡住触点等原因引起的时好时坏的故障。在敲捏过程中，要实时地观察机床工作状况。在敲捏组件、元器件时，应一个人专门负责敲捏，另外的人负责观察故障是否消失或复现。如果一个人既负责敲捏、又负责判断故障现象，一心二用，可能会敲偏漏检。检查时，敲捏的力度要适当，并且应由弱到强，防止引入新的故障。

（5）嗅　由于剧烈摩擦，电气元件绝缘处破损短路，会使附着的油脂或其他可燃物质发生氧化蒸发或燃烧而产生烟气、焦煳味等异味，用此法往往可以迅速判断出故障的类型和部位。

2. 系统自诊断法

现代数控系统有丰富的自诊断功能。充分利用数控系统的内部自诊断程序对机床进行监测，根据显示的报警信息及各模块上的发光二极管等器件的指示，可判断出故障的大致起因。进一步利用数控系统的自诊断功能，还能显示数控系统与各部分之间的接口信号状态，找出故障的大致部位。系统自诊断法是故障诊断过程中最常用、有效的方法之一。

3. 拔出插入法

拔出插入法是通过拔出再插入相关的插头、插卡或插拔件这个过程，确定拔出插入的连接件是否为故障部位。有的故障本身就只是接插件接触不良而引起的，经过重新插入后即可解决。

4. 参数检查法

数控系统的机床参数是经过理论计算并通过一系列试验、调整而获得的重要数据，是保证机床正常运行的前提条件，直接影响数控机床的性能。参数通常存放在数控系统的随机存储器（RAM）中，一旦电池电量不足或受到外界的干扰，或数控系统长期不通电，就可能导致部分参数丢失或变化。如果数控机床长期不用，也会经常发生参数丢失的现象。因此，检查和恢复机床参数，是维修中行之有效的方法之一。

5. 功能测试法

功能测试法是指通过功能测试程序检查机床的实际动作来判别故障的一种方法。用手工编程方法编制一个功能测试程序，并通过运行测试程序来检查机床执行这些功能的准确性和可靠性，进而判断出故障发生的原因。

6. 部件交换法

部件交换法，就是在大致确认了故障范围，并且在确认外部条件完全相符的情况下，利用装置上同样的印制电路板、模块、集成电路芯片或元器件来替换有疑点部分的方法。部件交换法简单、易行、可靠，能把故障范围缩小到相应的部件上。如果无现成的备件替换，需从相同的其他设备上拆卸时,应慎重从事,以防故障没找到,反而造成替换上的新部件损坏,产生新的故障。

7. 隔离法

某些故障,如轴抖动、爬行等,一时难以区分是数控部分,还是伺服系统或机械部分造成的,此时常采用隔离法来处理。隔离法通常将机电分离,将数控系统与伺服系统分开,将位置闭环分开,做开环处理等。这样将复杂的问题转化为简单的问题,就能较快地找出故障原因。

8. 升降温法

当设备运行时间比较长或环境温度比较高时,容易出现故障。这时可人为地将可疑的元器件温度升高(应注意元器件的温度参数)或降低,加速使一些温度特性较差的元器件产生病症,或使其病症消除来寻找故障原因。

9. 电源拉偏法

电源拉偏法就是拉偏(升高或降低电压但不能反极性)正常电源电压,制造异常状态,暴露故障或薄弱环节,便于查找故障或处于临界状态的组件、元器件位置。

电源拉偏法常用于工作较长时间才出现故障,或怀疑电网波动引起故障等场合。拉偏正常电源电压可能导致具有破坏性的结果,所以在使用拉偏法时要先分析整个数控系统是否有降额设计或保险系数,控制拉偏范围(为正常工作电压的85%~120%),务必三思而后行。

10. 测量比较法

在数控系统的印制电路板上,通常都设置有检测用的端子。维修人员利用这些检测端子,可以测量、比较正常的印制电路板和有故障的印制电路板之间的电压或波形的差异,进而分析、判断故障原因及故障所在位置。通过测量比较法,有时还可以纠正因在印制电路板上调整、设定不当而造成的故障。

11. 原理分析法

原理分析法,是指通过追踪与故障相关联的信号,从中找到故障单元。根据系统原理图,从前往后或从后往前地检查有关信号的有无、性质、大小及不同运行方式的状态,并与正常情况比较,观察有什么差异或是否符合逻辑关系。当出现故障时,可用试电笔、万用表、示波器等简单测试工具测量电压、电流信号的大小、性质、变化状态,电路的短路、断路、电阻值变化等,从而判断故障的原因。

以上这些检查方法各有特点,维修人员可以根据不同的故障现象加以灵活应用,逐步缩小故障范围,最终排除故障。

1.4.3 数控机床故障排除的思路

1. 确认故障现象,调查故障现场,充分掌握故障信息

当数控机床发生故障时,维修人员对故障进行确认是很有必要的,特别是在操作人员不熟悉机床的情况下尤为重要。在数控系统出现故障后,维修人员也不要急于动手,盲目处理。首先要查看故障记录,向操作人员询问故障出现的全过程;其次,在确认通电对数控系统无危险的前提下,再通电亲自观察。特别要注意主要故障信息,包括数控系统有何异常、CRT显示器显示的报警内容是什么等。

2. 根据所掌握故障信息，明确故障的复杂程度，并列出故障部位的全部疑点

在充分调查和现场掌握第一手材料的基础上，把故障问题正确地罗列出来。实际上，能够把问题说清楚，就已经解决了问题的一半。

3. 分析故障原因，制订排除故障的方案

在分析故障时，维修人员不应仅局限于数控系统部分，而要对机床强电、机械、液压、气动等方面都做详细的检查，并进行综合判断，制订出排除故障的方案，达到快速确诊和高效率排除故障的目的。

分析故障原因时应注意以下两个方面。

1）思路一定要开阔，无论是数控系统、强电部分，还是机械、液压、气压传动等，要将有可能引起故障的原因以及每一种解决的方法全部列出来，进行综合判断和筛选。

2）在对故障进行深入分析的基础上，预测故障原因并拟订检查的内容、步骤和方法，制订出故障排除方案。

4. 检测故障，逐级定位故障部位

根据预测的故障原因和预先确定的故障排除方案，用试验的方法进行验证，逐级来定位故障部位，最终找出发生故障的真正部位。为了准确、快速地定位故障，应遵循"先方案后操作"等原则。

5. 故障的排除

根据故障部位及发生故障的准确原因，应采用合理的故障排除方法，高效地、高质量地修复数控机床，尽快保证数控机床投入生产。

6. 解决故障后资料的整理

故障排除后，应迅速恢复机床现场，并做好相关资料的整理工作，以便提高自己的业务水平，以及方便机床的后续维护和维修。

1.4.4 数控机床维修常用的原则

1. 先静后动

维修人员碰到机床故障后，应先静下心来，考虑解决方案后再动手。维修人员本身要做到先静后动，不可盲目动手，应先询问机床操作人员故障发生的过程及状态，阅读机床说明书、图样资料后，方可动手查找和处理故障。如果一开始就碰这敲那，连此断彼，徒劳的结果也许尚可容忍，但如果因现场破坏而导致误判，或者引入新的故障，产生更加严重的后果，就会后患无穷。

2. 先检查后通电

确定方案后，先在机床断电的静止状态下，通过观察、测试、分析，确认为非恶性循环故障或非破坏性故障后，方可给机床通电；在运行的工作情况下，进行动态的观察、检验和测试，查找故障。对于恶性的破坏性故障，必须先排除危险后方可通电，在运行的工况下进行动态诊断。

3. 先软件后硬件

当发生故障的机床通电后，应先检查数控系统的软件工作是否正常。有些故障可能是软件的参数丢失造成的。切忌一上来就大拆大卸，以免造成更严重的后果。

4. 先外部后内部

应检查设备有无明显的裂痕、缺损，了解其维修史、使用年限等，然后再对设备内部进行检查。拆卸前排除周边的故障因素，确定为设备内部故障后方可进行拆卸；因为，盲目拆卸可能使设备越修越坏。

5. 先机械后电气

只有在确定机械零件无故障后，才能进行电气方面的检查。检查电路故障时，应利用检测仪器寻找故障部位，确认无接触不良故障后，再有针对性地查看线路与机械的运转关系，以免误判。

6. 先公用后专用

公用性的问题往往会影响到全局，而专用性的问题只影响局部。例如数控机床的几个进给轴都不能运动时，应先检查各轴公用的 CNC、PLC 电源及液压等部分，并排除故障，然后再设法解决某轴的局部问题。又如电网或主电源故障是全局性的，因此一般应首先检查电源部分，看看熔体是否正常、直流电压输出是否正常等。总之，只有先解决影响面大的主要矛盾，局部的、次要的矛盾才有可能迎刃而解。

7. 先简单后复杂

当出现多种故障相互交织掩盖、一时无从下手的情况时，应先解决简单的、容易的问题，后解决难度较大的问题。常常在解决简单故障的过程中，难度大的问题也可能变得容易，或者在排除简单故障时受到启发，对复杂故障的认识更为清晰，从而也就有了解决的办法。

8. 先一般后特殊

在排除某一故障时，要先考虑最常见的可能原因，然后再分析很少发生的特殊原因。例如，当数控车床 Z 轴回参考点不准时，常常是由于降速挡块位置变动而造成的。一旦出现这一故障，应先检查该挡块位置，在排除这一故障常见的可能性之后，再检查脉冲编码器、位置控制等其他环节。

总之，在数控机床出现故障后，要视故障的难易程度以及故障是否属于常见性故障，合理采用不同的分析问题和解决问题的方法。

1.4.5 数控机床维修的基本要求

1. 维修人员的素质要求

（1）工作态度要端正 应有高度的责任心和良好的职业道德。

（2）具有较广的知识面 由于数控机床是集机械、电气、液压、气动等于一体的加工设备，机床的各个部分之间具有密切的联系，其中任何一个部分发生故障，都有可能影响其他部分的正常工作，因此对数控机床维修人员主要有以下方面的要求。

1）掌握或了解计算机原理、电子技术、电工原理、自动控制与电动机拖动、检测技术、机械传动及机械加工工艺方面的基础知识。

2）要懂电气方面（包括强电和弱电）的知识，要多看电气图、消化电气图。对于每一个电气元件，如接触器、继电器、时间继电器等以及 PLC 的输入、输出，要在电气图上一一注明其具体功能。

3）要懂机械方面（包括机械、液压和气动）的知识。要多看液压、气动图，并深入消化之。对于数控机床的机械、液压、气动图,要搞清楚其作用和来龙去脉,并在图样上一一注明。

4）维修人员还必须经过数控技术方面的专门学习和培训,多看数控资料,不断学习、更新知识。

5）维修时为了对某些电路与零件进行现场测试,数控机床维修人员还应当具备一定的电路图分析和工程识图能力。

6）具有一定的外语基础,要多看外语资料,提高专业外语阅读能力。数控系统的报警文本显示以外语居多,为了能根据说明书所提供的信息与系统的报警提示迅速确认故障原因,加快维修进程,数控机床维修人员应具备专业外语的阅读能力,以便分析、处理问题。

（3）勤于学习,善于学习,善于思考 数控机床维修人员要全面分析,不忽略细节,要知其所以然,要做长远考虑。切忌在修理时不够冷静,没有很好地分析,钻牛角尖。要把所发生的报警、故障情况全部列出来,由表及里,去伪存真,进行综合判断和筛选,预测发生故障的最大可能性,随后进行排除。应做到多动脑、慎动手,切忌草率下结论。盲目换元件。

（4）有较强的动手能力,要敢于动手,善于动手 维修人员,要胆大心细,要敢于动手,如果只会讲,不动手,是修不好数控机床的。但是,应在熟悉情况后再动手,不要盲目,否则会扩大故障,造成事故,后果不堪设想。同时,还要善于动手,首先要上机熟悉机床的操作面板和各菜单的内容,做到操作自如,能进入一般操作人员无法进入的特殊操作模式,如机床及硬件设备自身参数的设定与调整、利用编程器进行在线监控等。此外,还要充分利用数控机床的自诊断技术来迅速地处理和解决故障,如专用诊断软件、联网诊断等。

（5）要掌握实验技能 有时有些故障看起来很模糊,分不清是电气故障还是机械故障,此时隔离法、部件交换法、测量比较法、敲捏法等都可以作为有效的手段,来帮助寻找和排除故障。

（6）要学会使用相关仪器 能熟练使用数控机床维修所必需的工具、仪器和仪表等,如示波器、万用表、在线电路检测仪、短路检查仪、计算机、编程器等。这有助于具体电路的判断、检查,对分析故障,特别是复杂故障,解决问题有很大帮助。

（7）养成良好的工作习惯

1）维修前仔细思考、观察,找准切入点。

2）维修过程要做好记录,尤其是对电气元件的安装位置、导线号、机床参数、调整值等都必须做好明显的标记,以便恢复。

3）维修完成后,应做好收尾工作,将机床、系统的罩壳、紧固件等安装到位,将电线、电缆整理整齐等。

4）最后,把每天发生的故障、如何排除的过程一一记录下来。有的数控机床故障往往会重复出现,只要查一下当时是如何解决的,几分钟就可排除故障,既快又好。另外,公司要备一本"数控机床运行日记"及一本"数控机床排故记录本",相关人员应记录好这两本资料,作为一台数控机床完整的历史档案。

2. 必要的技术资料

（1）数控机床使用说明书 数控机床使用说明书是由机床生产厂家编制并随机床提供的资料。它通常包括:机床电气控制原理图,机床主要传动系统以及主要部件的结构原理示意图；机床的液压、气动、润滑系统图；机床使用的特殊功能及其说明等。

（2）数控系统方面的资料　数控系统方面的资料主要包括数控装置安装、使用（包括编程）操作和维修方面的技术说明书。

（3）PLC 的资料　PLC 的资料一般包括：PLC 用户程序清单或梯形图；I/O 地址及意义清单；报警文本及 PLC 外部连接图。

（4）伺服单元的资料　伺服单元的资料包括进给伺服驱动系统和主轴伺服单元的原理、连接、调整和维修方面的技术说明书。

（5）主要配套装置的资料　主要配套装置指数控回转工作台、自动换刀装置、润滑与冷却系统、排屑器等。这些功能装置的生产厂家一般都提供了较完整的使用说明书，机床生产厂家应将其提供给用户，以便当功能装置发生故障时作为维修参考。

（6）维修记录　维修记录是指维修人员对机床维修过程的记录与维修的总结。维修人员应对自己所进行的每一步维修情况进行详细的记录，而不管当时的判断是否正确。这样不仅有助于今后的维修，而且有助于维修人员的经验总结与提高。

以上都是在理想情况下应具备的技术资料，但是实际中往往难以做到。因此，在必要时，数控机床维修人员应通过现场测绘、平时积累等方法完善和整理有关技术资料。

3. 必要的维修器具与备件

合格的维修工具是进行数控机床维修的必要条件。数控机床是精密设备，对于不同的故障，所需要的维修工具不尽相同。下面介绍常用的维修器具与备件。

（1）数控机床维修常用的仪器和仪表

1）万用表。数控设备的维修涉及弱电和强电，万用表不但可用于测量电压、电流、电阻值，还可用于判断二极管、晶体管、晶闸管、电解电容等元器件的好坏，以及用于测量电容、电感、晶体管的放大倍数值等。根据测量显示原理，万用表可分为指针式万用表和数字式万用表，如图 1-16 所示。指针式万用表是一种平均值式仪表，其内部结构简单，成本较低，功能少，维护简单，过电流、过电压能力较强，一般读数值与指针摆动有关，直观形象。数字式万用表是瞬时取样式仪表，内部采用运算放大电路，内阻可做得很大，有更高的灵敏度，测量精度较高，可用于大部分电气参数的准确测量、判别元器件性能的好坏。但由于其内部结构多采用集成电路，过载能力较弱，损坏后一般不容易修复。

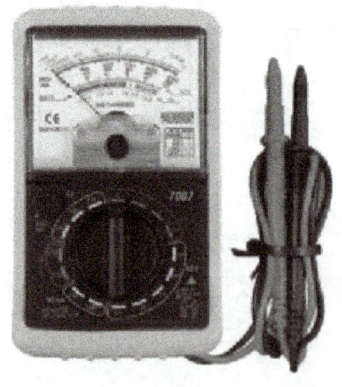

a) 指针式万用表　　　　　b) 数字式万用表

图 1-16　万用表

2）数字转速表。数字转速表用于测量与调整主轴的转速，以及调整数控系统及驱动器的参数，使编程的理想主轴转速与实际主轴转速相符，是主轴维修与调整的测量工具之一。

3）相序表。相序表主要用于测量三相电源的相序，是进给伺服驱动与主轴驱动维修的必要测量工具之一。

4）指示表。指示表包括千分表与百分表，用于测量零件相互之间的平行度、轴线与导轨的平行度、导轨的直线度、工作台平面度，以及主轴的轴向圆跳动、径向圆跳动和轴向窜动等。

5）示波器。在数控机床维修中，示波器常用于检测信号的瞬时动态波形，如脉冲编码器、测速机、光栅的输出波形，伺服驱动、主轴驱动单元的各级输入、输出波形等，还可用于检测开关电源、显示器的垂直和水平振荡及扫描电路的波形等。用于数控机床维修的示波器通常为频带宽 10~100MHz 的双通道示波器（即双踪示波器），如图 1-17 所示。

6）短路追踪仪。短路是维修中经常碰到的故障现象，用万用表寻找短路点往往很费劲。而采用短路追踪仪（图 1-18），可以找出印制电路板上的任何短路点，如焊锡短路、总线短路、电源短路、多层电路板短路、集成电路及电解电容内部短路、非完全短路等。

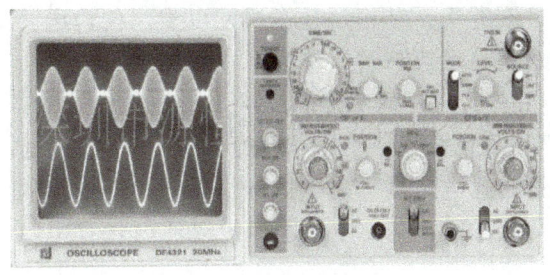

图 1-17　双踪示波器　　　　　　　　　　图 1-18　短路追踪仪

7）水平仪。水平仪可用来测量导轨在垂直面内的直线度、工作台的平面度，以及零件相互之间的垂直度和平行度，按其原理可分为水准式水平仪和电子水平仪。

8）经纬仪。经纬仪是数控机床精度检查和维修中常用的高精度仪器之一，常用于数控铣床和加工中心的水平回转工作台和万能回转工作台的分度精度的精确测量，它通常与平行光管组成光学系统，用于测量。

9）激光干涉仪。使用激光干涉仪（图 1-19）可对机床、三坐标测量机及各种定位装置

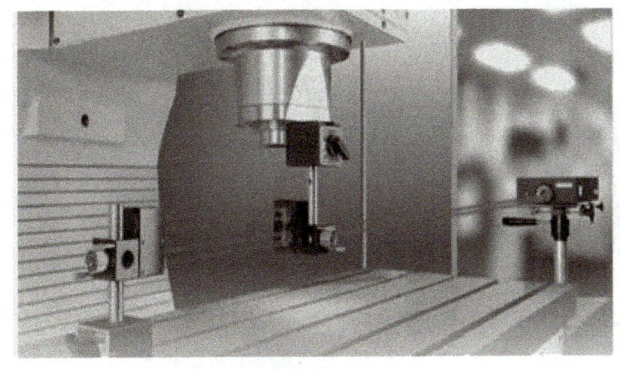
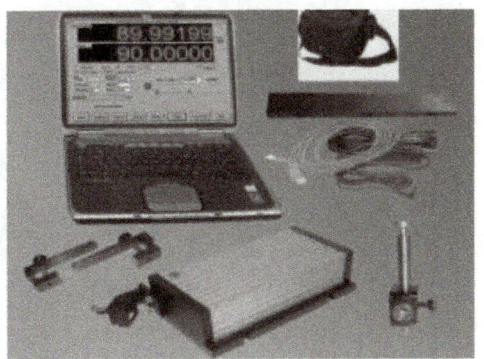

a）用于测量　　　　　　　　　　　　　　　　b）配件

图 1-19　激光干涉仪

进行高精度的（位置和几何）精度校正，完成各项参数的测量，如线性位置精度、重复定位精度、角度、直线度、垂直度、平行度及平面度等。它具有精度高、效率高、使用方便等特点。

10）数域测试仪器。数域测试仪器。主要用来对数控系统进行故障诊断。常用的数域测试仪器有：

① 逻辑分析仪。这是专门用于测量和显示多路数字信号的测试仪器，通常有8个、16个和64个通道，即可同时显示8个、16个或64个逻辑方波信号。

② IC在线测试仪。它是一种使用通用微机技术的新型数字集成电路在线测试仪器，主要特点是能对电路板上的芯片直接进行功能、状态和外特性测试，确认其逻辑功能是否失效。

③ 特征分析仪。它可从被测系统中取得4个信号，即启动、停止、时钟和数据信号，使被测电路在一定信号的激励下运行起来，其中时钟信号决定同步测量的速率。

④ 故障检测仪。根据不同的使用目的，这种新的数据监测仪具有不同的结构和测试方法。有些是按各种不同时序信号来同时激励标准板和故障板，通过比较两种板对应节点响应波形的不同来查找故障；有些则是根据某一被测对象类型，利用一台微机配以专门接口电路及连接工装夹具与故障机相连，再编写有关的测试程序对故障进行检测。

（2）数控机床维修常用的器具

1）电烙铁。这是最常用的焊接工具。它的原理很简单，就是将电能转化为热能，通过烙铁头将锡丝熔化来进行焊接。电烙铁的种类有外热式电烙铁、内热式电烙铁、恒温电烙铁和吸锡电烙铁，如图1-20所示。一般应采用30W左右的尖头、带接地保护线的内热式电烙铁，最好使用恒温式电烙铁。

2）吸锡器。吸锡器是一种修理电器用的工具，如图1-21所示，用于收集拆卸焊盘电子

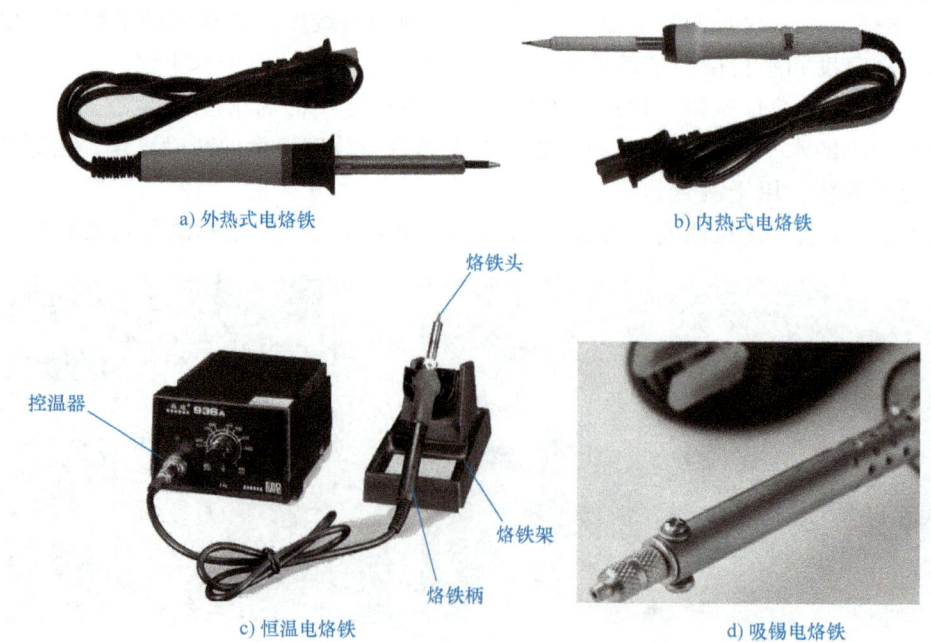

a) 外热式电烙铁　　b) 内热式电烙铁

c) 恒温电烙铁　　d) 吸锡电烙铁

图1-20　电烙铁

元件时熔化的焊锡，有手动和电动两种。常用的吸锡器是便携式手动吸锡器，如图 1-21 所示，也可采用电动吸锡器。

3) 钳类工具。常用的钳类工具有平头钳、尖嘴钳、斜口钳、剥线钳、压线钳、镊子等。其中压线钳种类很多，要根据不同的线材选择种类，在使用时也要选择好钳口，即钳口与线径和线鼻子相匹配，压线时只要将两钳口的平面压靠就可以。压线钳可用于剪线、剥线和压线。使用剥线钳时也要选择好对应的钳口，钳口过大剥不下线皮，钳口过小会伤到线，且用力要均匀，用力过大则容易损坏钳子。

图 1-21　吸锡器

4) 旋具类工具。配备规格齐全的一字槽螺钉旋具和十字槽螺钉旋具各一套。旋具宜采用树脂或塑料手柄。为了方便伺服驱动器的调整与装卸，还应配备无感旋具与梅花形六角旋具各一套。

5) 扳手类工具。大、小活扳手，各种尺寸的内、外六角扳手等各一套。

各种钳类工具、旋具、扳手如图 1-22 所示。

a) 平头钳　　　　b) 尖嘴钳　　　　c) 剥线钳　　　　d) 压线钳

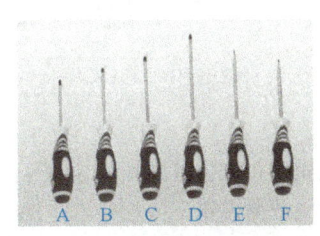 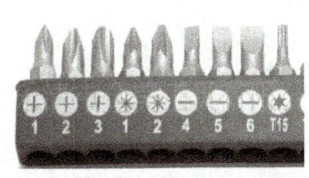 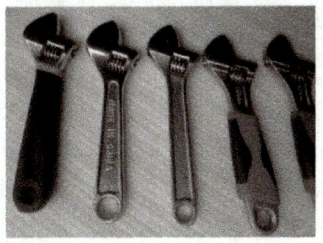

e) 各种大小旋具　　　　f) 各种规格旋具头　　　　g) 各种活扳手

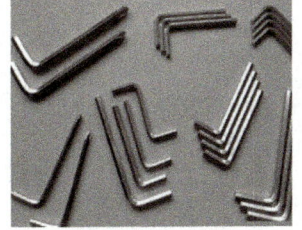 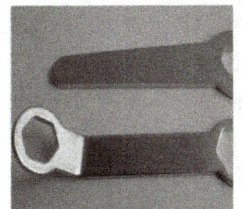

h) 内六角扳手　　　　i) 外六角扳手

图 1-22　各种钳类工具、旋具、扳手

6) 化学用品。化学用品指松香、纯酒精、洁净触点用的喷剂、润滑油等。

7) 其他。包括剪刀、刷子、吹尘器、清洗盘、卷尺、直尺、垫铁、检验棒、杠杆千分尺、游标万能角度尺、拉卸工具、弹性锤子等。

（3）常用备件　数控机床维修所涉及的元器件、零件众多，备用的元器件不可能全部准备充分、齐全，但一些常用易损的元器件，如各种规格的熔器、熔体、开关、电刷、常用二极管、电阻和易出故障的大功率模块和印制电路板等，均是应当配备的，这样可以给维修带来很大的方便。

习　题

一、填空题

1. 数控系统工作时的温度不能高于_____℃，数控系统允许的电网电压波动范围为额定值的_____。
2. 数控机床常用的维护方法是_____。
3. 数控机床的使用_____和_____，在很大程度上取决于它的正确使用和日常维护。
4. FANUC 系统中，存储器有_____、_____和_____三种，其中_____存储器可以随机地存取，并且用户经常可以自由地改写其内容的存储装置，但断电后需要电池保护，有易失性，需要保留数据。
5. 在更换电池前，需要_____机床控制单元的电源。
6. 通常数控系统通过输入装置输入的零件加工程序存放在_____存储器中。
7. 现场修理的主要任务是_____。
8. 只要满足一定的条件，机床或数控系统就必然出现的故障是_____。
9. 由于数控系统具有自诊断功能，一旦检测到故障，就按故障的级别进行处理，同时在 CRT 显示上以报警号的形式显示该故障信息是_____。
10. 发生设备事故时，应立即_____，保护现场，及时向生产工长和车间机械员报告，等待处理。

二、思考题

1. 进行数控机床维护与保养的目的是什么？
2. 数控机床的点检管理是什么？
3. 为什么要对数控系统进行数据备份？对 FANUC 0i-D 数控系统进行数据备份和恢复的方法有哪些？
4. 在 FANUC 0i-D 数控系统中，如何在开机 BOOT 画面下进行备份和恢复数据操作？
5. 在 FANUC 0i-D 数控系统中，在正常画面下可以进行哪些参数的数据输入和输出操作？利用输入/输出功能进行数据的备份和恢复操作的步骤是什么？
6. 在何种情况下需要更换数控系统电池？如何更换？
7. 常用的数控机床故障诊断方法有哪些？
8. 液压系统排除电气故障的基本步骤是什么？
9. 简述万用表的使用注意事项。
10. 简述数控机床气动系统维护的要点。
11. 简述数控机床的"三级保养制度"。
12. 数控机床维修人员应具备哪些素质？你认为自己具备哪些条件？
13. 查阅资料，说说"5S"和"6S"管理说法分别是指什么。
14. 查阅资料，说说一级、二级保养时，清洗丝杠螺母副、尾座等部件需用何种清洗剂。

第 2 章

数控机床的安装、调试及验收

> **本章导读**
>
> ● 主要内容及教学要求
> 1. 数控机床的安装调试,要求了解数控机床安装前的准备工作、安装步骤及所用工具,懂得数控机床的调试。
> 2. 数控机床的验收,要求了解数控机床验收流程,能参与数控机床的各种精度验收。
> 3. 能参与数控卧式车床、数控铣床和加工中心的各种精度验收,了解相关验收标准。
>
> ● 重点、难点
> 1. 数控机床的安装调试和数控机床精度的验收。
> 2. 数控机床维修操作方法。

2.1 数控机床的安装

2.1.1 数控机床安装前的准备工作

数控机床的安装、调试,是指从生产厂家将数控机床发货到用户后,将其安装到工作场地直到能正常工作所应完成的工作过程。这一工作过程一般由机床制造商在用户的配合下完成。

对于小型数控机床,其安装和调试工作比较简单,到安装场地后一般不需组装连接。由于它的整体刚性较好,一般只要通上电,将机床调整水平后就可正常使用。对于大中型数控机床,由于运输等原因,在机床发货之前,已经将其解体成几个部分,分箱包装运输,因此当机床到达用户单位后还要进行组装,重新调试,工作过程较为复杂。

1. 数控机床安装对地基的要求

在数控机床安装工作中,用户不能忽视对安装基础的要求。机床制造厂家一般向用户提供机床安装基础地基图,用户事先要做好机床基础,并且要经过一段时间保养,等基础稳定后再安装机床。重型机床、精密机床必须要有稳定的机床基础,否则无法调整机床精度。一些中小型数控机床对地基则没有特殊要求。根据我国国家标准 GB 50040—1996《动力机器基础设计规范》的规定,应该做好以下工作。

(1) 一般性要求

1) 设计基础时,机床制造厂家应提供以下资料。

① 设备的型号、转速、功率、规格及几何轮廓尺寸图等。
② 设备的重心及重心位置。
③ 设备底座外轮廓图，辅助设备，管道位置和坑、沟、孔洞尺寸，灌浆层厚度以及地脚螺栓和预埋件的位置等。
④ 设备的扰力和扰力力矩及其方向。
⑤ 基础的位置及其临近建筑的基础图。
⑥ 建筑场地的地质勘查资料及地基动力实验资料。
2）设备基础与建筑基础、上部结构以及混凝土地面分开。
3）当管道与机床连接而产生较大振动时，管道与建筑物连接处应该采取隔振措施。
4）所设计的机床基础不得产生有害的不均匀沉降。
5）当设备基础的振动对邻近的人员、精密设备、仪器仪表、工厂生产及建筑产生有害影响时，应该采取隔离措施。
6）设备地脚螺栓的设置应该符合以下要求：
① 带弯钩地脚螺栓的埋置深度不应小于20倍螺栓直径，带锚板地脚螺栓的埋置深度不应小于15倍螺栓直径。
② 地脚螺栓轴线距基础边缘不应小于4倍螺栓直径，预留孔边距基础边缘不应小于100mm，当不能满足要求时，应该采取加强措施。
③ 预埋地脚螺栓底面下的混凝土净厚度不应小于50mm，当为预留孔时，则孔底面下的混凝土净厚度不应小于100mm。

（2）数控机床的安装还应该遵循以下原则。
1）对机床按重量进行分类。
① 中、小型机床是指单机重量在100kN以下。
② 大型机床是指单机重量在100~300kN之间。
③ 重型机床是指单机重量在300~1000kN之间。
2）在进行数控机床基础设计时，除了遵循前述"一般性要求"以外，机床制造厂家还应该提供以下资料。
① 机床的外形尺寸。
② 当基础倾斜和变形对机床加工精度有影响或计算基础配筋时，需要机床及加工工件重力的分布情况、机床移动部件或移动加工工件的重力及其移动范围。
3）对重型和精密机床应该采用单独基础进行安装。当进行单独基础安装时，应遵守以下规范。
① 基础平面尺寸不能小于机床支承面积的外廓尺寸，并应满足安装、调整和维修时所需尺寸。
② 基础的混凝土厚度应符合表2-1所列的金属切削机床基础的混凝土厚度。
4）对于有提高加工精度要求的普通机床，可在表2-1中的混凝土厚度计算值基础上增加5%~10%。
5）对于加工中心系列机床的基础混凝土厚度，可按组合机床的类型，取精度较高或外形较长者按表2-1中同类型机床进行计算。

表 2-1 金属切削机床基础的混凝土厚度　　　　　　　　（单位：m）

机床名称	基础的混凝土厚度
卧式车床	$0.3+0.070L$
立式车床	$0.5+0.150h$
铣床	$0.2+0.150L$
龙门铣床	$0.3+0.075L$
摇臂钻床	$0.3+0.150h$
龙门刨床	$0.3+0.070L$
坐标镗床	$0.5+0.150L$
卧式镗床、落地镗床	$0.3+0.120L$
齿轮加工机床	$0.3+0.150L$
立式钻床	$0.3\sim0.6$
深孔钻床	$0.3+0.050L$
螺纹磨床、精密外圆磨床、齿轮磨床	$0.4+0.100L$
导轨磨床	$0.4+0.080L$

注：1. 表中的 L 为机床外形的长度，h 为其高度，均为机床样本和说明书上提供的外形尺寸。
　　2. 表中基础的混凝土厚度指机床底座下（如垫铁时，指垫铁下）承重部分的混凝土厚度。

6）当基础倾斜与变形对机床加工精度有影响时，应进行变形验算。当变形不能满足要求时，应采取人工加固地基或增加基础刚度等措施。

7）加工精度要求较高且重量为 500kN 以上的机床，其基础建造在软弱地基上时，宜对地基采取预压加固措施。预压的重力可采用机床重量与加工工件最大重量之和的 1.4~2.0 倍，并按实际载荷情况分布，分阶段达到预压重力。预压时间可根据地基固结情况确定。

8）精密机床应远离动载荷较大的机床。大型、重型机床或精密机床的基础应与厂房柱基础脱开。

9）精密机床基础的设计可分别采取下列措施之一。

① 在基础四周设置隔振沟，隔振沟的深度应与基础深度相同，宽度宜为 100mm，隔振沟内宜空，或者可垫海绵、乳胶等材料。

② 在基础四周粘贴泡沫塑料、聚苯乙烯等隔振材料。

③ 在基础四周设置沟缝，与混凝土地面脱开，沟缝中宜填充沥青、麻丝等弹性材料。

④ 精密机床的加工精度要求较高时，根据环境振动条件，可在基础或机床底部另行采取隔振措施。

设备使用方的设备管理人员及相关机构的人员，应该配合基础设计人员进行相关的基础设计。关于其他数控设备和精密设备，基础设计的更为详细资料，可以查阅 GB 50040—2013《动力机器基础设计规范》和 GB 50037—2013《建筑地面设计规范》两个国家标准。总之，设备基础是设备在后续阶段具备良好工作状态和发挥高经济效益的基础。

2. 数控机床安装对环境的要求

数控机床的安装位置应当尽量避开易传导振动、湿气大、靠近热源和阳光直射的地方，否则会直接影响数控机床的加工精度和稳定性，还会使电子元器件接触不良、发生故障，影响数控机床的可靠性。工作环境应满足以下几个条件。

1)稳定的机床基础。做机床基础时一定要将基础表面找平、抹平。若基础表面不平整,调整机床时会增加不必要的麻烦。做机床基础的同时应预埋好各种管道。

2)工作环境温度应在 0~35℃ 之间,避免阳光直接照射数控机床,室内应配有良好的灯光照明设备。

3)为了提高加工零件的精度,减小机床的热变形,可将数控机床安装在相对密闭的、加装空调设备的厂房内。

4)工作环境相对湿度应小于 75%。数控机床应安装在远离液体飞溅的场所,并防止厂房滴漏。

5)空气流通,无尘,无油雾和金属粉末。

6)电网应满足数控机床正常运行所需总容量的要求,电压波动范围为 85%~110%。

7)良好的接地,接地电阻小于 7Ω。

8)抗干扰,远离产生强电磁干扰的设备,如焊机、大型起重机、高中频设备等。

9)远离振动源。对高精度数控机床做基础时,要有防振槽,而且防振槽中一定要填充沙子或炉灰。

2.1.2 数控机床的安装步骤

1. 数控机床的拆箱验收

拆箱或搬运前,工作人员须特别注意包装箱上所标识的符号,避免不当的作业方法毁坏机床部件。拆卸工具一般有桥式起重机(俗称天车)或叉车、剪刀、螺钉旋具、活扳手、起钉器等。拆箱过程应中避免物体脱落,损伤机床工作台。

拆箱后,应按照机床装箱清单,清点包装箱内的部件、资料、电缆等是否齐全,并妥善保管好机床的随机文件资料。

2. 数控机床的就位

(1)吊装及定位 应严格按照机床说明书中所述的方法进行吊装,并按照机床说明书调整好垫块、垫铁,将地脚螺栓等辅助部件安装到位,使组成机床的各大部分也分别在地基上就位。起吊、就位要特别小心,根据机床的重心、起吊环的位置决定起吊的方法。注意起吊绳的位置,防止起吊绳因受力移位而拉坏机床表面,甚至损坏机床不能受力的部件。防止机床严重倾斜。起吊数控机床和使其就位时,必须慢而稳,有地脚螺栓时,要求每人负责一个螺栓,这样才能稳稳当当地使机床就位。

(2)数控机床就位注意事项

1)就位前的注意事项。

① 用户必须按照图样确定好机床的安装位置。

② 要根据机床电源、气源、冷却水管的进口位置和车间的管路排布,将电、气、液接到机床侧。如果车间有机床网络管理系统,还要考虑将接口电缆接到机床侧。

③ 必须正确选择将机床从运输工具上运到车间指定位置的方法,包括运送机床的通道等。

2)就位的注意事项。

① 机床到场后,必须认真检查包装的完整性,并进一步开箱检查。参加人员应包括设备管理人员、设备采购人员、设备计划调配员、档案管理人员和供应方的指定负责人,如果

是进口设备,则还需要商务代理、海关商检人员等。

② 拆箱时,严禁顶盖及四侧包装物掉入或挤入包装箱内,以免损坏机床零件或电气元器件等。

③ 机床未就位前,严禁拆卸机床活动部件的固定物。

④ 要了解机床的净重、毛重,选择合适的起运工具,并检查吊具和起吊钢丝是否完好。

⑤ 吊运时,必须注意机床包装箱的吊运位置及重心位置,防止损坏机床不能受力的部件,防止机床倾斜。

⑥ 起吊时,严禁将身体的任何部位置于起吊的包装箱下面,起吊的包装箱严禁从人头顶越过。

⑦ 铲运时,铲尖应该超过重心位置适当的距离。

3. 数控机床部件的组装

数控机床部件的组装是指将分解运输的机床重新组合成整机的过程。组装前应将所有连接面、导轨、定位面和运动面上的防锈涂料清洗干净,然后准确可靠地将各部件连接组装成整机。组装数控系统电气柜、立柱、电器柜、刀库和机械手时,机床各部件之间的连接定位均要求使用原装的定位销、定位块和其他定位元件,这样各部件在重新连接组装后,能够更好地还原机床拆卸前的组装状态,保持机床原有的制造精度和安装精度。

4. 气管、油管和电缆的连接

应按照机床说明书中的气压、液压管路图和电气连接图,将有关管道和电缆按标记对应接好。连接时特别要注意清洁工作以及可靠的接触和密封,接头一定要拧紧,否则试机时会漏水、漏油,给试机带来麻烦。连接油管、气管时要特别注意防止异物从接口中进入管路,造成整个气压、液压系统故障。管路和电缆连接完毕后,要做好各管线的就位固定,安装好防护罩壳,保证整齐的外观。最后,还要检查是否已按要求添加润滑油和切削液等。

5. 数控系统的连接

(1) 外部电缆的连接 数控系统外部电缆的连接包括数控装置与 MDI/CRT 单元、数控系统电气柜、机床操作面板、进给伺服单元、主轴伺服单元、检测装置反馈信号线的连接等,这些连接必须符合随机提供的连接手册的规定。

(2) 地线的连接 数控机床的接地也十分重要,良好的接地不仅能保证设备和人身的安全,同时还能减少电气干扰,保证机床的正常运行。地线连接一般都采用辐射式接地法,即数控系统电气柜中的信号接地、框架接地、机床接地等连接到公共接地点上,公共接地点再与大地相连,地线必须与大地接触良好。数控系统电气柜与强电柜之间的接地电缆要足够粗,其横截面积应在 $5.5mm^2$ 以上。如果需要数控机床单独接地,须将信号接地、强电接地、机床接地连接后再埋入地下。

(3) 电源线的连接 数控系统电源线的连接是指数控系统电源变压器输入电缆的连接和伺服变压器绕组抽头的连接。由于各国供电制式不完全一致,不仅电压幅值不一样,频率也不一样,所以国外机床生产厂家为了适应各国不同的供电情况,无论是数控系统的电源变压器还是伺服变压器,都有多个抽头。我国的供电制式是:交流380V,三相;交流220V,单相;频率50Hz。必须根据我国供电的具体情况正确连接。一般数控系统允许的电源电压波动范围为额定值的-10%~15%,有些数控系统要求更高一些,为-10%~10%。当供电质量不太好、电压波动大、电气干扰比较严重以及电源电压波动范围超过数控系统的允许范围时，需配备交流稳压器。

（4）检查各印制电路板上的电压是否正常　接通电源之后，首先应该检查数控系统电气柜内各风扇是否旋转，确认电源是否接通，然后检查各种直流电压是否在允许的范围内波动。一般来说，对给逻辑电路供电的+5V电源的电压要求较高，波动范围要求在-5%~5%范围内。最后，检查+24V的直流电源是否在允许的-10%~10%范围内波动，如果超出范围，要进行调整，否则会影响系统的稳定性。

（5）注意通电相序　由于数控系统的进给控制单元和主轴控制单元的供电电源大都采用晶闸管控制器件，如果通电相序不对，可能使进给控制单元及主轴控制单元的输入熔体烧断。相序可以用相序表测量，也可以用双路示波器来观察两相之间的波形，如果相序错误，将任意两相对调一下即可。

（6）检查直流电源输出端是否对地短路　在系统通电前，应当用万用表检查数控系统内部的直流稳压电源单元，看其输出端是否有对地短路现象。如有短路，必须查清短路的原因，在排除后方可通电，否则会烧坏直流稳压电源单元。

（7）检查各熔断器　数控机床的电路板及主电路中都装有熔断器。当机床因为过载及外电压过高而发生意外短路时，熔断器能马上被熔断而切断电源，起到保护数控机床的作用，所以一定要检查熔断器的质量及规格是否符合要求。

（8）数控系统各种参数设定的确认　设定数控系统参数，包括可编程序控制器（Programmable Logic Controller，PLC）参数等，目的是当数控装置与机床相连时，能使机床具有最佳的工作性能。

（9）确认数控系统与机床侧的接口　现代的数控系统一般都有自诊断功能，在CRT显示器上可以显示数控系统与机床接口以及数控系统内部的状态。在带有可编程序控制器（PLC）时，可以反映出从机床侧（MT）到PLC、从PLC到MT、从数控（CNC）系统到PLC以及从PLC到CNC系统的各种信号状态。

2.1.3　数控机床安装、调试、检验所用的工具

在数控机床的安装、调试等工作中，需要使用各种工具、量具，这就要对各种类型的工具、量具的性能和使用方法等有所了解。这也是保证机床安装、调整、检验等工作的质量、提高效率所必需的。

1. 机床就位与组装的工具

对机床的起吊和就位，应使用机床厂提供的专用工具，如无专用起吊工具，则采用其他方法按照说明书的规定进行起吊和就位。下面介绍一些常用工具。

（1）简单起重机械

1）撬杠和滚筒。在机床的短距离搬运过程中，经常是在机床的底座下面放置垫板，在垫板下面放置滚筒，用撬杠来撬动，使机床向确定的方向和位置移动。常用的撬杠为钢棍和木杠。常用的滚筒为厚壁钢管，可将滑动摩擦转变为滚动摩擦。

2）滑轮和滑轮组。滑轮实质上是杠杆的变形和发展，根据滑轮的轴是否和重物一起移动，分为定滑轮、动滑轮和滑轮组。滑轮组是定滑轮和动滑轮的组合，它既能改变作用力的方向，又能省力。因此在吊装作业中，多使用各式滑轮组，以便用较小的牵引力起吊重量较大的机电设备。

滑轮组的选配依据是机电设备的重量和提升（下降）高度。

（2）常用起重机械

1）千斤顶。千斤顶是一种用较小的力就能把重物升高、降低、移动（使重物水平移动）的结构简单而使用方便的起重设备，常用的有螺旋千斤顶和液压千斤顶。螺旋千斤顶常用于中小型机电设备的安装，起重量为30~500kN。使用螺旋千斤顶应注意：使用时不要超过允许的最大顶重能力，防止超重而引起事故。液压千斤顶利用手动液压泵将油液压入液压缸内，推动活塞从而将重物顶起。

2）手动液压铲车。在起重作业中，进行小型机电设备的短距离运输和安装时，经常使用手动液压铲车。液压铲车的工作原理与液压千斤顶的工作原理相同，都是利用杠杆增力和液压增力。液压铲车能将设备抬起后移动到位。

3）卷扬机。卷扬机是起重作业中广泛使用的一种起重设备，根据驱动方式分为手动卷扬机和电动卷扬机。手动卷扬机一般用于设施条件差和无电源的地区。

4）桥式起重机。桥式起重机俗称天车或行车，是安装在车间一定高度的轨道上，行走在车间，用于吊运设备和物品的起重机械。操作桥式起重机的人员必须有上岗资格证。

（3）起重用钢丝绳　常用钢丝绳是用高强度碳素钢丝捻制而成的。钢丝绳的使用注意事项如下：

1）钢丝绳应成卷放在干燥库房内的木板上，为防止钢丝绳生锈，应经常保持清洁并定期涂抹特制无水分的防锈油。

2）穿钢丝绳的滑轮边缘不允许有破缺，以免损坏钢丝绳。

3）使用钢丝绳时，不能使它发生锐角曲折、挑圈，或者由于夹、砸而被压成扁平。

4）在起重作业中，应防止钢丝绳与电焊线或其他线缆接触，以免引起人员触电和钢丝绳被电弧打坏。

5）钢丝绳与设备构件及建筑物的尖角直接接触时，应垫木块。

2. 数控系统的连接与调试工具

数控系统的连接、调试工具有很多种，常用的有各种螺钉旋具、各种扳手、剪刀、锉刀、钳子、刮刀、镊子、吸锡器、电烙铁及电表等。

3. 精度检验工具

（1）常用几何精度检验工具　常用几何精度检验工具有精密水平仪、精密方箱、直角尺、平尺、平行光管、测微仪、千分表、高精度检验棒等。检验工具的精度至少要比所测几何精度高一个等级。要注意检验工具和测量方法造成的误差，如表架的刚性、测微仪的重力、检验棒自身的振摆和弯曲等造成的误差。

（2）常用定位精度检验工具　测量直线运动的检验工具有测微仪、成组量块、标准长度刻线尺、光学读数显微镜、双频激光干涉仪及步距规等。标准长度测量以激光干涉仪为准。回转运动的检验工具有360齿精确分度的标准转台或角度多面体、高精度圆光栅及平行光管等。

（3）常用切削精度检验工具　常用的切削精度检验工具有千分尺、平尺、量块、指示表（包括千分表和百分表）、螺纹样板、测高仪和杠杆卡规等。一些常用的检验工具如图2-1所示。

a) 精密水平仪

b) 平尺

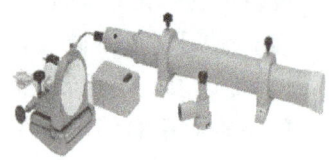
c) 平行光管

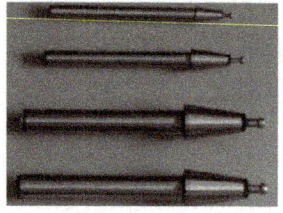
d) 检验棒

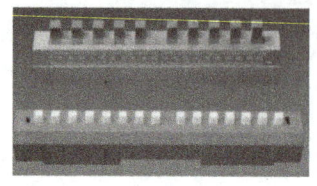
e) 步距规

f) 精密方箱

g) 螺纹样板

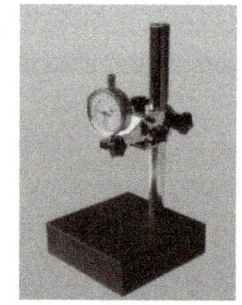
h) 测微仪

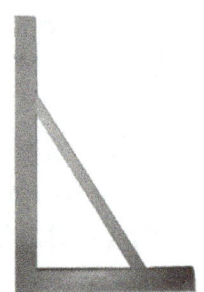
i) 直角尺

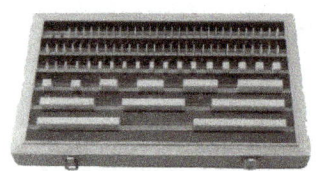
j) 量块

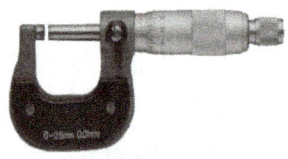
k) 千分尺

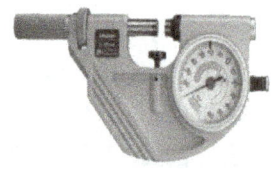
l) 杠杆卡规

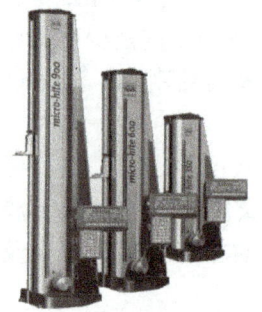
m) 测高仪

n) 带表座的百分表

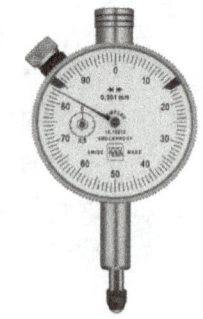
o) 千分表

图 2-1　数控机床常用精度检验工具

2.2 数控机床的调试

正确进行数控机床的调试和验收是对维修人员的基本要求，也是保证数控机床发挥效能的前提条件。因此，在完成数控机床的安装等相关工作后，在正式交工验收之前，要对机床进行功能验收和调试，为后续的正式验收做准备。

1. 数控机床安装水平的检验

数控机床安装水平的检验主要是指对机床床身和导轨安装水平的检验，其中机床导轨作为机床安装水平的检验关键，直接关系到数控机床日后的使用。机床床身和导轨安装水平调平的目的是获得机床的静态稳定性，是机床几何精度检验和工作精度检验的前提条件。

通常在已固化的地基上用地脚螺栓和垫铁精调机床床身及导轨的水平，所用工具为水平仪。移动床身上各移动部件（如立柱、床鞍和工作台等），在各坐标轴全行程内观察、记录机床水平的变化情况，并调整相应的机床几何精度，使之达到允许的误差范围。大、中型数控机床床身大多是由多点垫铁支承，为了不使床身产生额外的扭曲变形，要求在床身自由状态下调整水平，各支承垫铁全部起作用后，再压紧地脚螺栓。

机床的安装水平应该符合以下要求：

1) 机床应以床身导轨作为安装水平的检验基础，并用水平仪和桥板或专用检具在床身导轨两端、接缝处和立柱连接处沿纵向和横向对导轨进行测量。

2) 应将水平仪沿床身的纵向和横向放在工作台上或溜板上，并移动工作台或溜板，在规定的位置进行测量。

3) 以机床的工作台或溜板为安装水平检验的基础，将水平仪沿床身纵向和横向放置在工作台或溜板上进行测量，但工作台或溜板不应移动位置。

4) 用水平仪沿床身导轨纵向进行等距离移动测量，并将水平仪读数依次排列在坐标纸上，画出垂直平面内直线度误差曲线，以误差曲线两端点连线的斜率作为该机床的纵向安装水平。横向应以横向水平仪的读数值计。

5) 应用水平仪在设备技术文件规定的位置上进行测量。

2. 数控机床预调精度的检验

预调精度检验是对机床有关的几何精度做预先调整和过渡性的试验，通过预调精度检验，使相应的几何精度在规定的允许误差范围内，减少调整的工作量。

预调精度特别是针对重型、落地、龙门型等大型机床，可使安装单位和用户少走弯路，便于达到几何精度要求。只要有关几何精度检验合格，不检查预调精度也可以。所以预调精度是过渡性的精度，不是交工验收的最终精度。而且当几何精度达不到规定时，允许调整相应部件的预调精度，而该部件的预调精度在交工验收时不再复检。例如，龙门型机床床身导轨在垂直平面内的直线度，当工作台放上去后便发生变化，且无法测量，因此只要工作台有关几何精度检验合格，导轨的直线度是否合格、如何变化就可以不考虑了。如果工作台有关几何精度检验不合格，则应调整有关床身垫铁和导轨的直线度，直到工作台几何精度合格为止。预调精度检验包括以下内容：

1) 床身导轨在垂直平面内的直线度。

2) 床身导轨在水平平面内的平行度。

3）床身导轨在水平面内的直线度。

4）立柱导轨对床身导轨的垂直度。

5）两立柱导轨正导轨面的共面度。

关于以上五项精度的检验方法和相关的规定，可以参阅 GB 50271—2009《金属切削机床安装工程施工及验收规范》，其中有详细的说明。对于大型机床，机床制造厂家通常会提供有关预调精度检验的内容和方法。

3. 数控机床的通电调试步骤

（1）通电前的准备工作

1）系统参数的确定。数控机床在出厂前，生产厂家对所采用的数控系统设置了许多初始参数，以适应相配套的数控机床的具体情况，但部分参数还需要经过调试才能确定。数控机床在交付使用时，机床生产厂家都会随机附有一份参数表。这份参数表是一份很重要的技术资料，必须妥善保存。当进行数控机床维修时，特别是当系统中的参数丢失或发生错乱而需要重新恢复机床性能时，参数表是不可缺少的依据。对于不同的数控系统，进行参数显示、设定、修改的步骤不完全相同，可按照机床维修说明书所提供的方法进行设定和修改。

2）通电前的外观检查。

① 机床电器检查。检查继电器、接触器、熔断器、伺服电动机速度控制单元插座等有无松动，如有松动应恢复正常状态；有锁紧装置的接插件一定要锁紧；对于有转接盒的机床，应检查转接盒上的插座、接线有无松动。

② 数控系统电气柜检查。检查各类插座，如有松动要重新插好；锁紧机构一定要锁紧。

③ 接线质量检查。检查所有的接线端子，包括强电、弱电部分在装配时机床生产厂自行接线的端子及各电动机电源线的接线端子。每个端子都要用旋具紧固一次，直到用旋具拧不动为止（弹簧垫圈要压平）。

④ 电磁阀检查。所有电磁阀都要用手推动数次，以防长时间不通电造成的动作不良。如发现异常，应做好记录，以备通电后确认修理或更换。

⑤ 限位开关检查。检查所有限位开关动作的灵活性及固定是否牢固，发现动作不良或固定不牢的应立即处理。

⑥ 操作面板上的按钮及开关检查。检查操作面板上所有按钮、开关、指示灯的接线，发现有误应立即处理。

⑦ 地线检查。要求有良好的地线。外部保护导线端子与电气设备任何裸露导体零件和机床外壳之间的电阻数值不能大于 0.1Ω，机床设备接地电阻一般要求小于 4Ω。

⑧ 电源相序检查。用相序表检查输入电源的相序，确认输入电源的相序与机床上各处标定的电源相序一致。

⑨ 为液压油箱加液压油。按照机床说明书要求给机床润滑油箱、润滑点加注规定的油液或油脂，为液压油箱加注规定标号的事先已过滤的液压油，接通气压源。

（2）机床通电过程　机床通电操作最好是各部分分别供电，正常后再做全面供电试验。

1）机床总电源的接通。

① 接通机床总电源。检查数控系统电气柜，检查主轴电动机冷却风扇、机床电气柜冷却风扇的转向是否正确，检查润滑、液压等油标指示以及机床照明灯是否正常，检查各熔断器有无损坏，如有异常应立即停电检修。

② 测量强电各部分的电压，特别是供数控系统及伺服单元用的电源变压器的一次、二次电压，并做好记录。

③ 观察有无漏油。如有漏油，应立即停电修理或更换相关零部件。

2）数控系统通电。

① 按数控系统电源按钮，接通数控系统电源。观察显示器的显示画面，直到出现正常画面为止。如果出现报警显示，应查找故障并排除，然后重新送电检查。

② 打开数控系统电气柜，根据有关资料上给出的测试端子的位置测量各级电压，有偏差的应调整到给定值，并做好记录。

③ 将状态选择开关置于适当的位置，如日本 FANUC 系统中状态选择开关应置于 MDI 状态下，根据有关资料核对参数或修改参数。

④ 将状态选择开关置于 JOG 位置，将点动速度放在最低档位，分别进行各坐标轴正、反方向的点动操作，然后将其移动到行程限位极限，验证超程限位装置是否灵敏有效，数控系统在超程时是否发出报警。

⑤ 将状态选择开关置于回参考点位置，完成回参考点操作。无特殊说明时，一般数控机床的回参考点方向是在坐标轴的正方向。观察回参考点动作的正确性，注意检查重复回参考点的位置是否完全一致。

⑥ 将状态选择开关置于 JOG 或 MDI 位置，进行手动变档（变速）试验。验证后将主轴调速开关置于最低位置，进行各档的主轴正、反转试验，观察主轴运转情况和速度显示的正确性，然后再逐渐升速到最高速度，观察主轴运转的稳定性。

⑦ 进行手动导轨润滑试验，使导轨有良好的润滑。

⑧ 进行换刀试验，检查换刀动作的正确性。

(3) 通电调试试验

1）手动数据输入（MDI）试验。

① 测量主轴实际转速试验。将数控机床锁住开关置于接通位置，用手动数据输入指令进行主轴任意变速试验。测量主轴实际转速，并查看主轴速度显示值，调整其误差范围在±5%之内。

② 进行选刀试验。检查刀座正转、反转和定位精度的正确性。

③ 在手动数据输入（Manual Data Input, MDI）方式下输入指令 G01、G02，并指定适当的主轴转速、移动尺寸、进给速度等，同时调整进给倍率开关，观察功能执行情况及进给率变化情况。

④ 车床螺纹切削指令试验。给定车床螺纹切削指令，而不给定主轴转速指令，观察指令执行情况，如不能执行则为正确，因为螺纹切削要靠主轴脉冲发生器的同步脉冲。然后增加主轴转动指令，观察螺纹切削指令的执行情况。

⑤ 循环功能试验。可根据具体机床对各个循环功能进行试验。为防止意外情况发生，最好先将机床锁住进行试验，正确无误后再解锁机床进行试验。

2）编辑功能（EDIT）试验。将状态选择开关置于 EDIT 位置，自行编制简单程序，程序中应尽可能多地包括各种功能指令和辅助功能指令、移动尺寸，以机床最大行程为限，同时进行程序的增加、删除和修改。

3）自动状态试验。将机床锁住，用上一步编制的程序进行空运转试验，验证程序的正确性。解锁机床，分别调整进给倍率开关、快移修调开关、主轴速度修调开关，使机床在上述各开关做多种变化的情况下充分运行，再将各修调开关置于100%处，使机床充分运行，然后观察整机的工作情况是否正常。

4) 外设试验。

① 将计算机与数控系统相连，进行程序传输和参数备份，验证接口的正确性。

② 将数控系统与其他外围设备相连。例如可连接打印机，将程序和参数打印出来，验证辅助接口的正确性。将参数表保存备用。

(4) 通电自动运行试验　为了全面检查数控机床的功能及工作可靠性，在上述调试完成后，要在一定负载或空载条件下，按规定时间对机床进行自动运行试验。国家标准 GB/T 9061—2006《金属切削机床　通用技术条件》中规定了不切削连续自动运行试验时间，数控车床为 36h，加工中心为 48h，并且要求在连续运转试验过程中，机床不应发生任何故障。如果出现异常或故障，在查明原因进行调整或排除后，应重新通电做自动运行试验。

以上为数控机床的一般调试方法及步骤。但是，近年来随着数控机床的快速发展，一些高科技含量、高精密度的高档数控机床迅速进入市场，如五轴联动数控机床、高精度的进口数控机床（如德玛吉、菲迪亚）等，型号和规格不同，采用的数控系统也不同，其调试过程也会有所差别，上述调试方法及步骤仅供参考。

注意，在对数控机床进行通电调试的过程中，尽管一切正常，但为防万一，应做好随时按下急停按钮的准备，以便随时切断电源。例如切断伺服系统的进给使能信号，阻止各轴的运动，防止意外事故的发生。

2.3　数控机床的验收

数控机床的全部检测验收工作是一项复杂的工作，对检测手段和技术要求也较高。数控机床的验收可分为预验收和最终验收两个环节，其中预验收又可分为新型机床样机和行业产品评比的专家组验收和数控机床在制造厂时进行的验收。数控机床专家组预验收，一般是指由国家"高档数控机床与基础制造装备"科技重大专项实施管理办公室组织的专家组，对新型机床项目或课题进行的预验收。例如我国首台五轴联动数控工具磨床由专家组一致同意通过预验收。对一般用户而言，数控机床的预验收是指在数控机床制造厂的验收，即在给用户发货之前，生产厂家对数控机床进行制造质量的检测，验证机床能否满足各项指标要求，验证供应商提供的资料、备件等。如果通过预验收，则意味着可以向用户发货。而数控机床的最终验收工作主要是指设备采购方根据出厂的机床合格证上规定的验收标准和用户实际能提供的检测手段，测定合格证上的各项技术指标。检测结果要作为该机床的原始资料存入技术档案中，作为今后维修时的技术依据。

1. 数控机床验收的流程

数控机床验收的很多工作是和安装、调试工作同步进行的。例如机床开箱验收和外观检查合格后才能进行安装，机床的试运行就是机床性能及数控功能检验的过程等。一般情况下，数控机床的验收内容和工作过程可归纳为图 2-2 所示。

1) 制造厂家的预验收。

2) 到货签收。检查机床说明书、合格证是否齐全。

3) 开箱检验。检查资料、备件、附件、工具是否齐全。

4）机床外观验收。

5）机床功能验收。

6）机床空运行、负荷运行试验。

7）机床精度验收。包括几何精度、定位精度、工作精度的验收。

8）典型零件首批试加工及检验。

9）其他。包括补充试验和测试。

10）最终验收。

2. 数控机床验收的常见标准

数控机床的验收应当遵循相关标准规范进行，常见的国内标准可分为通用类标准、产品类标准和其他标准。

（1）通用类标准　通用类标准规定了机械电气安全、数控机床调试验收的检验方法、测量工具的使用、相关公差的定义，机床设计、制造、验收的基本要求等，如 GB 5226.1—2008《机械电气安全　机械电气设备　第 1 部分：通用技术条件》、GB/T 17421.1—1998《机床检验通则　第 1 部分：在无负荷或精加工条件下机床的几何精度》、GB/T 17421.2—2016《机床检验通则　第 2 部分：数控轴线的定位精度和重复定位精度的确定》等。

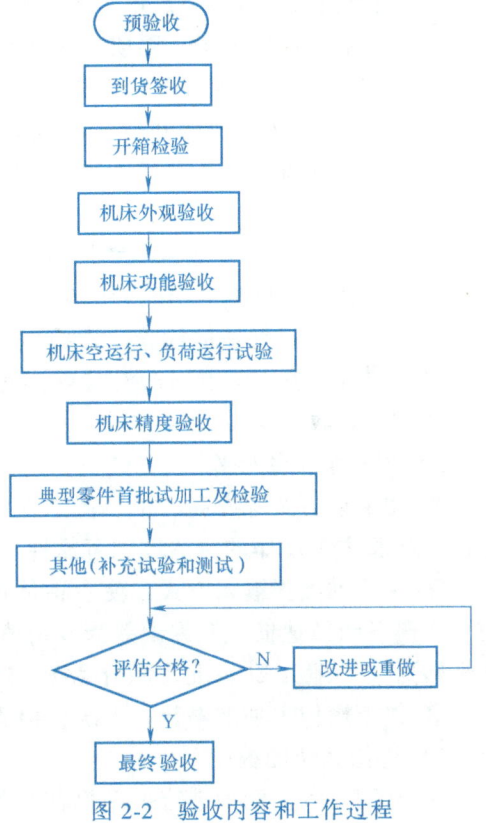

图 2-2　验收内容和工作过程

（2）产品类标准　产品类标准规定具体形式机床的几何精度和工作精度的检验方法，以及机床制造和调试验收的具体要求等，如 JB/T 10792.1—2007《五轴联动立式加工中心　第 1 部分：精度检验》、GB/T 20958.2—2007《数控床身铣床检验条件　精度检验　第 2 部分：立式铣床》、GB/T 16462.1—2007《数控车床和车削中心检验条件　第 1 部分：卧式机床几何精度检验》等。

（3）其他标准　在实际的验收过程中，也有许多的设备采购方按照德国的 VDI/DGQ3441 标准，日本的 JIS B6201、JTS B6336、JTS B6338，国际标准 ISO 230 进行验收。

注意，不同的标准对"精度"的定义差异很大，验收时一定要弄清各个标准中的精度指标的定义及计算方法。

3. 数控机床开箱检验及外观验收

数控机床到厂后，设备管理部门要及时组织有关人员开箱检验。参加检验的人员应包括设备管理人员和设备安装人员、设备采购人员等。如果是进口设备，还须有进口商务代理、海关商检人员等参加。检验的主要内容如下：

1）装箱单。按合同核对装箱单的内容，依据装箱单清点设备。

2）按合同规定，对照装箱单清点附件、备件、工具的数量、规格及完好状况。

3）看资料是否齐全。按合同核对应有的随机操作说明书、维修说明书、图样资料、合格证、验收标准等技术文件。

4）检查主机、数控系统电气柜、操作面板等有无明显撞碰损伤、变形、受潮、锈蚀等严重影响设备质量的情况，逐项如实填写"设备开箱验收登记卡"并存档。

5）检查防护罩是否完好、工作台面有无磕碰划伤、电线和油气管道安装是否规范等。

6）检查伺服电动机的外表，特别要对带有脉冲编码器的伺服电动机的外壳进行认真检查，尤其是后端盖处，若有磕碰痕迹，应将电动机后盖打开，取下脉冲编码器外壳，检查光码盘是否碎裂。

4．数控机床性能及数控系统性能的验收

不同类型数控机床的检验验收项目不同，实际验收过程中，应依据具体机床区别对待。

（1）数控机床性能的检验　数控机床性能主要包括主轴系统、进给系统、自动换刀装置、电气装置、安全装置、润滑装置、气液装置及各附属装置等的性能，必须按照一定的检验方法进行验收。

1）主轴系统的检验。

① 用手动方式选择高、中、低三种主轴转速，连续进行 5 次正转和反转的起动和停止动作，检验主轴动作的灵活性和可靠性。同时，观察负载表上的功率显示是否符合要求。

② 用手动数据输入方式，使主轴从最低一级转速开始运转，逐级提高到允许的最高转速，实测各级转速值，允许误差为设定值的 ±10%，同时观察机床的振动。主轴在长时间高速运转后（一般为 2h）允许温升达到 15℃。

③ 连续操作主轴准停装置 5 次，检验动作的可靠性和灵活性。

2）进给系统的检验。

① 分别对各坐标轴进行手动操作，检验正、反方向的低、中、高速进给和快速移动后的起动、停止、点动等动作的平稳性和可靠性。

② 用手动数据输入方式（MDI）检验 G00 和 G01 指令下的各种进给速度，允许误差为设定值的 ±5%。

③ 检验数控机床升降台防止垂直下滑装置是否起作用。可在机床通电的情况下，在床身固定千分表座，测头指向工作台面，然后突然将工作台断电，通过千分表观察工作台面是否下沉。允许其下滑量在 0.01~0.02mm 范围内变化。下滑太多则需调整自锁器，否则会影响批量零件加工的一致性。

3）自动换刀装置的检验。检查自动换刀装置（Automatic Tool Chanyer，ATC）的可靠性和灵活性，包括在手动操作和自动运行时刀库满负荷条件下（装满各种刀柄）的运动平稳性、机械手抓取最大允许重量刀柄的可靠性、刀库内刀号选择的准确性等。根据技术指标，检测自动交换刀具的时间。

4）电气装置的检验。在运转试验前后分别做一次绝缘检查，检查接地线质量，确认绝缘的可靠性。检查操作面板的各种指示灯，数控系统电气柜、机床电器柜冷却风扇动作、密封功能等是否正常可靠。

5）安全装置的检验。检查安全装置对操作者的安全性及对数控机床保护功能的可靠性，如各种安全防护罩、机床运动坐标行程极限保护自动停止功能、各种电流电压过载保护和主轴电动机过热过负荷时紧急停止功能等。

6）润滑装置的检验。检验润滑油路有无渗漏情况，检验定时定量润滑装置的可靠性及各润滑点的油量分配等功能的可靠性。

7）气液装置的检验。检查压缩空气和液压油路的密封、调压功能，检查液压油箱的正常工作情况。

8）附属装置的检验。检查机床各附属装置的工作可靠性，如卡盘夹紧松开的灵活性和可靠性、冷却装置是否正常工作、排屑器的工作质量、冷却防护罩有无泄漏、自动交换工作台是否正常工作、试验带重负荷工作台的自动交换动作，检查配置接触式测头的测量装置能否正常工作及有无相应测量程序等。

9）机床噪声的检验。机床运转时的总噪声不得超过标准（80dB）。数控机床由于大量采用电调速装置，主轴箱的齿轮往往不是最大噪声源，而主轴电动机的冷却风扇和液压系统的液压泵的噪声等可能成为最大噪声源。

（2）数控系统性能的检验

1）运动指令功能的检验。检验快速移动指令和直线插补指令、圆弧插补指令的正确性。

2）准备功能指令的检验。检验坐标系选择指令、平面选择指令、暂停指令、刀具长度补偿指令、刀具半径补偿指令、螺距误差补偿指令、反向间隙补偿指令、镜像功能指令、极坐标功能指令、自动加减速指令、固定循环指令、各种切削插补指令及用户宏程序指令等的准确性。

3）操作功能的检验。检验回参考点、手动数据输入、位置显示、程序显示、各菜单显示、程序的编辑和修改、单程序段运行、程序段跳读、主轴和进给倍率调整、进给保持、紧急停止、主轴和切削液的起动和停止等功能的准确性。

4）连续空运转试验。运行考机程序，使机床在空载下连续自动运行36h或48h，在规定的时间内不允许出故障，否则要在排除故障后重新开始规定的时间考核。不允许分段累积到规定的运行时间。这个考机程序包括的内容如下：

① 主轴各级转速。要包括标称的最低、中间和最高转速在内的五种以上速度的正转、反转及停止等运行工况。

② 各坐标轴各级进给运动。要包括标称的最低、中间和最高进给速度及快速移动，进给移动距离应接近全行程，快速移动距离应在各坐标轴全行程的1/2以上。

③ 要尽量用到一般自动加工所用的一些功能和代码。

④ 自动换刀应至少交换刀库中2/3以上的刀号，而且都要装上重量在中等以上的刀柄进行实际交换。

⑤ 必须使用的特殊功能，如测量功能、自动工作台交换和用户宏程序等。

5）负荷试验。在数控机床调试人员的指导下编程、选择刀具及确定切削用量。每一次切削完成后将零件已加工部位的实际尺寸与指令值进行比较，检验机床在负荷条件下的运行精度。例如使数控车床按照如下步骤进行负荷试验：粗车→重切削→精车。每一步又分为单一切削和调用加工循环指令进行切削。

5. 数控机床的精度检验

在实际检验数控机床精度时，要根据每种机床的实际情况确定检验项目和方法。例如五轴联动数控机床精度检验实施的难度要比三轴数控机床精度检验大得多，不仅要检测三个线性轴同时运动的精度，而且还要检测两个旋转轴的同步运动，以不断调整刀轴姿态，从而保证曲面精度，对机床的动态性能要求更高；卧式机床的精度检验内容与立式机床相比多几项与平面转台有关的几何精度。但一般情况下,数控机床共性的精度检验项目有几何精度检验、定位精度检验和切削精度检验。

(1) 数控机床几何精度检验　数控机床的几何精度检验又称静态精度检验。几何精度综合反映该机床的关键机械零部件及其组装后的几何误差。每项几何精度的具体检测方法可按照相关标准要求进行,也可按照机床出厂时的几何精度检测项目要求进行。常用的检测工具有精密水平仪、精密方箱、量块、直角尺、平尺、平行光管、指示表(千分表、百分表)、杠杆指示表、测微仪、高精度检验棒等。检测工具的精度必须比所测的几何精度高一个等级,否则检测结果不可信。

1) 床身水平。它是几何精度测量的基础。将精密水平仪放置在工作台上,在 X、Z(或 Y) 向分别测量,调整垫铁、支承钉达到要求。

2) 工作台面的平面度。它也是几何精度测量的基础,可用平尺、等高量块测量。

3) X、Y、Z 向导轨直线度。导轨直线度会影响零件的形状精度,可用精密水平仪检测。

4) 主轴的轴向窜动。它体现主轴轴承的轴向精度。测量时在主轴锥孔中插入专用心轴(钢球),可用千分表、主轴检验棒进行测量。

5) 主轴径向圆跳动。它体现主轴旋转轴的状况。测量时,在主轴锥孔中插入专用心轴,用千分表在近端、远端进行测量。

6) 主轴与 X、Y 轴的垂直度。它影响零件的位置精度。测量时,在主轴锥孔中插入测量心轴,用平尺或直角尺、千分表检测垂直度。

7) 主轴与 Z 轴的平行度。它影响零件的位置精度。测量时,在主轴锥孔中插入测量心轴,用千分表检测平行度。

8) 各坐标轴的相互垂直度。它影响零件的位置精度,可用直角尺、千分表检验。

9) 主轴回转轴线对工作台面的垂直度。它影响零件的位置精度,可用千分表检验。

数控机床几何精度检验的注意事项如下:

① 检测时,机床的基座应已完全固化。

② 检测时,要尽量减小检测工具与检测方法的误差。

③ 应按国家标准的规定,先接通机床电源使机床稍有预热,并使机床沿各坐标轴往复运动数次,使主轴以中速运转几分钟后才能进行检测。

④ 所用检测工具的精度等级至少要比被测的几何精度高一级。

⑤ 数控机床有些精度项目是互相关联的,几何精度的各项检测工作必须在机床精调后一气呵成,不允许检测一项调整一项,否则会造成由于调整后一项几何精度而把已检测合格的前一项精度调成不合格。

⑥ 大型数控机床负荷试验前后,均应检验机床的几何精度。有关工作精度的试验应于负荷试验后完成。

(2) 数控机床定位精度检验　数控机床定位精度是指机床各运动部件在数控装置控制下运动所能达到的位置精度,又可以理解为数控机床的运动精度。定位精度取决于数控系统和机械传动误差。根据实际测量定位精度的数值,可以判断出这台数控机床以后自动加工时能达到的最高的工件加工精度。所以,定位精度是一项很重要的检测内容。

定位精度的主要检测内容为:

1) 直线运动定位精度（包括 X、Y、Z、U、V、W 轴）。
2) 直线运动重复定位精度。
3) 直线运动轴机械原点的返回精度。
4) 直线运动矢动量的检测。
5) 回转运动的定位精度（包括 A、B、C 轴）。
6) 回转运动的重复运动定位精度。
7) 回转运动矢动量的检测。
8) 回转轴原点的返回精度。

测量直线运动的检测工具有标准长度刻线尺、成组量块、测微仪、光学读数显微镜及双频激光干涉仪等。

回转运动检测工具有 360°精密分度的标准转台或角度多面体、高精度圆光栅和平行光管等。

目前通用的检测仪为双频激光干涉仪，检测方法如下：
1) 安装与调节双频激光干涉仪，使用前应精确校正。
2) 预热激光干涉仪，然后输入测量参数。
3) 在机床处于运动状态下对机床的定位精度进行测量。
4) 输出数据处理结果。

其中，直线运动定位精度检验一般是在空载条件下进行的，可分为用标准长度刻度尺检验和激光检测。根据 ISO 标准规定，对数控机床的检测应以激光检测为准。

为了反映定位中的全部误差，ISO 标准规定对每一个定位点进行 5 次数据测量，计算出平均值和散差 $\pm 3\sigma$。所以，这时的定位误差曲线是由各定位点平均值连起来的一条曲线加上 $\pm 3\sigma$ 散差带构成的定位点散差带，如图 2-3 所示。

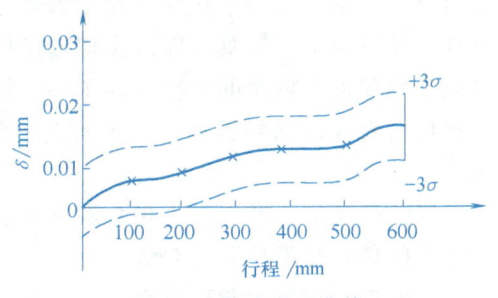

图 2-3 定位误差曲线

数控机床定位精度是以快速移动定位测量的，但在一些进给传动链刚度不太好的机床上，由于反向死区（间隙）的存在，采用各种进给速度定位时，会得到不同的定位误差曲线。因此，一些质量不高的数控机床，即使有很好的出厂定位精度，也不一定能成批加工出高精度的零件。由于综合因素，机床运行时正、反向定位误差曲线不可能完全重合，可能会出现图 2-4 所示的几种不正常的定位误差曲线。

平行形定位误差曲线：正向曲线和反向曲线在垂直坐标上很均匀地拉开一段距离，这段距离即表示该坐标轴的反向间隙。该反向间隙可通过数控系统间隙补偿功能，利用修改间隙补偿值来使正、反向曲线接近，是比较理想的定位误差曲线。

交叉形定位误差曲线：是由被测轴上各段反向间隙不均匀造成的。滚珠丝杠和导轨副在全行程内各段间隙不一致都会造成反向间隙不均匀。或者不合理地使用数控系统间隙补偿功能，也会造成交叉形定位误差曲线。在使用较长时间的机床上容易出现这种情况，新机床若有这种现象，说明装配有问题。

喇叭形定位误差曲线：反向间隙不均匀现象较多是由丝杠支承在全行程内一头松一头紧

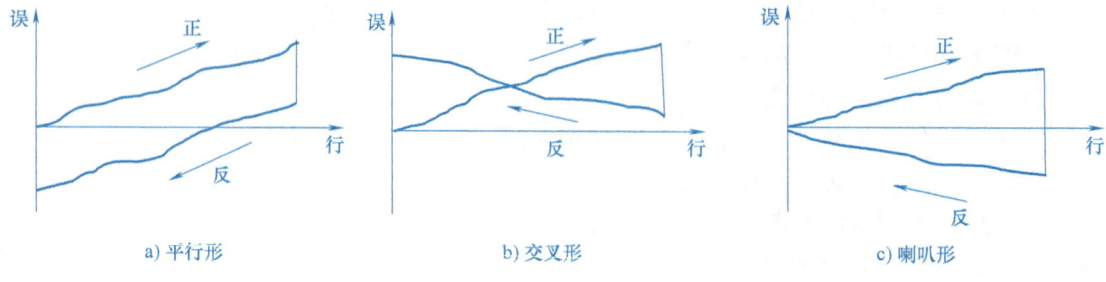

a) 平行形　　　　　b) 交叉形　　　　　c) 喇叭形

图 2-4　几种不正常的定位误差曲线

引起的，通过预紧消除轴向间隙后，这种喇叭形正、反向定位误差曲线会趋于平行。

测定的定位误差曲线还与环境温度和轴的工作状态有关。半闭环伺服系统不能补偿滚珠丝杠热伸长，而丝杠的热伸长能使半闭环伺服坐标轴定位精度在 1m 行程上相差 0.01～0.02mm。因此，有些数控机床采用预拉伸丝杠的方法，以减少热伸长的影响，有的则对长丝杠采用中心通恒温冷却油的方法来减小温度变化等。

（3）数控机床切削精度检验　数控机床切削精度检验又称动态精度检验，是一项综合精度考核。它不仅反映了在切削加工条件下机床的几何精度和定位精度，同时还反映了试件的材料、环境温度、刀具性能以及切削条件等各种因素造成的误差。一般说来，切削精度检验可以是单项加工精度的检验或加工一个标准的综合试件的检验，国内多以单项检验为主。切削试件材料除特殊要求外，一般都为一级铸铁试样，使用硬质合金刀具按标准切削用量切削。

对于数控车床，常以一个包含圆柱面、锥面、球面、倒角、切槽和螺纹等多种形状的棒料作为车削试件精度检验的对象。

主要的单项精度检验项目有：

1）直线切削精度。

2）平面切削精度。

3）圆弧的圆度、圆柱度。

4）尾座套筒轴线对溜板移动的平行度。

5）螺纹精度检验等。

对于加工中心，切削试件时，可参照 GB/T 18400.7—2010《加工中心检验条件　第7部分：精加工试件精度检验》中的有关规定进行，或者按机床厂规定的条件进行，如试件材料、刀具技术要求、切削参数等。其主要单项精度检验项目有：

1）镗孔精度。

2）面铣刀铣削平面的精度（XY 平面）。

3）镗孔的孔距精度和孔径分散度。

4）直线铣削精度。

5）斜线铣削精度。

6）圆弧铣削精度。

7）箱体调头镗孔同轴度（对卧式机床）。

8）水平回转工作台回转 90°铣四方加工精度（对卧式机床）。

2.4 数控卧式车床的验收

数控卧式车床的验收可按国家颁布实行的相关数控卧式车床制造与验收技术要求进行。在实际验收过程中，应以国家有关标准为依据，参照机床厂家提供的相关技术资料进行验收。相关验收工作内容和流程可以参照本书 2.3 节"数控机床的验收"。

1. 数控卧式车床空运行及功能验收

数控卧式车床的空运行检验是在机床无负荷状态下进行的，检验各机构运转状态、温度变化、功率消耗，以及操纵机构动作的灵活性、平稳性、可靠性和安全性。

对于最大车削直径为 $\phi 200 \sim \phi 1000 \mathrm{mm}$、最大车削长度达 5000mm 的数控卧式车床，通常按下面的要求进行空运行和功能验收。

（1）手动功能检验　用按键、开关、人工操纵方式对数控卧式车床进行功能检验，主要检验动作的灵活性、平稳性及功能的可靠性。

1）任选一种主轴转速做主轴起动、正转、反转、停止的连续试验，操作不少于 7 次。

2）主轴高、中、低转速变换试验。显示值（或实测值）允许误差为指令值的 ±5%。

3）任选一种进给量，在 X、Z、C 轴全部行程上，连续做工作进给和快速进给试验。快速行程应大于 1/2 全行程。正、反方向连续操作不少于 7 次，并测量快速进给速度及加、减速特性。测量伺服电动机电流的波动，允许误差由制造厂规定。

4）在 X、Z、C 轴的全部行程上，做低、中、高进给量变换检验。

5）用手动或机动使尾座和尾座主轴在其全部行程上做移动检验。

6）用手摇脉冲发生器或单步方式移动溜板、滑板和 C 轴，做进给检验。

7）对回转刀架进行各种转位夹紧检验。

8）对卡盘做夹紧、松开、灵活性及可靠性检验。

9）对主轴做正转、反转、停止及变换主轴转速检验。

10）检验排屑、运屑装置。

11）对有自动装夹换刀机构的数控车床，进行自动装夹换刀检验。

12）对有分度定位功能的 C 轴，应进行分度定位检验。

13）检验机床的安全、保险、防护装置。

14）在主轴最高转速下，测量制动时间，取 7 次平均值。

15）检验数控装置的各种指示灯、程序读入装置、通风系统等的功能。

16）对液压、润滑、冷却系统做密封、润滑、冷却性检验，做到不渗漏。

17）进行自动检测、自动对刀、自动测量、自动上下料等功能检验。

（2）控制功能检验　用数控指令进行数控车床的功能检验，检验其动作的灵活性和功能的可靠性。

1）对主轴进行正转、反转、停止及变换主轴转速检验（如果是无级变速机构，做低、中、高速检验；如果是有级变速机构，做各级转速检验）。

2）对进给机构做低、中、高进给量及快速进给变换检验。

3）对 X、Z 和 C 轴进行联动检验，若无 C 轴，则进行 X、Z 轴联动检验。

4) 对回转刀架进行各种转位夹紧检验。选定一个工位,测定相邻刀位和回转180°的转位时间,连续7次,取其平均值。

5) 检验进给坐标超程、手动数据输入、位置显示、回参考点、程序序号指示和检索、程序暂停、程序结束、程序删除、单步进给、直线插补、圆弧插补、直线切削循环、锥度切削循环、螺纹切削循环、圆弧切削循环、刀具位置补偿、螺距补偿、间隙补偿等功能的可靠性和动作灵活性。

(3) 温升检验 测量主轴高速、中速空运行时主轴轴承、润滑油和其他主要热源的温升及其变化规律,检验应在连续运转的条件下进行。为保证机床在冷状态下开始试验,试验前16h内机床不得工作,试验中途不得停机。试验前应检测润滑油的数量和牌号,确保符合使用说明书规定。

温升测量应在主轴轴承(前、中、后)处及主轴箱体、电动机壳和液压油箱等产生热量的地方进行。例如,主轴连续运转,对于主轴滚动轴承,其温度为70℃,温升应为40℃,每隔15min测量一次。当机床经过一段时间的运转后,其温度上升速度不超过5℃/h时,一般可认为达到稳定温度。以连续运转180min的温升值作为考核数据,其被测部位的时间-温升曲线如图2-5所示。

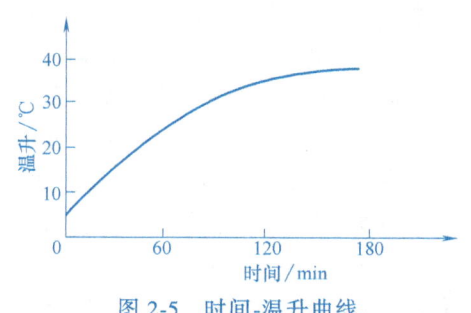

图2-5 时间-温升曲线

在实际检验的过程中,应注意以下几点:

1) 温度测点应尽量选择在靠近被测部件的位置。主轴轴承温度以测温工艺孔为测点,在无测温工艺孔的机床上,可在主轴前、后法兰盘的紧固螺钉孔内装热电偶,螺钉孔内灌注润滑脂,孔口用橡胶泥或胶布封住。

2) 室温测点应设在机床中心高处距机床500mm的任意空间位置,油箱测温点应尽量靠近吸油口。

(4) 数控卧式车床整机连续空运转模拟切削试验 一般数控机床的生产厂商都会给用户提供一个具有数控机床全部功能,并模拟切削加工的数控机床整机空运转程序。用户也可以根据自身的特殊情况和需要,要求厂商或自己编制一个数控卧式车床的空运转模拟切削调试程序,并对所购置的数控卧式车床进行整机连续空运转模拟切削试验。

根据相关标准规定,数控卧式车床整机连续空运转模拟切削的时间为36h,模拟空运转切削过程中不应出现任何故障。空运转模拟切削调试程序应包括:主轴转速从低到高、从高到低;各坐标轴的进给运动速度从低到高、从高到低;刀架每个刀位的换刀动作,尾座及尾座套筒的全行程动作;各坐标轴的全行程动作;排屑器的正转、反转、停止;切削液的开关及主轴卡盘的夹紧与放松等。这是数控车床调试过程中不可缺少的内容。

2. 数控卧式车床的负荷试验

数控卧式车床的负荷试验实际上是看所购置数控卧式车床的加工能力能否满足用户所提出的技术要求。

数控卧式车床负荷试验的主要内容有数控车床的最大切削力、切削时的抗振性和主传动系统的最大转矩、主传动系统的最大功率等。

在进行最大切削力和主传动系统的最大转矩试验时，切削试件的材料用 45 钢，刀具的材料、类型和切削用量及切削试件的尺寸等要参照机床厂商所提供说明书的规定。最大切削力按主切削力和刀具角度来确定。主传动系统的最大转矩可用功率表、电流表、电压表和转速表来进行测量。许多数控卧式车床的操作面板上装有电流表、电压表、转速表或功率表，在加工时可随时进行监控。现在数控卧式车床的数控系统中一般都装有自适应控制系统，也可用于监控最大切削力和主传动系统的最大转矩，如果切削时超出要求，系统会产生报警来提示操作人员。

注意，在进行数控车床的抗振性试验时，要按照相关标准中提供的试验条件、刀具几何角度、刀具材料、试件材料、尺寸、切削用量进行试验，并且不应发生颤振现象。

3. 数控卧式车床的精度验收

数控车床的精度检测内容主要包括几何精度、定位精度和工作精度。我国对数控机床精度检验方法和规定允许误差值等方面实行的是推荐性要求，并不是所有的厂家都统一按国家颁布的该类标准强制执行。对于数控车床来说，可按 GB/T 16462.1—2007《数控车床和车削中心检验条件第 1 部分　卧式机床几何精度检验》或 GB/T 25659.1—2010《简式数控卧式车床　第 1 部分：精度检验》标准来验收。

（1）数控卧式车床的几何精度检验　数控卧式车床主体的几何精度综合反映了机床各关键零部件及其组装后的综合几何误差，包括自身精度和部件之间的相互位置精度。一般通过部件单项静态精度检测工作来验收，通常按机床所附检验报告或有关精度检测标准进行检测。

根据 GB/T 25659.1—2010《简式数控卧式车床　第 1 部分　精度检验》，数控卧式车床几何精度检验的主要项目有：

1) 导轨精度（包括纵向导轨在垂直平面内的直线度和横向导轨在垂直平面内的平行度）。
2) 溜板移动在 ZX 平面内的直线度。
3) 尾座移动对溜板移动的平行度：a）在 YZ 平面内；b）在 ZX 平面内。
4) 主轴轴向跳动（包括主轴的轴向窜动、主轴的轴肩支承面的跳动）。
5) 主轴定心轴颈的径向跳动。
6) 主轴锥孔轴线的径向跳动（包括靠近主轴端部和距主轴端面 L 处）。
7) 主轴轴线对溜板移动的平行度：a）在 YZ 平面内；b）在 ZX 平面内。
8) 顶尖的跳动。
9) 尾座套筒轴线对溜板移动的平行度：a）在 YZ 平面内；b）在 ZX 平面内。
10) 尾座套筒锥孔轴线对溜板移动的平行度：a）在 YZ 平面内；b）在 ZX 平面内。
11) 主轴和尾座两顶尖的等高度。
12) 横刀架横向移动对主轴轴线的垂直度。
13) 回转刀架工具孔轴线与主轴轴线的重合度：a）在 YZ 平面内；b）在 ZX 平面内（只适用于刀架有工具孔的车床）。
14) 回转刀架附具安装基准面对主轴轴线的垂直度：a）在 YZ 平面内；b）在 ZX 平面内（只适用于刀架有工具孔的车床）。

15)回转刀架工具孔轴线对溜板移动的平行度:a)在 YZ 平面内;b)在 ZX 平面内(只适用于刀架有工具孔的车床)。

例如,数控卧式车床主轴锥孔轴线的径向跳动的具体检验方法如下:

检验工具:千分表和检验棒。

检验方法:

① 将检验棒插在主轴 1 锥孔内,把千分表 2 固定在机床溜板箱上,使千分表测头垂直触及检验棒 3 表面,旋转主轴进行测量,如图 2-6 所示。

② 测量靠近主轴端面的径向跳动误差,如图 2-6 中的 a 端,记录下千分表的最大读数差值。

③ 测量距主轴端面 L 处的径向跳动误差,如图 2-6 中的 b 端,记录下千分表的最大读数差值(对于 $D_a \leq 800$mm 的数控车床,$L = D_a/2$ 或不超过 300mm,这里取 $L = 300$mm,其中 D_a 为机床最大回转直径,L 为距主轴端面测量长度值;对于 $D_a > 800$mm 的数控车床,L 应增至 500mm)。

④ 标记检验棒与主轴的圆周方向的相对位置,取下检验棒,同向分别旋转检验棒 90°、180°、270°后重新插入主轴锥孔,在每个位置分别重复上述检测。4 次检测的平均值即为主轴锥孔轴线的径向跳动误差,将测量数据填入表 2-2 中。

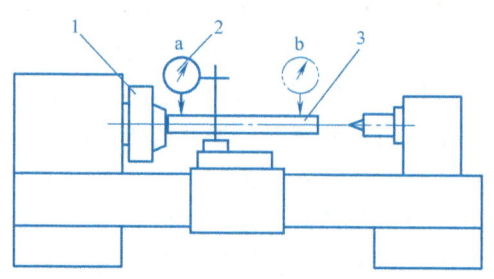

图 2-6 数控卧式车床主轴锥孔轴线径向跳动误差的测量

1—主轴 2—带表座的千分表 3—检验棒

表 2-2 主轴锥孔轴线径向跳动误差测量数据表

检验棒位置	千分表读数	
	a 近端	b 远端
0°		
90°		
180°		
270°		
平均值		
公差/mm	($D_a \leq 800$mm)0.01	($L = 300$mm)0.02
	($D_a > 800$mm)0.015	($L = 500$mm)0.05
结论		

(2)数控卧式车床定位精度的检验 根据 GB/T 25659.1—2010《简式数控卧式车床 第 1 部分:精度检验》规定,数控卧式车床 Z 轴和 X 轴位置精度的检验内容包括双向定位精度 A;单向重复定位精度 $R\uparrow$、$R\downarrow$;反向偏差 B 和单向定位系统偏差 $E\uparrow$、$E\downarrow$。

检验工具:激光干涉仪或其他检验工具。

检验方法:用激光干涉仪,采用线性循环法,如图 2-7 所示;用指示表和量块测量,采用阶梯循环法。无论采用哪种测量仪器,其在全行程上的测量点数均不应少于 5 点。测量时用快速进给,每个位置正、反向各重复测量 5 次,求取实测值与指令值之差,读数分别记录。

使用激光干涉仪进行定位精度的测量时，首先将反射镜置于机床不动部件上的某个位置，让激光束经过反射镜形成一束反射光；其次将干涉镜置于激光头与反射镜之间，并置于机床运动部件上，形成另一束反射光，两束光同时进入激光器的回光孔产生干涉；然后运行根据定义的目标位置编制的循环移动测量程序。由于激光干涉仪是一种自动测量定位精度的仪器，所以通过运行测量程序可以对被测轴的实际位移进行测量，经软件处理可以快速获得定位误差曲线及位置误差数据。图2-8所示为激光干涉仪定位精度测量示意图。

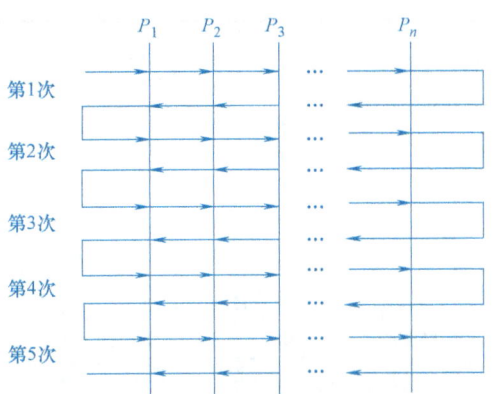

图 2-7 采用线性循环法的测量循环图

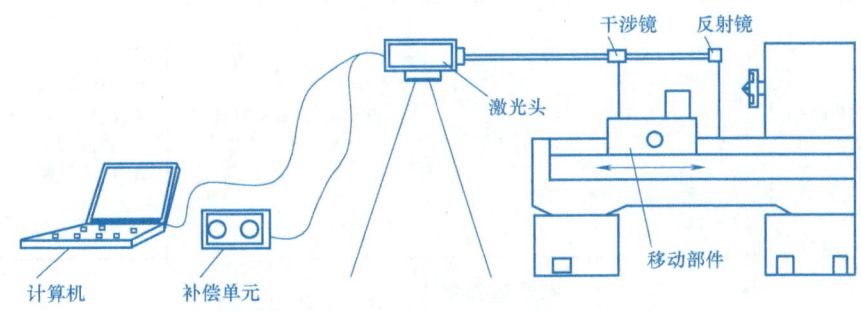

图 2-8 激光干涉仪定位精度测量示意图

（3）数控卧式车床工作精度的检验 根据 GB/T 25659.1—2010《简式数控卧式车床 第1部分：精度检验》标准，列出数控卧式车床工作精度的检验内容，见表2-3。

表 2-3 数控卧式车床工作精度的检验内容

序号	检验内容		公差/mm		检验方法	检验工具
			$D_a \leq 800mm$	$D_a > 800mm$		
1	精车外圆的精度：a) 圆度 b) 在纵截面内直径的一致性	a) $D \geq D_a/8$ $L_1 \approx D_a/8$ $L_{1max} = 500mm$ $L_{2max} = 20mm$ 材料：钢	a) 0.005 b) 在30mm测量长度上 0.030	0.010 0.040	a) 圆度误差为试件同一横剖面内的最大与最小半径之差；b) 在纵截面内最大与最小直径之差	千分尺或精密检验工具

（续）

序号	检验内容	公差/mm $D_a\leq 800mm$	公差/mm $D_a>800mm$	检验方法	检验工具
2	精车端面的平面度 $L_{max}=D_a/8$ $D\geq D_a/2$ 材料：铸铁	300mm直径上为0.025（只许凹）		用指示器检验时，其固定在横刀架，使测头触及端面的后部半径上，移动刀架，指示器读数的最大差值之半就是平面度误差	平尺和量块或指示器
3	精车螺纹的螺距误差 $L_{min}=75mm$ $D\approx$滚珠丝杠直径	在任意50mm测量长度上为0.025		在任意50mm长度上进行检验，螺纹表面应清洁，无凹陷	专用精密检验工具
4	精车两顶尖间圆柱形试件（适用于有尾座车床） 见综合试件图2-9。试件尺寸可按机床规格大小做适当缩放 材料：钢	精车轴类综合试件直径尺寸精度：D_1、D_2、D_5：±0.020；D_3、D_4、D_6：±0.025		尺寸精度为实测尺寸与指令值之差值	杠杆卡规和测高仪或其他测量仪
		直径尺寸差：$D_2-D_1=10$，±0.015；$D_1-D_4=0$，±0.020			
		长度尺寸精度：$L_1=20$，±0.025；$L_2=170$，±0.035			
	精车卡盘夹持的盘形试件（适用于无尾座车床） 见综合试件图2-10。试件尺寸可按机床规格大小做适当缩放 材料：钢	精车盘类综合试件直径尺寸精度：D_1、D_2、D_3、D_5：±0.020；D_4：0.020			
		直径尺寸差：$D_2-D_1=10$，±0.015；$D_3-D_2=10$，±0.015；$D_3-D_4=10$，±0.020			
		长度尺寸精度：$L_1=20$，±0.025；$L_2=20$，±0.025；$L_3=65$，±0.025			

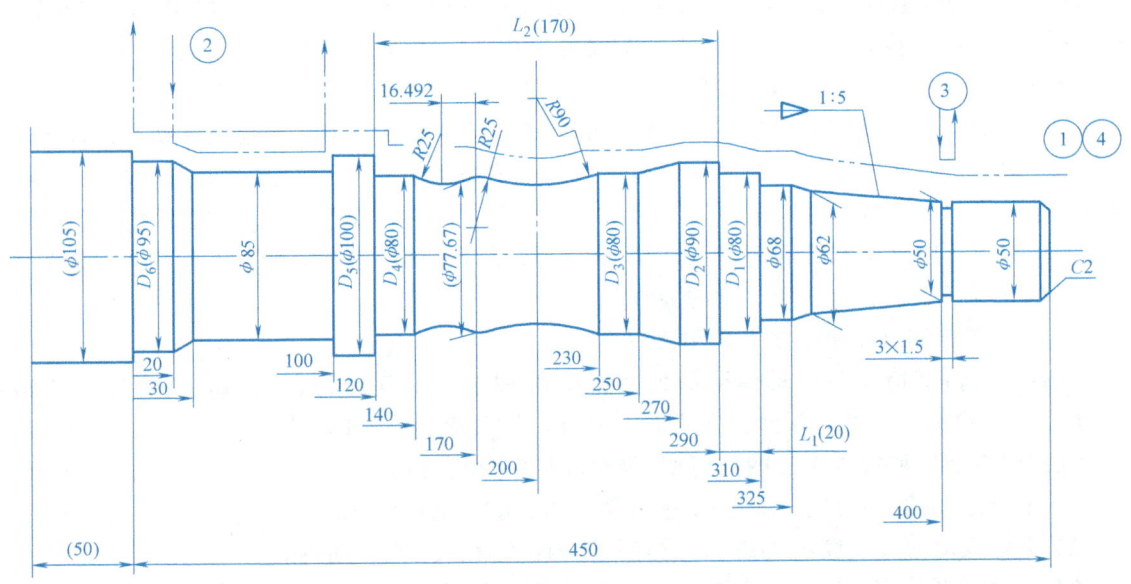

图 2-9 轴类综合试件

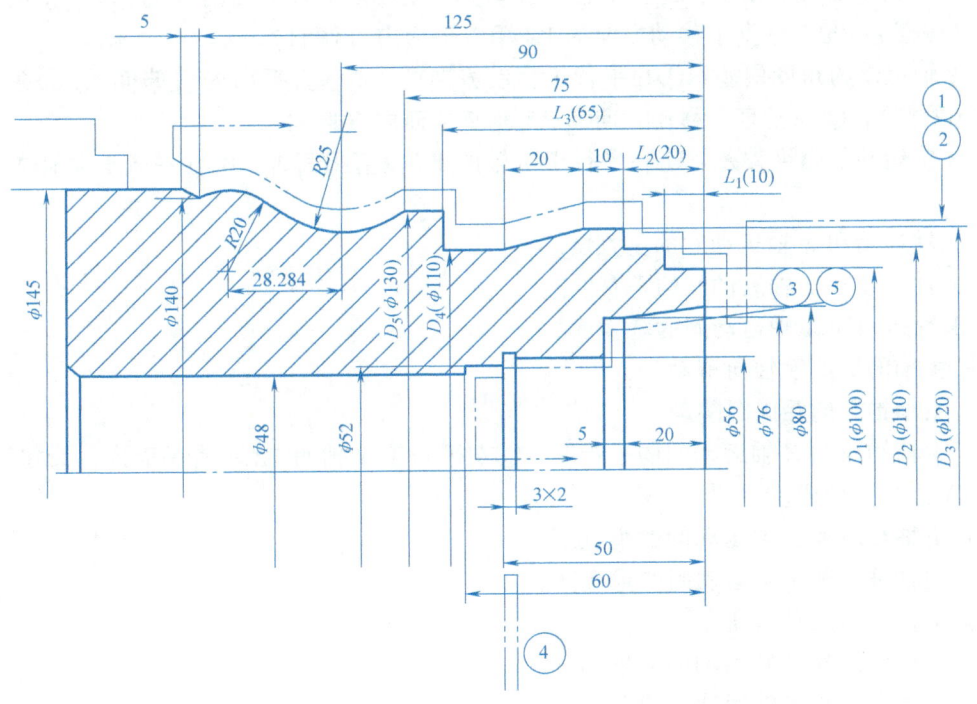

图 2-10 盘类综合试件

2.5 数控铣床和加工中心的验收

对数控铣床和加工中心的验收应按相关标准进行,如对数控立式升降台铣床,可按 JB/

T 9928.2—1999《数控立式升降台铣床 技术条件》验收，对加工中心可按 JB/T 8771.2—1998《加工中心检验条件 第 2 部分：立式加工中心 几何精度检验》、GB/T 18400.1—2010《加工中心检验条件 第 1 部分：卧式和带附加主轴头机床几何精度检验（水平 Z 轴）》进行验收，对高档的五轴数控机床，可按 JB/T 10792.1—2007《五轴联动立式加工中心 第 1 部分：精度检验》进行精度的检验等。在实际验收过程中，要以有关标准为依据，参照厂家提供的相关技术资料进行检验验收。其中数控铣床、加工中心空运行及功能验收，机床的连续空运转试验和机床的负荷试验，可以参照这些标准进行。相关的验收内容和流程还可以参考本书 2.3 节"数控机床的验收"。

1. 数控铣床和加工中心的几何精度验收

进行几何精度检验时，具体可参照相关标准和技术资料进行，如 JB/T 8771.2—1998《加工中心检验条件 第 2 部分：立式加工中心 几何精度检验》。

立式数控铣床和加工中心的几何精度检验内容主要包括：

1) X 轴运动的直线度：①在 ZX 垂直平面内；②在 XY 水平面内。
2) Y 轴运动的直线度：①在 YZ 垂直平面内；②在 XY 水平面内。
3) Z 轴运动的直线度：①在平行于 X 轴的 ZX 垂直平面内；②在平行于 Y 轴的 YZ 垂直平面内。
4) X 轴运动的角度偏差：①在平行于移动方向的 ZX 垂直平面内（俯仰）；②在 XY 水平面内（偏摆）；③在垂直于移动方向的 YZ 垂直平面内（倾斜）。
5) Y 轴运动的角度偏差：①在平行于移动方向的 YZ 垂直平面内（俯仰）；②在 XY 水平面内（偏摆）；③在垂直于移动方向的 ZX 垂直平面内（倾斜）。
6) Z 轴运动的角度偏差：①在平行于 Y 轴的 YZ 垂直平面内；②在平行于 X 轴的 ZX 垂直平面内。
7) Z 轴运动和 X 轴运动间的垂直度。
8) Z 轴运动和 Y 轴运动间的垂直度。
9) Y 轴运动和 X 轴运动间的垂直度。
10) 主轴的周期性轴向窜动。
11) 主轴锥孔的径向圆跳动。
12) 主轴轴线和 Z 轴运动间的平行度：①在平行于 Y 轴的 YZ 垂直平面内；②在平行于 X 轴的 ZX 垂直平面内。
13) 主轴轴线和 X 轴运动间的垂直度。
14) 主轴轴线和 Y 轴运动间的垂直度。
15) 工作台面的平面度。
16) 工作台面和 X 轴运动间的平行度。
17) 工作台面和 Y 轴运动间的平行度。
18) 工作台面和 Z 轴运动间的垂直度：①在平行于 X 轴的 ZX 垂直平面内；②在平行于 Y 轴的 YZ 垂直平面内。

例如，对立式数控铣床和加工中心的 X 轴运动直线度的检测步骤为：

① 清洁工作台，将工作台置于行程的中央位置。
② 用水平仪检测机床是否水平。

③ 将垫铁、平尺放在工作台上。

④ 将千分表座固定在主轴上,调整千分表测头,使其触及平尺的检测面。

⑤ 在 ZX 平面内进行检测。将测头打在平尺表面上,并通过塞尺调整,使千分表读数在平尺的两端相等;沿 X 轴往复运动,观察表针读数,测出在 ZX 平面内 X 轴的直线度误差,如图 2-10a 所示。在任意 300mm 的测量长度上,其允许误差为 0.007mm。

⑥ 在 XY 平面内进行检测。调整平尺位置,将测头压在平尺表面,并通过铜棒敲击调整,使千分表读数在平尺的两端相等;沿 X 轴往复运动,观察表针读数,测出在 XY 平面内 X 轴的直线度误差,如图 2-11b 所示。在任意 300mm 的测量长度上,其允许误差为 0.007mm。

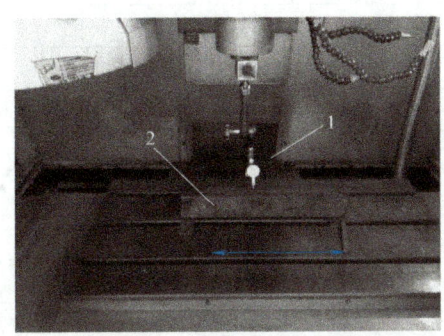
a) 在 ZX 垂直平面内

b) 在 XY 水平面内

图 2-11　X 轴直线度误差的测量

1—带表座的千分表　2—平尺　3—垫铁

2. 数控铣床和加工中心的定位精度检验

进行定位精度检验时,具体操作可参照相关标准和技术资料,如对加工中心进行定位精度检验时可参照 GB/T 18400.4—2010《加工中心检验条件　第 4 部分:线性和回转轴线的定位精度和重复定位精度检验》等。

根据 GB/T 18400.4—2010 标准,对加工中心线性轴线定位精度和回转轴线定位精度进行检验。

(1) 线性轴线的定位精度检验　表 2-4 给出了线性轴线行程至 2000mm 的加工中心不同测量行程下的定位精度公差。

表 2-4　线性轴线行程至 2000mm 的定位精度公差　　　　　　　(单位:mm)

检验项目		轴线的测量行程			
名　称	代号及符号	≤500	500~800	800~1250	1250~2000
		公差			
双向定位精度	A	0.022	0.025	0.032	0.042
单向定位精度	$A\uparrow$ 和 $A\downarrow$	0.016	0.020	0.025	0.030
双向重复定位精度	R	0.012	0.015	0.018	0.020
单向重复定位精度	$R\uparrow$ 和 $R\downarrow$	0.006	0.008	0.010	0.013
轴线的反向差值	B	0.010	0.010	0.012	0.012
平均反向差值	$\overline{B}$	0.006	0.006	0.008	0.008
双向定位系统偏差	E	0.015	0.018	0.023	0.030
单向定位系统偏差	$E\uparrow$ 和 $E\downarrow$	0.010	0.012	0.015	0.018
轴线的平均双向位置偏差范围	M	0.010	0.012	0.015	0.020

注:符号↑表示正向趋近,符号↓表示负向趋近。

通过对实测数据进行统计分析，计算偏差结果，表格形式见表 2-5。

表 2-5　线性轴线行程检验结果的表格形式　　　　　　　　（单位：mm）

检验项目名称	轴线名称及测量行程			
双向定位精度 A				
定位精度（正向）$A\uparrow$				
定位精度（负向）$A\downarrow$				
双向重复定位精度 R				
重复定位精度（正向）$R\uparrow$				
重复定位精度（负向）$R\downarrow$				
轴线的反向差值 B				
轴线的平均反向差值 $\overline{B}$				
双向定位系统偏差 E				
定位系统偏差（正向）$E\uparrow$				
定位系统偏差（负向）$E\downarrow$				
轴线的平均双向位置偏差范围 M				

（2）回转轴线的定位精度检验　表 2-6 给出了回转轴线测量行程至 360°的加工中心的定位精度公差。

表 2-6　回转轴线行程至 360°的定位精度公差　　　　　　　（单位：in）

检　验　项　目	公　　差
双向定位精度 A	28
单向定位精度 $A\uparrow$ 和 $A\downarrow$	22
双向重复定位精度 R	16
单向重复定位精度 $R\uparrow$ 和 $R\downarrow$	8
轴线的最大反向差值 B	12
轴线的平均反向差值 $\overline{B}$	8
双向定位系统偏差 E	20
单向定位系统偏差 $E\uparrow$ 和 $E\downarrow$	14
轴线的平均双向位置偏差范围 M	12

通过对实测数据进行统计分析，计算出偏差结果，表格形式见表 2-7。

表 2-7　回转轴线行程至 360°的检验结果表格形式　　　　　（单位：in）

检验项目名称	回转轴线的测量行程(°)及结果(in)			
双向定位精度 A				
定位精度（正向）$A\uparrow$				
定位精度（负向）$A\downarrow$				
双向重复定位精度 R				
重复定位精度（正向）$R\uparrow$				

(续)

检验项目名称	回转轴线的测量行程(°)及结果(in)			
重复定位精度(负向) $R\downarrow$				
轴线的反向差值 B				
轴线的平均反向差值 $\overline{B}$				
双向定位系统偏差 E				
定位系统偏差(正向) $E\uparrow$				
定位系统偏差(负向) $E\downarrow$				
轴线的平均双向位置偏差范围 M				

(3)检验工具 线性轴线定位精度的检验可采用激光干涉仪，或可以使用具有类似精度的其他测量系统。回转轴线定位精度的检验可采用带分度工作台的激光角度干涉仪、带多面体的自准直仪，或使用具有类似精度的其他测量系统。进行检验时，应遵循 ISO 相关标准的规定。其中，使用激光干涉仪对立式加工中心进行 X 轴线性定位精度检验，如图 2-12 所示。

a)测量现场图

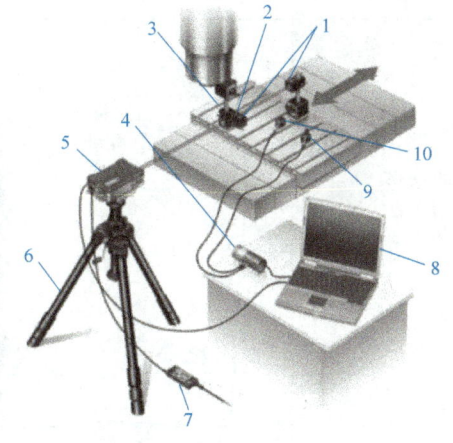

b)激光干涉仪测量组件

图 2-12 用激光干涉仪在立式加工中心上进行 X 轴线性定位精度的检验

1—线性反射镜 2—线性干涉镜 3—光学镜安装组件 4—XC 补偿单元 5—XL 激光头 6—三脚架
7—电源装置 8—计算机(用于运行激光校准软件) 9—空气温度传感器 10—材料温度传感器

3. 数控铣床和加工中心的加工精度检验

对数控铣床和加工中心进行加工精度检验时，一般都要进行"圆—菱—方"试件检验。下面根据 GB/T 18400.7—2010《加工中心检验条件 第 7 部分：精加工试件精度检验》对此类试件的检验进行介绍。

(1)试件的形式和尺寸 标准中采用的是轮廓加工试件，标志为 GB/T 18400.7—A160 或 GB/T 18400.7—A320。为了最终验收时便于如实地反映数控机床的切削精度，这里选用的最终轮廓加工试件的尺寸与标准中的一致。

(2)试件的材料、切削刀具和切削参数 试件的材料、切削刀具和切削参数应按照制造厂与用户间的协议选取，并记录下来。这里选择参数如下：

1) 切削速度。铸铁件约为 50m/min，铝件约为 300m/min。
2) 进给量。为 0.05~0.10mm/z。
3) 切削深度。所有铣削工序在径向的切削深度应为 0.2mm。

(3) 检验工具为坐标测量机或平尺（角尺）和指示表（如千分尺）检验通常在 XY 平面内进行，但当备有万能主轴头时，同样可以在其他平面内进行。加工中心轮廓加工试件标志为 GB/T 18400.7—A160 的加工精度检验项目见表 2-8。

表 2-8 加工中心轮廓加工试件标志为 GB/T 18400.7—A160 的加工精度检验项目

序号	检验项目	试件示意图	公差/mm	实测值/mm
P_1	中心孔： a：圆柱度 b：孔中心轴线与基准 A 的垂直度		a：0.010 b：ϕ0.010	
P_2	正四边形： c：边的直线度 d：相邻面与基准 B 的垂直度 e：相对面对基准 B 的平行度		c：0.010 d：0.010 e：0.010	
P_3	菱形： f：边的直线度 g：侧面对基准 B 的倾斜度		f：0.010 g：0.010	

（续）

序号	检验项目	试件示意图	公差/mm	实测值/mm
P_4	圆： h：圆度 i：外圆和中心孔 C 的同心度		h：0.015 i：ϕ0.025	
P_5	斜面： j：斜面的直线度 k：3°斜面对基准 B 的倾斜度		j：0.010 k：0.010	

（续）

序号	检验项目	试件示意图	公差/mm	实测值/mm
P₆	镗孔： n：孔相对于中心孔C的位置度 s：内孔与外孔D的同心度	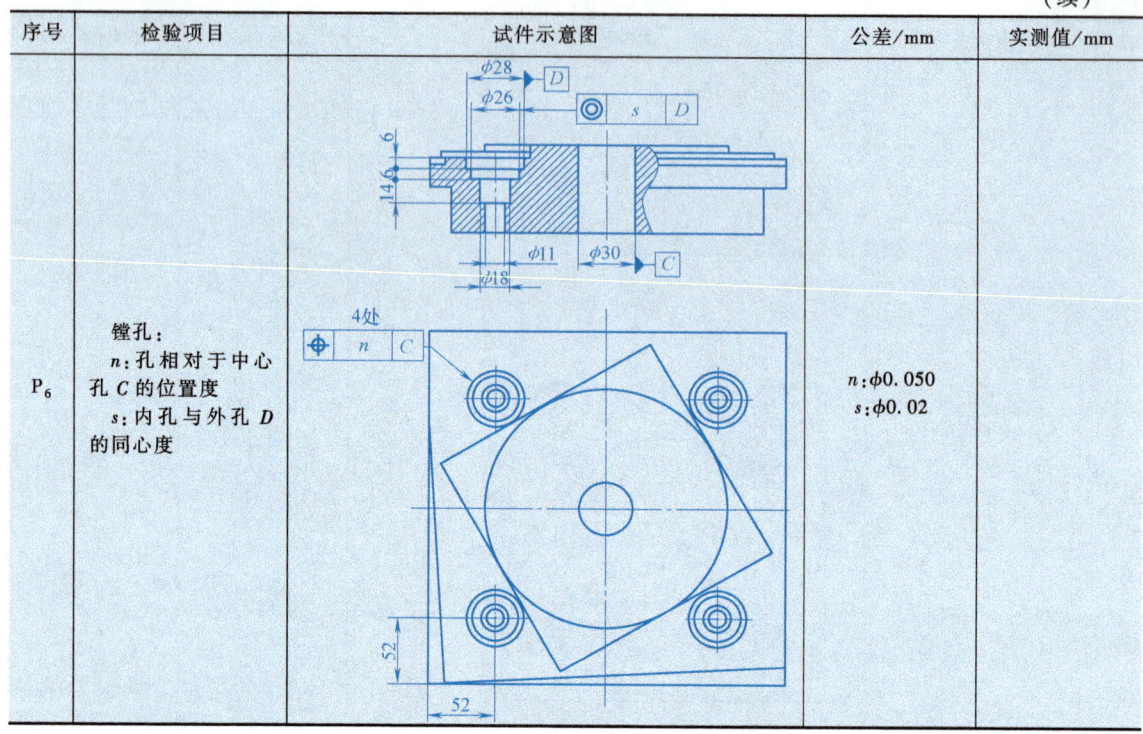	n：φ0.050 s：φ0.02	

图 2-13 所示为加工中心轮廓加工试件标志为 GB/T 18400.7—A320 的试件。

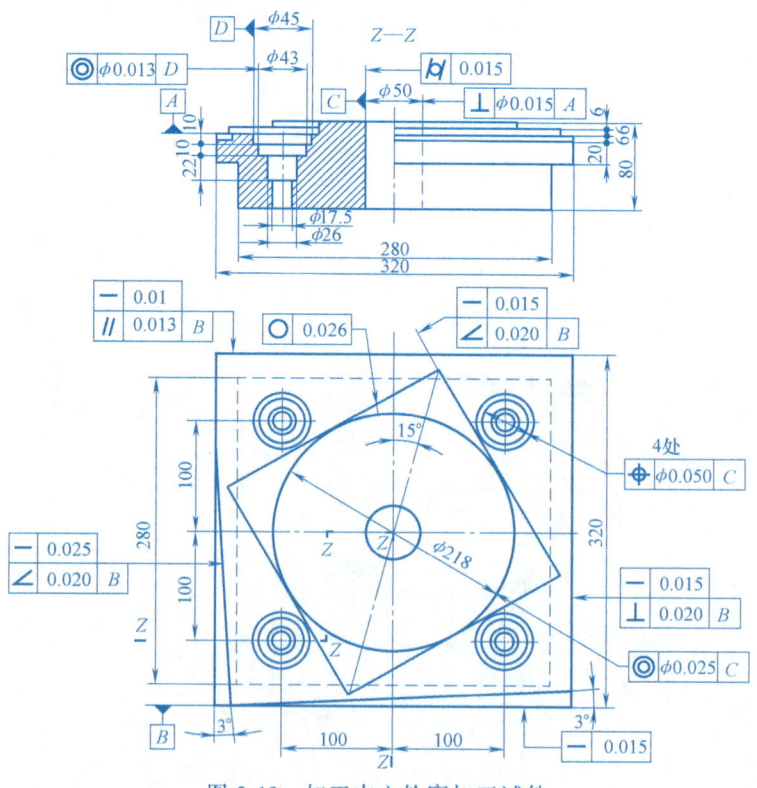

图 2-13 加工中心轮廓加工试件

习 题

一、填空题

1. 数控机床的几何精度检验又称_____，综合反映机床的各关键零部件及其组装后的几何误差。
2. 机床床身和导轨安装水平调平的目的_____。
3. 数控机床的最终验收工作主要是指_____。
4. 数控机床切削精度检验又称_____，是一项综合精度考核。
5. MDI 的含义是_____。
6. 数控系统连接中接地的作用是_____。

二、选择题

1. 在精密测量中，对同一被测几何量做多次重复测量，其目的是减小（　　）对测量结果的影响。
   A. 随机误差　　　　B. 系统误差　　　　C. 相对误差　　　　D. 绝对误差
2. 检测平行度误差时，指示表的最大与最小读数之（　　），即为平行度误差。
   A. 和　　　　　　　B. 差　　　　　　　C. 积　　　　　　　D. 商
3. 测量平行度误差时，被测要素与基准的角度方向为（　　）。
   A. $\alpha = 0°$　　　B. $\alpha = 90°$　　C. $0° < \alpha < 90°$　　D. $\alpha > 90°$
4. 图 2-14 所示为用精密直角尺检测面对面的（　　）误差。
   A. 垂直度　　　　　B. 平行度　　　　　C. 轮廓度　　　　　D. 倾斜度

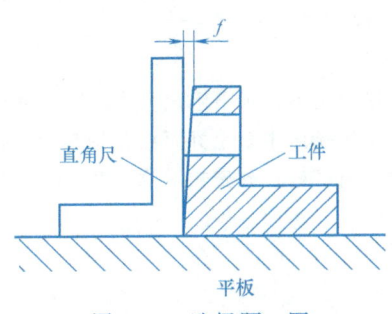

图 2-14　选择题 4 图

5. 用水平仪检验机床导轨的直线度时，若把水平仪放在导轨的右端，气泡向右偏移 2 格，若把水平仪放在导轨的左端，气泡向左偏移 2 格，则此导轨是（　　）。
   A. 中间凸　　　　　B. 中间凹　　　　　C. 不凸不凹　　　　D. 扭曲
6. 新机床的验收工作应按（　　）进行。
   A. 使用单位要求　　B. 机床说明书　　　C. 国家标准　　　　D. 机床生产厂家标准
7. 数控机床切削精度检验，（　　），对机床几何精度和定位精度进行的综合检验。
   A. 又称静态精度检验，是在切削加工条件下
   B. 又称动态精度检验，是在空载条件下
   C. 又称动态精度检验，是在切削加工条件下
   D. 又称静态精度检验，是在空载条件下
8. 下列关于数控机床几何精度说法不正确的是（　　）。
   A. 数控机床的几何精度，综合反映了该设备关键机械零部件及其组装后的几何误差
   B. 几何精度的检测必须在地基完全稳定、地脚螺栓处于压紧状态下进行。考虑到地基可能随时间而变

化，一般要求在机床使用半年后，再复校一次几何精度

　　C. 检测工具的精度必须比所测几何精度高一个等级

　　D. 检测数控机床几何精度时，通常调整一项，测量一项

9. （　　）决定着加工零件质量的稳定性和一致性。

　　A. 几何精度　　　　B. 定位精度　　　　C. 重复定位精度　　　　D. 反向间隙

10. 定位精度合格的数控机床所加工的零件的精度不一定合格，主要原因是（　　）。

　　A. 定位精度是空载检测　　　　　　　　B. 数控机床没进行预拉伸

　　C. 数控机床没进行螺距误差补偿　　　　D. 数控机床反向间隙没得到补偿

11. 试件切削精度是（　　）检测。

　　A. 几何精度　　　　B. 位置精度　　　　C. 运动精度　　　　D. 综合精度

12. 在以下加工中心单项精度检验项目中，（　　）可用来考核数控机床主轴的运动精度及低速进给的平稳性。（　　）可用来考核数控机床的定位精度。（　　）可用来考核数控机床 X 向和 Y 向导轨运动的几何精度。（　　）可用来考核数控机床 X、Y 轴直线插补的运动品质，即两轴的直线插补功能和伺服特性是否一致。（　　）可用来考核数控机床两轴联动时，其中一轴的进给速度是否不均匀。（　　）可用来考核数控机床两坐标方向是否存在反向矢动量。

　　A. 镗孔精度　　　　B. 孔距精度　　　　C. 直线铣削精度

　　D. 斜线铣削精度　　E. 铣圆精度

13. 图 2-15 所示为（　　）。

　　A. 主轴锥孔中心线径向圆跳动检测示意图

　　B. 主轴顶尖误差检测示意图

　　C. 尾座对主轴箱平行度检测示意图

　　D. 主轴轴线的平行度检测示意图

14. 图 2-16 所示为一盘状带止口圆形工件，水平固定在立式加工中心的 C 轴回转工作台面上，需要找正。将杠杆百分表用专用表杆安装在数控铣床主轴上并可随主轴转动。找正时，把测头压在止口边，百分表回零。当工件不转动而主轴转动时，若杠杆百分表的示值为零，则结果是（　　）相重合。

　　A. 主轴轴线与圆形止口中心

　　B. 工作台与圆形止口中心

　　C. C 轴轴线与圆形止口中心

　　D. 主轴轴线与圆形工件中心线

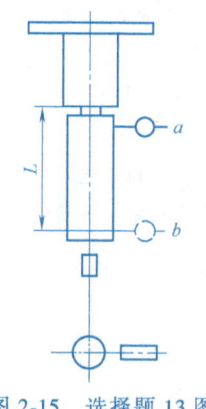

图 2-15　选择题 13 图

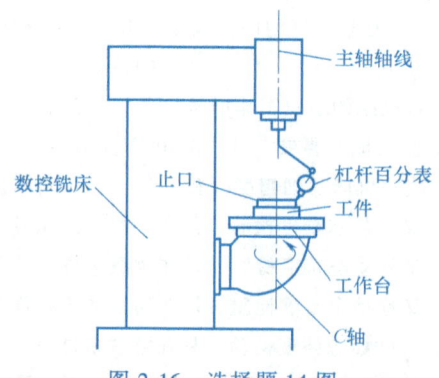

图 2-16　选择题 14 图

15. 图 2-17 所示为（　　）。

A. 床身水平调整示意图
B. 主轴套筒移动对工作台面垂直度检测示意图
C. 主轴轴线对工作台面垂直度检测示意图
D. 工作台面水平度检测示意图

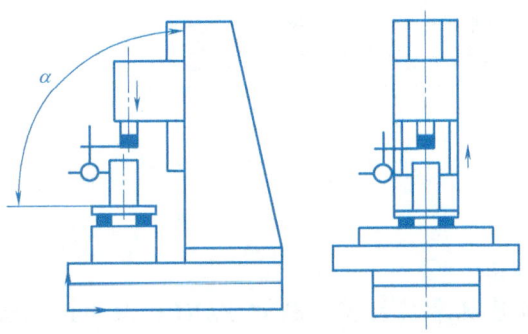

图 2-17　选择题 15 图

16. 空运行是数控机床必备的基本功能，常用来校验程序。关于空运行，下列描述不正确的是（　　）。
A. 空运行时刀具不进行实际切削
B. 空运行时可以检查程序中的语法错误
C. 空运行可以判断加工路径正确与否
D. 空运行可以检查零件的加工精度
E. 空运行时刀具移动的速度与程序设定的 F 值无关

三、思考题

1. 数控机床的安装步骤是什么？
2. 简述数控机床验收的流程。
3. 数控机床要检测的几何精度包括哪些方面？各用什么检测工具？
4. 数控机床要检测的位置精度包括哪些方面？各用什么检测工具？
5. 立式数控铣床和加工中心是如何进行 X 轴直线运动直线度检测的？
6. 数控机床为什么要进行温升检验？需要注意什么？
7. 数控机床为什么要进行负荷试验？试验包括哪些内容？

第 3 章
数控系统故障诊断与维修

本章导读

● 主要内容及教学要求

1. 了解 FANUC 数控系统常用类型，认识 FANUC 0i Mate-D 数控系统的常用接口和 FANUC 0i Mate-D 数控装置。

2. 熟悉系统配置画面显示及查看报警履历的过程，掌握诊断画面的显示以及常用诊断信号的查看方法，能够根据要求查询数控系统的硬件、软件配置，能够根据要求查看固定时间报警履历。

3. 熟悉系统报警分类及主板 LED 显示方法，能够对典型的系统报警故障进行分析和处理。

4. 熟悉在 MDI 方式下实现进给运动的工作过程，熟悉和掌握 MDI 方式下不能运行的故障分析过程；能够结合故障现象，进行故障分析与诊断。

5. 熟悉急停控制回路的工作过程，熟悉和掌握急停故障的分析过程，了解急停故障产生的原因、诊断方法、实例分析。

● 重点、难点

1. 数控系统报警故障分析及处理。
2. MDI 方式下不能运行的故障分析。

3.1　FANUC 0i Mate-D 数控装置结构认知

3.1.1　FANUC 数控系统的认识

1. FANUC 数控系统的发展

掌握数控机床核心发展技术的 FANUC 株式会社，集数控系统科研、设计、制造、销售于一体，从 1959 年推出的电液步进电动机开始，通过引进技术和不断创新，推出了满足不同加工要求的系列数控系统，开创了现代数控加工新局面。FANUC 数控系统典型产品系列及其特点见表 3-1。

2. FANUC 0i Mate-D 数控系统的特点

FANUC 0i Mate-D 数控系统是一款具有高性价比的超薄一体型中档半闭环数控系统。它采用模块化结构，主板上除了有主中央处理器（CPU）及外围电路之外，还集成了 FROM 和 SRAM 模块、PMC 控制模块、存储器和主轴模块、伺服模块等。其集成度较 FANUC 0 系列数控系统高，因此 FANUC 0i Mate-D 数控系统中控制单元的体积更小，便于安装排布，其系统配置及控制特征见表 3-2。

表 3-1 FANUC 数控系统典型产品系列及其特点

序号	年代	典型产品	主要特点
1	1976	FS5/FS7	使用直流伺服电动机驱动（之前以硬件为主的开环系统使用电液步进电动机驱动）
2	1979	FS6	具备一般功能和部分高级功能的中档数控系统，使用了大容量磁泡存储器
3	1984	FS10/FS11/FS12	采用大规模集成电路，32 位高速处理器，4MB 磁泡存储器，实现数据双向传输、专用宏程序、刀具补偿、刀具寿命管理等功能
4	1985	FS0	体积进一步减小，采用高速、高集成度处理器，CMOS 大规模集成电路，会话菜单式编程，专用宏功能，彩色图形显示和多种语言显示
5	1987	FS15	划时代的人工智能型数控系统，采用高速度、高精度、高效率的数字伺服单元，数字主轴单元，纯电子式绝对位置检测器
6	1990	FS16	性能介于 FS15 和 FS0 之间，彩色液晶显示，常用的型号有 FANUC 18i-TA/TB 和 FANUC 18i-MA/MB 等
7	1991	FS18	
8	1992	FS20	常用的数控系统型号是 FANUC 21i-TA/TB 和 FANUC 21i-MA/MB 等。本系列的数控系统适用于中、小型数控机床
9	1993	FS21/FS210	
10	1996	FS16i 系列、FS18i 系列	超小型、超薄型，纳米插补，伺服 HRV 控制功能，丰富的网络功能，远程诊断。FS16i 系列最多可以连接 4 个串行主轴，FS18i 系列最多可以连接 3 个串行主轴
11	2001	FS0i-A 系列、FS0i-B 系列	高可靠性、高性价比、结果紧凑，连接简单，采用高速串行伺服总线（光缆）和串行的 I/O 数据接口，具备以太网接口
12	2004	FS0i-C 系列	高可靠性、高性价比、高集成度的小型化数控系统，采用高速串行伺服总线（光缆）和串行的 I/O 数据接口，具备以太网接口，可单机运行，也可方便入网
13	2008	FS30i/FS31i/FS32i	多路径控制，纳米精度 FS30i 最大控制轴数为 40（进给轴 32，主轴 8），10 路径，联动轴 24；FS31i 最大控制轴数 26（进给轴 20，主轴 6），4 路径，联动轴 24；FS32i 最大控制轴数 11（进给轴 9，主轴 2），2 路径，联动轴 4
14	2008	FS 0i-D 系列	功能基于 FS32i，控制轴数 5，联动轴数 4，主轴 2，使用 8.4in/10.4in① 液晶显示器，AI 轮廓控制，纳米插补，基于伺服电动机的主轴控制，标准嵌入式以太网
15	2011	FS 0i-F 系列	高可靠性、高性价比；纳米单位的精密运算和最尖端的伺服技术相协调的纳米数控系统，对高速、高精加工有效的 AI 轮廓控制；与高端的 30i 系列拥有相同的操作性能；1 路径，总控制轴数最多为 9；2 路径，总控制轴数最多为 11

① 1in＝25.4mm。

表 3-2 FANUC 0i Mate-D 系统配置及控制特征

	FANUC 0i Mate-D	
	M	T
可连接的伺服电动机	βi S 伺服电动机	βi S 伺服电动机
可连接的主轴电动机	βi S 伺服电动机/模拟量主轴电动机	βi S 伺服电动机/模拟量主轴电动机
伺服接口	FANUC 串行伺服总线（FSSB）	FANUC 串行伺服总线（FSSB）
显示单元	8.4in 单元 LCD	8.4n 单元 LCD

(续)

	FANUC 0i Mate-D	
	M	T
最多控制轴数	4	3
控制路径数	1	1
同时控制轴数	3	3
控制主轴数	1	1
数字伺服控制	HRV2、HRV3	HRV2、HRV3

FANUC 0i Mate-D 系统的特征如下：

1）采用全字符键盘，可用 B 类宏程序编程，使用方便。

2）使用编程卡编写或修改梯形图，携带与操作都方便，特别是在用户现场扩充功能或实施技术改造时更为便利。

3）使用存储卡存储或输入机床参数、PMC 程序以及加工程序，操作方便简单，使参数复制、梯形图和机床调试过程变得十分快捷，缩短了机床调试时间，明显提高了数控机床的生产率。

4）系统具有高速矢量响应（HRV）功能，伺服增益设定比 FANUC 0i-MD 系统高一倍，理论上可使轮廓加工误差减少一半。以切削圆为例，同一型号数控机床使用 FANUC 0i-MD 系统加工零件的圆度误差通常为 0.02～0.03mm，若使用 FANUC 0i 系统加工，零件的圆度误差通常为 0.01～0.02mm。

5）机床运动轴的反向间隙在快速移动或进给移动过程中由不同的间隙补偿参数自动补偿。该功能使机床在快速定位和切削进给等不同状态下，反向间隙补偿更为理想，有利于提高零件的加工精度。

6）在软件方面，FANUC 0i 系统比 FANUC 0 系统也有很大的提高，特别是在数据传输上有很大进步。例如，RS232 串口通信波特率达 19200b/s，可以通过高速串行总线（FANUC Serial Sevo Bus，FSSB）与计算机相连，使用存储卡实现数据的输入/输出。

3.1.2　FANUC 0i Mate-D 数控系统的结构

FANUC 0i Mate-D 数控系统的基本组成如图 3-1 所示，主要由 CNC 数控装置和 MDI 键盘、伺服放大器、伺服电动机、主轴电动机、I/O 模块和机床操作面板等组成。从图 3-1 可以看出，对于 FANUC 0i Mate-D 系统，所对应的伺服驱动系统主要有两种：一种是通过光缆连接的伺服放大器（SVSP），既可以连接主轴伺服电动机，也可以连接进给伺服电动机；另一种是通过 I/O 模块实现 I/O LINK 轴连接的进给伺服电动机。

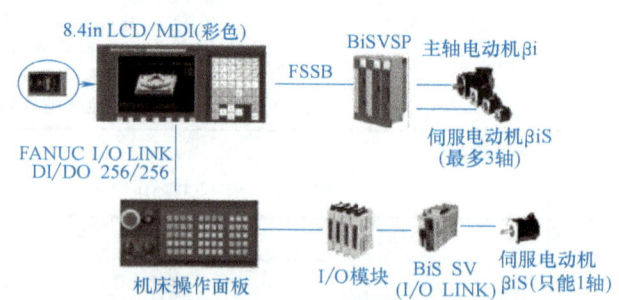

图 3-1　FANUC 0i Mate-D 数控系统的基本组成

1. 数控系统主板结构及接口

数控系统主板结构及其接口如图3-2所示,其元器件主要有:

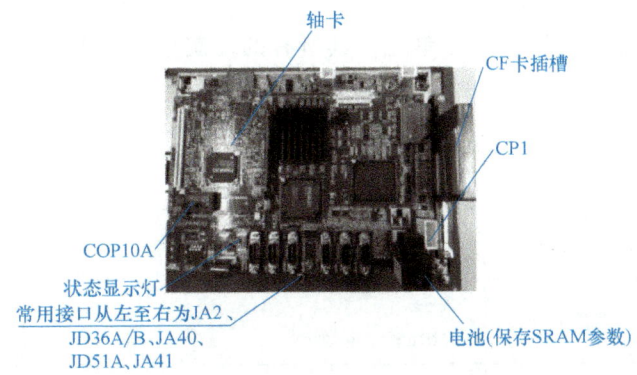

图 3-2 数控系统主板结构及接口

(1) 中央处理单元 中央处理单元负责整个系统的运行与管理,通常是由多个CPU作为功能模块构成的多微处理器数控系统,可提高数控系统的运行速度。

(2) 轴控制卡 FANUC数控系统目前主要采用全数字伺服控制,由伺服控制软件及支撑伺服软件工作的硬件结构完成全数字伺服控制。该硬件结构及其相关电路称为轴控制卡(简称"轴卡")。常用的轴卡规格及其功能见表3-3。

表 3-3 常用的轴卡规格及其功能

名称	规格	功能	备注
轴卡 A1	A20B-3300-0635	1路径用,最大2轴	最大轴数因机床类型受到限制
轴卡 A2	A20B-3300-0638	1路径用,最大4轴	
轴卡 B1	A20B-3300-0632	2路径车床用,最大6轴	
轴卡 B2	A20B-3300-0631	2路径车床用,最大8轴	

(3) 显示控制卡 显示控制卡用于实现人机信息的交互。

(4) 存储器 FANUC数控系统的存储器包括:用于存放系统软件及最终用户PMC程序的FROM、用于存放加工程序和数据的SRAM以及工作存储器DRAM。快速可改写只读存储器(Flash Read Only Memory,FROM)存放着FANUC公司的系统软件,主要包括插补控制软件、数字伺服软件、PMC控制软件、PMC应用程序(梯形图)、网络通信(以太网及RS232C、DNC等)软件和图形显示软件等。常用存储器及其功能见表3-4。

表 3-4 存储器规格及其功能

名称	规格	功能	备注
FROM/SRAM 模块 A1	A20B-3900-0242	FROM 64MB;SRAM 1MB	FROM中存储有各类控制软件和用户软件;SRAM为有后备电池的存储器
FROM/SRAM 模块 B1	A20B-3900-0240	FROM 128MB;SRAM 1MB	
FROM/SRAM 模块 B2	A20B-3900-0241	FROM 128MB;SRAM 2MB	

(5) 电源模块 电源模块包括24V主板电源、DC3V存储器后备电池等。

(6) 各种接口　数控系统主板接口包括电源接口、主轴接口、伺服接口、通信接口、MDI 键盘接口、软键接口、DI/DO 接口。

2. 数控系统主要接口及其连接

数控系统是整个数控机床的核心单元，其所有的控制指令都需要传递到伺服驱动、主轴驱动和 PMC，因此其常用接口的含义及连接部件见表 3-5。

表 3-5　数控系统常用接口含义及连接部件

序号	接口	含义	连接电缆	连接元器件
1	COP10A	高速串行总线（FSSB）接口	高速串行总线(FSSB)电缆	伺服驱动器 COP10B
2	JA2	MDI 键盘接口	MDI 键盘电缆	MDI 键盘接口（CK1）
3	JD36A/JD36B	串行数据接口	RS232 串行通信接口	计算机 RS232 串行接口
4	JD51A（JD1A）	I/O LINK 接口	I/O LINK 总线电缆	I/O 模块
5	JA40	模拟主轴接口	主轴模拟量输出电缆	主轴变频器
6	JA41	串行主轴/位置编码器	串行伺服主轴信号电缆	伺服驱动器（JA7B）
7	CP1	数控系统电源接口	数控系统电源电缆	机床电气柜接线端子

3.2　系统配置查看、报警履历和诊断画面显示

3.2.1　系统配置的查看

在进行数控机床的应用和故障诊断时，首先需要知道系统的硬件配置和 PMC 硬件情况，FANUC 0i Mate-D 系统的硬件配置查看和 PMC 硬件查看过程分别如下。

1. 系统硬件配置的查看过程

1) 按 MDI 键盘上的【SYSTEM】（ ）按键，显示的系统画面如图 3-3 所示。

2) 按图 3-3 中的软键【系统】，显示系统配置画面。系统配置画面有两类：硬件配置画面和软件配置画面，可通过翻页键 、 进行切换显示。系统硬件配置画面如图 3-4 所示。

显示内容如下：

① 名称。

MAIN BOARD：显示主板及主板上的卡、模块信息。

DISPLAY：显示与显示器相关的信息。

OTHERS：显示其他（MDI 和基本单元等）信息。

② ID-1/ID-2。显示 ID 信息。

③ 槽。显示安装有可选板的插槽号。

印制电路板上主板、轴卡的 ID 与规格的对应关系见表 3-6。

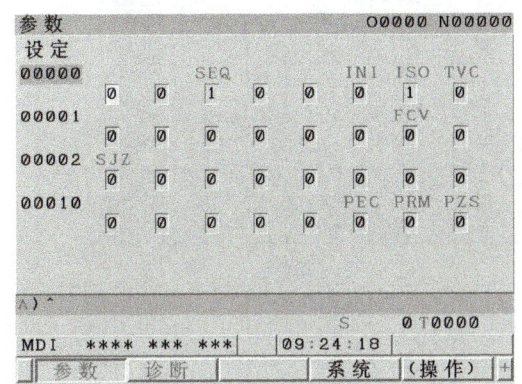

图 3-3 系统画面

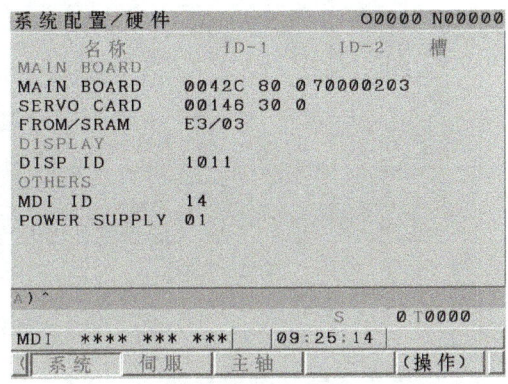

图 3-4 系统硬件配置画面

表 3-6 印制电路板上主板、轴卡的 ID 与规格的对应关系

名称	规格	轴卡的 ID
主板 A0	A20B-8200-0540	00428
主板 A1	A20B-8200-0541	00429
主板 A2	A20B-8200-0542	0042A
主板 A3	A20B-8200-0543	0042B
主板 A5	A20B-8200-0545	0042C
轴卡 A1	A20B-3300-0635	00146
轴卡 A2	A20B-3300-0638	0014B

3）按翻页键 ，显示系统软件配置画面，如图 3-5 所示。画面中，系统显示软件的种类；系列显示软件的系列，版本显示软键的版本。

4）按下图 3-5 所示画面中的软键【伺服】【主轴】，可以浏览所连接的伺服信息和主轴信息，如图 3-6 所示。

若在相应的显示内容左侧标有 * 号，如 " * 伺服电机规格"，则表示显示的硬件规格与实际所用的硬件规格是不符的，需要重新读取 ID 或进行修改。在修改伺服信息前首先需要修改参数 13112 #0 值，使伺服信息画面和主轴信息画面允许编辑。具体修改过程如下：

① 在 MDI 方式下，参数修改处于打开的情况下，按下图 3-6a 中的【操作】软键，打开伺服信息修改画面，如图 3-7 所示。

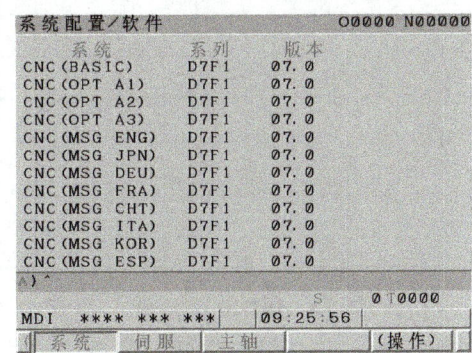

图 3-5 系统软件配置画面

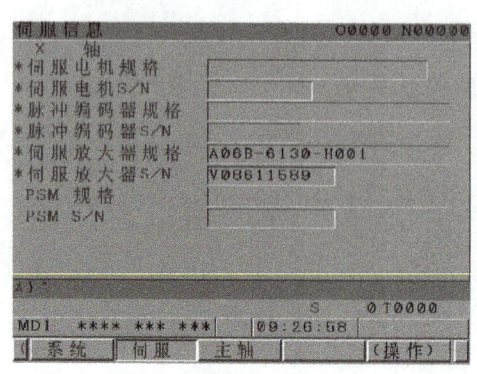
a) 伺服信息

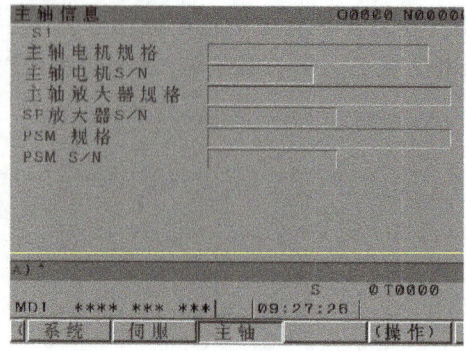
b) 主轴信息

图 3-6　伺服信息和主轴信息

② 移动光标至修改信息处。

③ 按下图 3-7 中的【读取 ID】软键。

④ 按下【输入】软键，伺服信息显示在光标处，同时 * 号消失，表示伺服信息画面显示的硬件规格与实际所连接的硬件规格一致。

若在进入系统硬件配置画面时未出现【伺服】【主轴】软键，或者对硬件进行重新读取 ID 操作，则需要修改参数 13112。具体用到的参数及其含义见表 3-7。

2. PMC 硬件分配的查看

1）按 MDI 键盘的【SYSTEM】 按键，然后多次按扩展键进入图 3-8 所示画面。

2）按下【PMCMNT】软键，显示 PMC 维护画面，如图 3-9 所示。

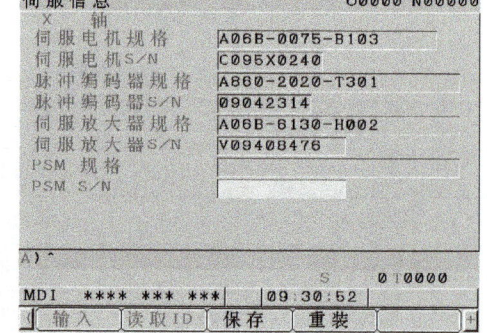

图 3-7　伺服信息修改画面

表 3-7　伺服、主轴信息显示及修改参数

参数号	位	值	含义
13112	#0	0	伺服信息画面和主轴信息画面禁止编辑
		1	伺服信息画面和主轴信息画面允许编辑
	#1	0	伺服信息画面显示
		1	伺服信息画面不显示
	#2	0	主轴信息画面显示
		1	主轴信息画面不显示

3）按下【I/OLINK】软键，显示 PMC 的硬件，如图 3-10 所示。从图中可以看出 PMC 模块的多少，以及模块之间的先后连接关系。

3.2.2　报警履历的显示

报警履历在实际故障的分析与诊断过程中有着重要的作用，维修人员可以从报警履历中

查看与机床使用有关的信息。查看报警履历的过程如下:

按 MDI 键盘上的  键,显示报警信息及报警履历画面。该画面中的【报警】【信息】和【履历】三个软键,分别对应显示机床报警的三种不同内容。其中,按【报警】软键时画面显示当前的报警号(错误代码+编号)和报警内容;按【信息】软键时画面显示提示信息;按【履历】软键时画面显示报警履历,包括发生日期和时刻、报警类别、报警号、报警信息以及存储的警告件数,方便维修人员了解机床的报警历史记录,如图 3-11 所示。

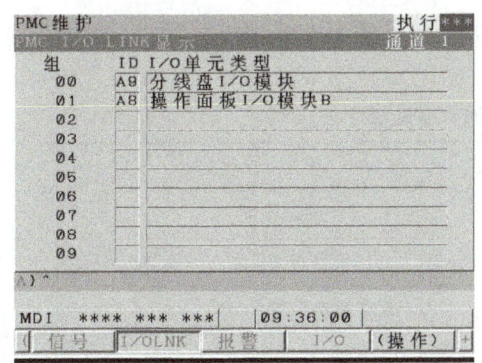

图 3-8 画面显示

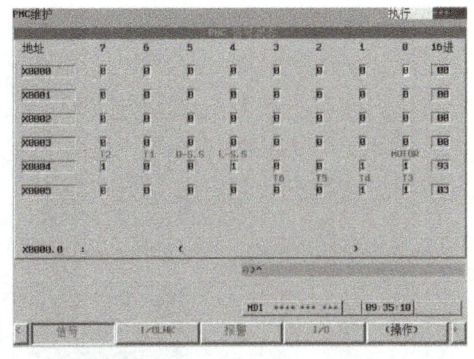

图 3-9 PMC 维护画面

图 3-10 PMC 硬件显示画面

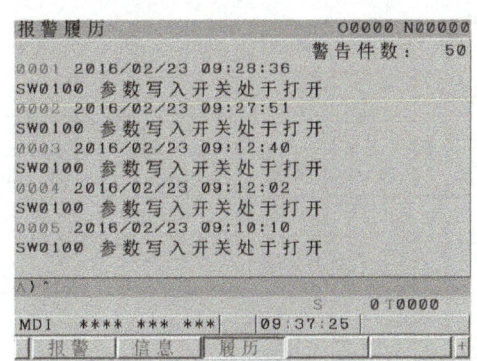

图 3-11 报警履历画面

报警(系统内部报警)种类有以下几种:①与程序操作相关的报警(PS 报警);②与后台编辑相关的报警(BG 报警);③与通信相关的报警(SR 报警);④参数写入状态下的报警(SW 报警);⑤伺服报警(SV 报警);⑥与超程相关的报警(OT 报警);⑦与存储器文件相关的报警(IO 报警);⑧请求切断电源的报警(PW 报警);⑨与主轴相关的报警(SP 报警);⑩过热报警(OH 报警);⑪其他报警(DS 报警);⑫与误动作防止功能相关的报警(IE 报警);⑬系统外部报警(机床电气报警);⑭通过 PMC 程序检测出机床电路中的电气部件出现异常动作而发生的报警信息和警告信息。

报警号与数控系统屏幕显示内容的对应关系见表 3-8。

3.2.3 诊断画面的显示

有效地应用诊断功能提供的诊断信息,有助于分析和排除故障。进入诊断画面的过程如下:

表 3-8 报警号与数控系统屏幕显示内容的对应关系

报警号	数控系统屏幕显示内容
1000~1999	报警信息,数控系统进入报警状态
2000~2099	警告信息
2100~2999	只显示信息数据,不显示信息号

按功能键 ，然后按下软键【诊断】,显示诊断画面,如图3-12所示。

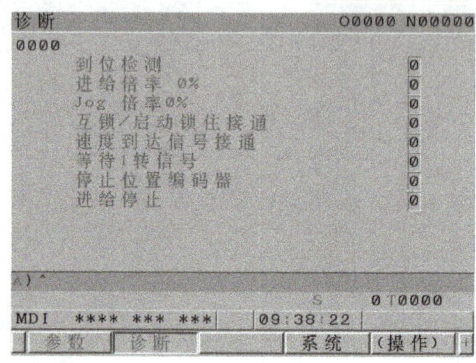

图 3-12 诊断画面

图3-12中"0000"表示诊断号,其余显示内容即为诊断号的内容及其值,具体含义见表3-9。

表 3-9 诊断号 0000 的内容含义

名称	显示"1"时的内部状态
到位检测	等待到位检测
进给倍率 0%	进给倍率为 0%
Jog 倍率 0%	JOG 进给倍率为 0%
互锁/启动锁住接通	互锁/自锁接通
速度到达信号接通	等待速度到达信号的接通
等待 1 转信号	螺纹切削中等待主轴选择 1 转信号
停止位置编码器	主轴每转进给中等待位置编码器的旋转
进给停止	进给停止中

3.3 典型数控系统报警故障分析及处理

3.3.1 系统报警分类及主板上的 LED 显示

当数控系统电源启动后,如果电源为回路正常,数控系统则进入系统版本号的显示画面,系统开始进行初始化。首先将系统软件从 FROM 装载到 DRAM 中,进行系统各功能模块的设定和功能模块与系统主板上 CPU 总线的初始化,这期间如果系统出现硬件故障或系统软件问题，会显示 900~973 号系统报警。系统报警可以分为以下三类：

1. 软件检测的报警

软件检测的报警主要是由数控系统软件所检测的软件异常引起的。典型的异常原因包括：①基于内部状态监视软件的处理/数据的异常；②数据/指令范围外的存取；③除以零；④堆栈上溢；⑤堆栈下溢；⑥DRAM 和数据校验错误。

2. 硬件检测的报警

硬件检测的报警主要是由硬件所检测的硬件异常引起的，典型的异常原因包括：①奇偶校验错误（DRAM、SRAM、超高速缓存）；②总线错误；③电源报警；④FSSB 电缆折断。

3. 其他报警

除了前两类报警，还有一些报警，如由周边软件检测的报警、伺服软件报警、PMC 软件报警（I/O LINK 通信异常等）。

当系统运行过程中发生报警时，通过观察主板上的 LED 显示可以分析出相应的系统运行状态及故障可能发生部位。主板上的 LED 显示如图 3-13 所示。

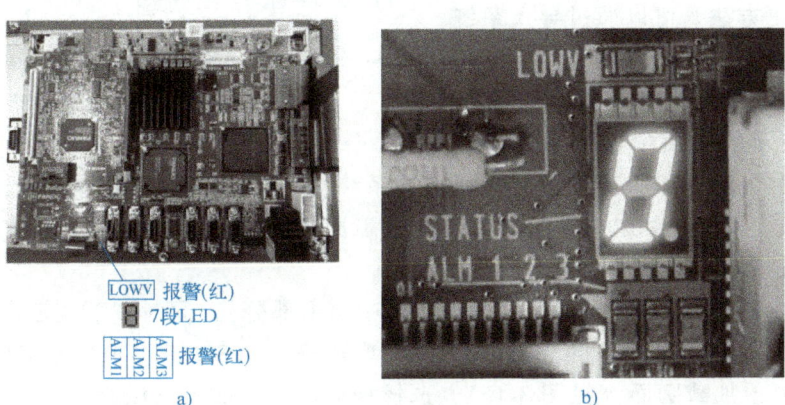

图 3-13 主板上的 LED 显示位置

图 3-13a 中"LOWV"报警 LED 点亮时表示故障可能是由主板不良所致；图中 ALM1 ALM2 ALM3 报警 LED 点亮状态及其含义见表 3-10。

表 3-10 报警 LED 点亮状态及其含义

序号	报警 LED 灯 1　2　3	含义
1	□■□	电池电压下降,可能是因为电池寿命已尽
2	■■□	软件检测出错误而使得系统停止运行
3	□□■	硬件检测出系统内存在故障
4	■□■	轴卡发生报警,可能是由轴卡不良、伺服放大器不良、FSSB 断线等原因所致
5	□■■	FROM/SRAM 模块上的 SRAM 数据中检测出错误,可能是由于 FROM/SRAM 模块不良、电池电压下降、主板不良所致
6	■■■	电源异常,可能是由噪声的影响或电源单元不良所致

3.3.2 系统 ROM 奇偶错误报警（报警号 900）故障分析与处理

1. 故障产生的原因

FROM/SRAM 模块的闪存卡里存储的软件有 CNC 系统软件、伺服软件、PMC 管理软件和 PMC 梯形图等。在系统开机时，这些软件从 FROM 先读取到系统的 DRAM 和伺服轴控制卡的 RAM 后再开始执行。读取到 DRAM 时，系统软件要对这些软件进行检查，当校验出错时，显示 900 报警号，并指出不良的 FROM 文件，报警画面如图 3-14 所示。当显示此报警号时，软件故障可能是系统软件或 PMC 顺序程序破坏，硬件故障可能是 FROM/SRAM 模块损坏、伺服轴板模块或者系统母板损坏。

2. 故障分析与处理

对与该报警故障进行分析与处理前，必须知道数控系统的硬件结构，掌握 PMC 程序以及 SRAM 中的数据在系统没有启动时的恢复方法。可以通过导入系统（BOOT SYSTEM）进行数据恢复。

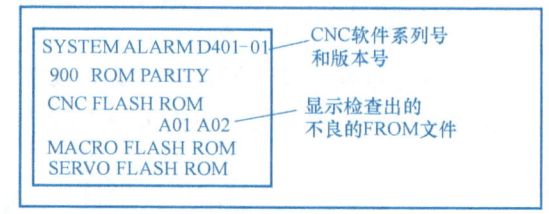

图 3-14 900 号报警画面

（1）重新写入系统软件和 PMC 程序

在图 3-14 所示的画面中显示有被检测出的软件序列号和版本号，应用存储卡或引导系统（BOOT SYSTEM）恢复或重新安装系统程序及 PMC 顺序程序，如果故障解除则确定故障原因为系统软件故障。具体数据恢复和系统程序重装的过程如下：

按系统屏幕下右侧的两个软键（见图 3-15 中圈出部分），同时按下数控启动按钮，进入引导系统画面，通过【UP】键和【DOWN】键选择"7. SRAM DATA UTILITY"，进入 SRAM 数据恢复或加载画面（见图 3-16），选择相应项，完成数据恢复。

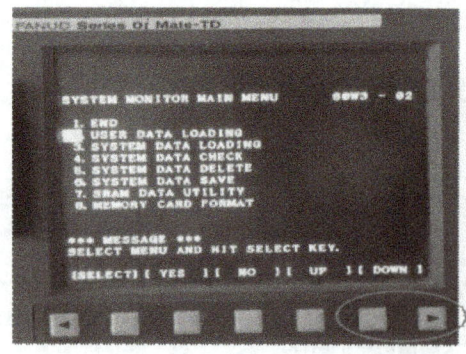

图 3-15 引导系统画面

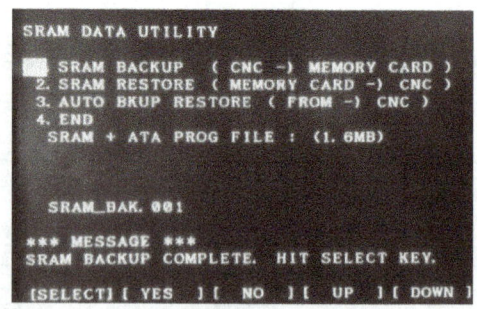

图 3-16 数据恢复或加载画面

（2）更换 FROM/SRAM 模块 更换 FROM/SRAM 模块，使用引导系统进行 SRAM 存储内容的恢复，如果系统恢复正常，则故障原因为系统硬件 FROM/SRAM 模块故障。在恢复完之后，通电时发出报警信息"PS5523 选项认证等待状态"，应在有效期限内（报警发生后 30 日内）联系系统厂家，获得认证文件。报警 PS5523 可以在有效期限内通过复位操作予以取消。

FROM/SRAM 模块的更换方法是：

1）将两侧的卡爪向外打开（见图3-17a）。
2）朝斜上方拔出模块（见图3-17b）。
3）安装新模块（见图3-17c）。

（3）更换主板 如果采取以上措施后故障仍然存在，那就需要更换系统主板。主板的更换应该由受过专门培训的维修人员进行，具体过程如下：

1）更换前确认数控系统SRAM中的内容已经备份。

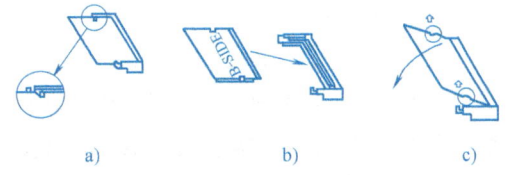

图3-17 FROM/SRAM模块更换示意图

2）拧下图3-18所示的固定壳体的两个螺钉。

3）解除图3-18所示的闩锁在壳体上部两侧的卡爪，拉出壳体，连同风扇、电池一起拆下。

4）拆除主板上的连接电缆、PCMCIA接口连接器、CA79A（视频信号接口连接器）、CA122（用于软件的连接器），拧下固定主板的螺钉（见图3-19）。注意主板与PCB通过连接器CA121直接连接，向下移动拆下主板。

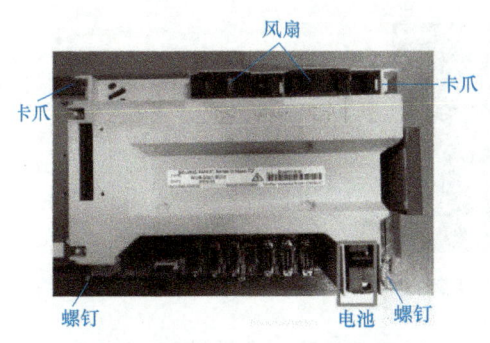

图3-18 主板螺钉和闩锁位置示意图

图3-19 固定主板的螺钉位置示意图

5）更换主板，恢复其他拆装部件，仔细检查并确认无误。

3.3.3 DRAM/SRAM奇偶校验错误报警（报警号910~911/912~913）故障分析与处理

1. 故障产生的原因

在FANUC 0i数控系统中进行DRAM/SRAM的数据读写时，奇偶校验检查电路一旦发现写入的数据和读取的数据不符，则发出奇偶校验报警。报警号910和报警号911分别为DRAM奇偶校验低字节和高字节报警号，报警号912和报警号913分别为SRAM奇偶校验低字节和高字节报警号。引起该故障的原因可能有系统外部干扰、存储器用后备电池电压低、SRAM中存储的数据不良、系统CPU卡上的DRAM故障等。

2. 故障分析与处理

处理这类报警时思路一定要清晰，严格按照正确的处理方法有序地进行，同时需要掌握数据的备份方法（见 1.3.1）和数控系统存储器用后备电池的更换方法。

（1）系统断电后再重新上电　出现 910~913 报警号后，先关闭数控系统，然后重新启动，如果系统恢复正常，报警解除，则该报警有可能是系统受外界干扰引起的。在这种情况下，应检查数控系统的接地和走线是否合理，并采取有效的抗干扰措施。

设备接地对于预防触电和抑制噪声是非常重要的。数控系统接地有以下三种方式：

1）信号接地。信号接地可作为电位的参考点，为整个电路提供一个基准电位（0V）。

2）机架接地。机架接地用来确保可靠性，可以抑制外来噪声和设备内部产生的噪声，对装置的机架、面板、连接装置的接口电缆进行屏蔽。

3）系统接地。系统接地即 PE 保护地线，与大地等电位。将各装置的机壳地和大地相连，可以避免人员触电，同时还可以将干扰噪声引入大地。

通常噪声是由于静电耦合、电磁感应、接地环路而产生并带入数控系统中的。虽然在数控系统一侧也有用来防止外来噪声的装置，但是由于定义噪声大小和频次难度较大，不确定因素较多，所以如何设法限制噪声的产生、避免已经产生的噪声电感进入数控系统，对于提高数控机床系统的稳定性至关重要。

（2）更换存储器用后备电池　数控系统软件、参数存储在 SRAM 中，而 SRAM 中信息的保存需要电力的支持，一旦失去供电数据即消失，所以在数控系统中装有存储器用后备电池。FANUC 0i Mate-TD 数控系统存储器用后备电池的位置如图 3-20 中引线所指。

图 3-20　FANUC 0i Mate-TD 数控系统存储器用后备电池的位置

如果正常电压为 4.5V/3.0V，当电池电压低于 3.6V/2.6V 时，会造成 SRAM 奇偶校验错误报警，同时在 LCD 屏幕上显示"BAT"闪烁报警，解决该故障的方法是更换电池。电池的更换方法可参考第 1 章的 1.3.2。

（3）更换 FROM/SRAM 模块　当 SRAM 中存储的数据不良时，系统发出报警号 910 和 911，首先全清存储器中的数据，即按住 MDI 键盘上的【RESET】键和【DELET】键，再接通系统电源。如果接通后报警仍无法消除，这时需要更换 FROM/SRAM 模块，并且更换后还需要进行一次数据全清并重新恢复系统软件。

（4）更换主板　更换 FROM/SRAM 模块后，报警还是不能解除，这时需要更换主板。主板的更换应该由受过专门培训的维修人员进行，具体过程见 3.3.2。

3.3.4　FSSB 报警（报警号 926）故障分析与处理

1. 故障产生的原因

在数控系统中，将一台主控器与多台从控器，以及数控装置与伺服放大器之间用高速串行总线实现通信功能的，为专用光缆。主控器侧是数控系统本体，从控器侧是伺服放大器以及分离型位置检测器用的接口装置。数控系统本体侧与连接的伺服放大器以及该伺服放大器与其后的伺服放大器之间遵循"A 出 B 入"的原则，即前级的 FSSB 用光缆连接器 COP10A 与后级伺服放大器的光缆连接器 COP10B 相连接，如图 3-21 所示，最多可连接 8 轴。

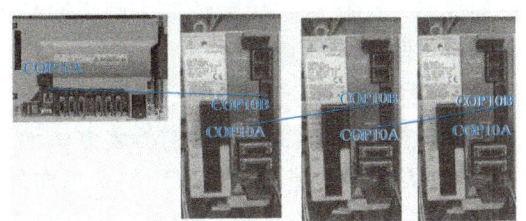

图 3-21　FSSB 连接示意图

当数控系统与伺服放大器或伺服放大器与伺服放大器之间进行数据和信息交换时，若出现错误数据、信息错误或信息中断时，系统发出 926 号报警，如图 3-22 所示。

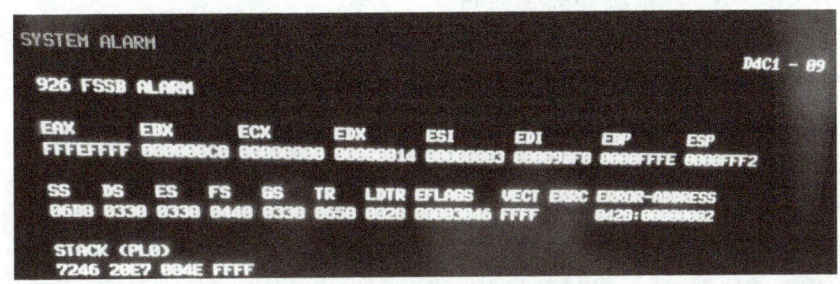

图 3-22　926 号报警内容

2. 故障分析与处理

分析和处理此类报警需要熟悉伺服放大器上状态显示灯的显示状态与所包含的故障信息的对应关系。

（1）观察伺服放大器状态显示灯　数控系统与伺服放大器间的通信被检测出异常时，伺服放大器上的 LED 状态显示灯显示如图 3-23a 所示，表示数控系统与第一级伺服放大器之间的光缆可能发生断线故障；伺服放大器上的 LED 状态显示灯显示如图 3-23b 所示，则表示第二级和第三级伺服放大器之间的 FSSB 光缆可能出现故障。

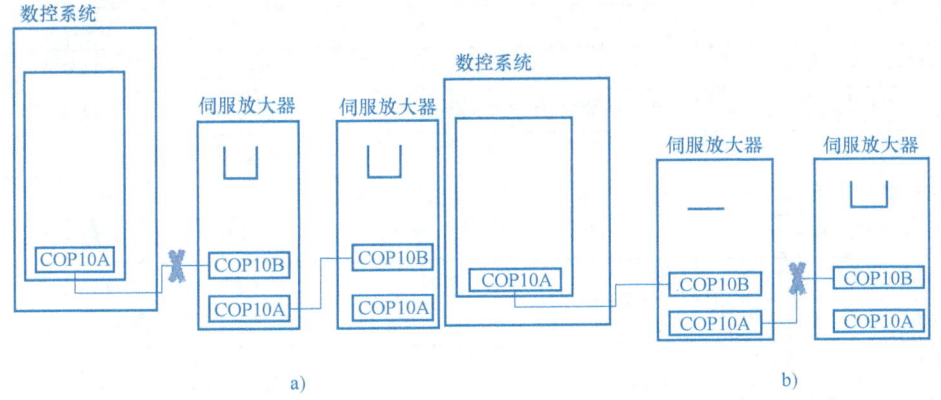

图 3-23　数控系统与伺服放大器以及伺服放大器之间的通信显示异常

注：□表示 LED 显示状态　──表示 LED 的显示状态

（2）确定是否为伺服模块发生故障　可以采用模块交换的方法检查和确定是否为伺服

模块的故障，交换后若故障转移，则说明是伺服模块的问题，若交换后，有故障的模块正常工作，则排除伺服模块故障。

（3）更换伺服轴卡 若经过以上步骤，该故障还没有解除，则判断为系统伺服轴卡故障，需要更换伺服轴卡。轴卡的拆装方法如下：

1）将固定轴卡垫片（2个）的卡爪向外拉，解除闩锁，如图3-24a所示。

2）将轴卡向上方拉出，如图3-24b所示。

3.3.5 存储器全清

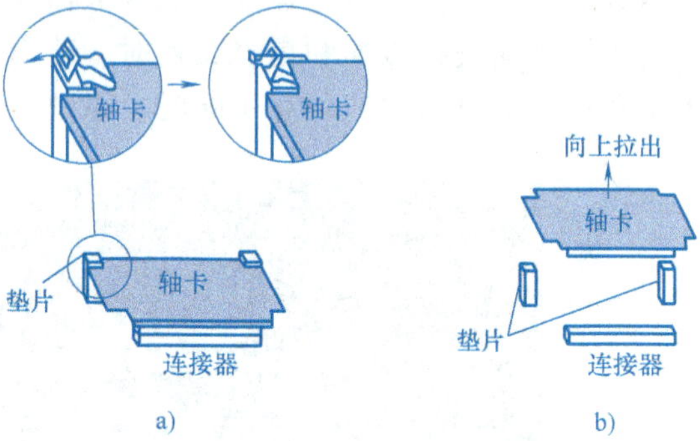

在发生数控系统启动时"SYSTEM LABEL CHECK ERROR"（系统标签检测错误）和突发性"SYSTEM ALARM"（系统报警）等不可预料的故障时，全部清除数控系统存储器内所保存的数据，即可使数控系统在初始状态下启动，从而返回到可以进行恢复作业的状态。

图3-24 系统伺服轴卡的拆装方法

1. 存储器全清操作

在接通数控系统电源时，一边同时按下MDI键盘上的【RESET】键和【DELET】键，一边通电，系统显示存储器全清确认画面，即显示 ALL FILE INITIALIZE OK（NO=0，YES=1）"字样，询问是否对系统执行存储器全清操作。如果不执行全清操作，输入"0"，存储器全清操作即被取消；否则输入"1"，执行全清操作。

执行存储器全清操作后，数控系统处于可单独启动的状态（初始状态），因此要恢复各类功能动作，必须重新设定已被清除的数据。存储器全清数据见表3-11。

表3-11 存储器全清数据

数据种类	数据区
系统标签	SRAM
C语言执行器相关数据	SRAM
宏执行器相关数据（P代码变量、扩展P代码变量、用户文件数据等）	SRAM
NC参数	SRAM
螺距误差补偿参数	SRAM
用户宏程序变量值、变量名	SRAM
PMC相关参数（参数、KEEP继电器值等）	SRAM
零件程序相关数据（程序主体等）	SRAM/FROM
刀具偏置数据	SRAM
M系列工件坐标系组数追加数据（工件坐标系数据包含在NC参数中）	SRAM
刀具寿命管理数据	SRAM
系统报警履历数据	SRAM
软式操作面板数据	SRAM

(续)

数据种类	数据区
定期维护数据	SRAM
快速数据服务器/快速以太网相关数据(参数等)	SRAM
操作履历数据	SRAM
双向螺距误差补偿数据	SRAM
触摸板数据	SRAM
PROFIBUS 主控、从控装置功能数据	SRAM
刚性攻螺纹返回数据(M 系列)	SRAM
Y 轴偏置数据(T 系列)	SRAM
刀具半径补偿数据(T 系列)	SRAM
刀具半径补偿数据(M 系列)	SRAM
路径间干涉检查数据(T 系列)	SRAM
工件偏移量数据(T 系列)	SRAM
嵌入式以太网数据	SRAM
8 级数据保护数据	SRAM
FSSB 数据	SRAM
MANUAL GUIDE i 数据	SRAM
MANUAL GUIDE 0i 数据	SRAM
TURN MATE i 数据(T 系列)	SRAM

2. 全清后出现报警及其解决方法

对数控系统执行上电存储器全清操作后,会出现系列报警,各报警号及其含义见表 3-12。

表 3-12 全清后出现的报警号及其含义

序号	报警号	报警号含义
1	100	参数可写入或参数写保护打开
2	506/507	硬超程报警,数控系统中没有处理硬超程信号
3	417	伺服参数设定不正确
4	5136	FSSB 放大器数目少

数控系统存储器全清后,对系统参数进行重新设定,并加载 PMC 梯形图,即可消除上述报警,重新启动系统并正常工作。

3.4 MDI 方式下不能运行的故障分析与处理

3.4.1 MDI 方式下的数控机床工作过程分析

实现 MDI 方式下数控机床运动的操作如下:①按下操作面板上的【MDI】按键;②按下 MDI 键盘上的【PROGRAM】按键,输入程序"G00/G01 X10 Z20 FXXX";③按下【循环启动】按键。

从机床运动的实现过程可以看出,在 MDI 方式下的工作过程主要涉及的数控机床结构有数控系统、PMC、伺服驱动系统、进给轴机械传动系统和操作面板等，其工作过程如图 3-25 所示。

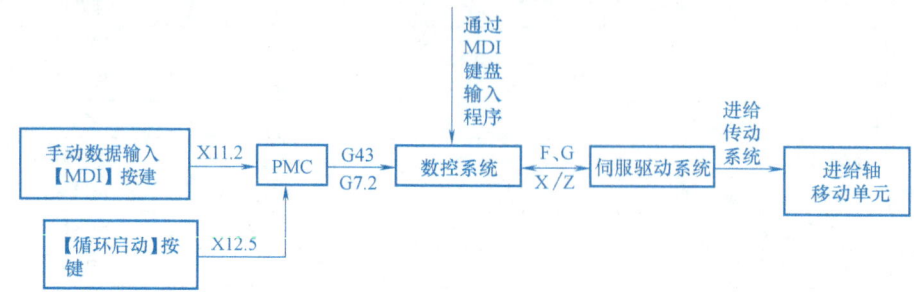

图 3-25　MDI 方式下的工作过程

由图 3-25 可以看出，按下工作方式选择按键【MDI】后，向 PMC 输入 X 信号，经过 PMC 处理，分别输出 Y 信号（按键灯信号，图中未示出）和 G 信号；PMC 将反映工作方式的 G 信号传递到数控系统，允许输入程序；程序输入结束，切换【循环启动】按键，该按键 X 信号经过 PMC 转变为 G 信号，再传递到数控系统，通过 FSSB 串行数据通信，将指令信号传递于伺服放大器，通过伺服放大器到达伺服电动机，再通过机械传动机构实现机床工作台的移动。

由此可以分析出在 MDI 工作方式下，进给运动不能正常运行时与数控系统有关的原因主要有：反映 MDI 工作方式的 G 信号、数控机床的工作状态、与程序指令相关的 F 速度、G00/G01/G02 轮廓插补方式以及轴选信号，其中指令中的速度信号以及插补、轴选信号等与系统参数等有关。

在 MDI 方式下用到的 G 信号和参数如下：

（1）反映机床运行状态的 G8.4、G8.6、G8.7 信号　其中，G8.4（*ESP）表示是否输入了紧急停止信号，数控装置处于"EMG"状态；G8.6（ERS）表示是否输入了外部复位信号；G8.7（RRW）表示是否输入了复位和重写信号。当 G8.4=0，机床处于急停状态时，或者当 G8.6=1 或 G8.7=1，机床处于复位状态时，数控机床是不工作的。

（2）确认工作方式选择的 G43 信号　数控机床的工作方式主要有 JOG（手动进给）方式、MPG（手轮）方式、MDI（手动数据输入）方式、AUTO（自动运行、存储器）方式和 EDIT（编辑）方式，这 5 种工作方式是通过 G43#0~2 来显示的，具体见表 3-13。按下操作面板上的【MDI】按键，则 G43#2=0、G43#1=0、G43#0，若为其余值，则表示工作方式切换故障，需要检查按键、连接线路、PMC 点位定义及其梯形图。

表 3-13　工作方式与 G43 信号的对应关系

工作方式	G43#2 状态值	G43#1 状态值	G43#0 状态值
JOG（手动进给）方式	1	0	1
MPG（手轮）方式	1	0	0
MDI（手动数据输入）方式	0	0	0
AUTO（自动运行、存储器）方式	0	0	0
EDIT（编辑）方式	0	1	1

（3）轴互锁信号 G8 和 G130　轴互锁信号有同一轴的方向互锁和不同轴之间的互锁，

当互锁信号有效时,则机床进给运动功能丧失。数控机床互锁方式由参数 3003 确定,其机床互锁是否有效或何种互锁方式有效可以通过查看 G 信号确认。具体用到的参数和 G 信号见表 3-14 和表 3-15。

表 3-14 确定互锁方式的参数

参数	位	值	含义
3003	#0	0	所有轴互锁信号有效
		1	所有轴互锁信号无效
	#2	0	各轴互锁信号有效
		1	各轴互锁信号无效
	#3	0	不同轴向的互锁信号有效
		1	不同轴向的互锁信号无效
	#4	0	当 3003#3 = 0 时,不同轴向的互锁信号只有在手动运行方式下有效
		1	当 3003#3 = 0 时,不同轴向的互锁信号在手动运行和自动运行方式下都有效

表 3-15 反映互锁方式的 G 信号地址及名称

G 信号地址	符号	信号名称
G8#0	*IT	所有轴互锁信号
G8#1	*CSL	切削程序段开始互锁信号
G8#2	*BSL	程序段开始互锁信号
G130#0-4	*IT1~*IT5	各轴互锁信号

(4) 确定进给中运行速度和运动精度的参数 数控机床进给轴的运动控制是位置控制,需要速度、方向和移动的距离,这三个控制信号缺少任何一个,进给运动都不能正常进行。速度信号缺失,进给轴无法移动;方向和距离信号错误,进给轴可以移动,但会影响加工过程的轮廓和精度。具体与速度和精度有关的参数见表 3-16。

表 3-16 与速度和精度有关的参数

参数	含义
1410	空运行速度:此参数设定 JOG 进给速度指定度盘的 100% 的位置的空运行速度
1420	各轴的快速移动速度:此参数为每个轴设定快速移动倍率为 100% 时的快速移动速度
1421	各轴快速移动倍率 F0 速度:此参数为每个轴设定快速移动倍率的 F0 速度
1423	每个轴的 JOG 进给速度:此参数为每个轴设定手动进给速度倍率为 100% 时的 JOG 进给速度
1424	每个轴的手动快速移动速度:此参数为每个轴设定快速移动倍率为 100% 时的手动快速移动速度
1430	每个轴的最大切削进给速度:此参数为每个轴设定最大切削进给速度
1828	每个轴的移动中的位置偏差极限值:此参数为每个轴设定移动中的位置偏差极限值。移动中位置偏差超过移动中的位置偏差极限值时,系统发出伺服报警(SV0411),操作瞬时停止(与紧急停止时相同)
1829	每个轴的停止时的位置偏差极限值:此参数为每个轴设定停止时的位置偏差极限值。停止中位置偏差量超过停止时的位置偏差极限值时,系统发出伺服报警(SV0410),操作瞬时停止(与紧急停止时相同)

3.4.2　MDI 方式下的故障分析与处理

根据前面对 MDI 方式下数控机床的工作过程分析可以看出，当出现此工作方式下的故障时，可以按照图 3-26 所示故障分析过程进行分析。

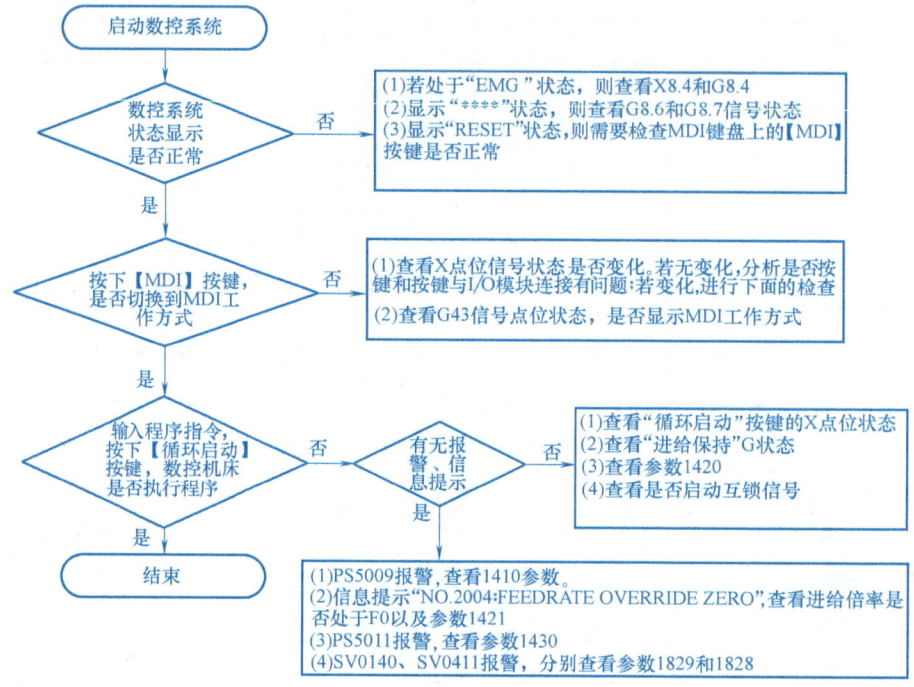

图 3-26　MDI 方式下数控机床故障分析过程示意图

1. 查看数控系统的状态显示是否正常

可以从屏幕下方查看数控系统的状态显示，如图 3-27 所示，各状态显示含义如下：

（1）当前的工作方式

MDI：手动数据输入、MDI 运行。

MEM：自动运行（存储器运行）。

RMT：自动运行（DNC 运行）。

EDIT：存储器编辑。

HND：手轮进给。

JOG：手动进给。

INC：手动增量进给。

REF：手动返回参考点。

＊＊＊＊：上述以外方式。

（2）自动运行状态

＊＊＊＊：复位状态（接通电源或终止程序的执行，自动运行完全结束的状态）。

STOP：自动运行停止状态（结束一个程序段的执行并停止自动运行的状态）。
HOLD：自动运行暂停状态（中断一个程序段的执行并停止自动运行的状态）。
STRT：自动运行启动状态（系统实际上正在执行自动运行的状态）。

（3）轴移动中状态、暂停状态

MTN：轴在移动之中。

DWL：轴处在暂停状态。

＊＊＊：非上述状态。

（4）执行辅助功能的状态

FIN：正在执行辅助功能状态。

＊＊＊：其他状态。

（5）紧急停止状态或复位状态

EMG：处在紧急停止状态（闪烁显示）。

RESET：正在接收复位信号状态。

（6）报警状态

ALM：已发出报警的状态。

BAT：锂电池（数控系统存储器用的后备电池）的电压下降。

APC：绝对脉冲编码器用的后备电池的电压下降。

FANT：转速下降。

空给：其他状态。

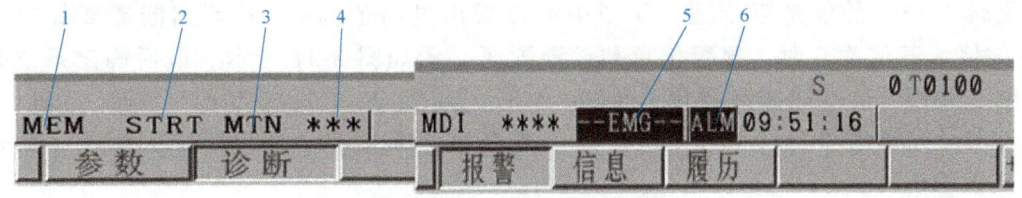

图 3-27 数控系统的状态显示

1—当前的工作方式 2—自动运行状态 3—轴移动中状态、暂停状态 4—正在执行辅助功能状态
5—紧急停止状态或复位状态 6—报警状态

2. MDI 工作方式是否有效

MDI 工作方式切换成功后方可进行程序指令的输入。按下【MDI】按键后，按键灯点亮，同时通过 PMC 将 G43 信号送至与 CNC（数控）系统，即完成操作面板与 PMC 以及 PMC 与 CNC 之间的信号传递，如图 3-28 所示。

按下【MDI】按键后，对应的 PMC 点位 X、Y、G 状态发生相应的改变，因此如果出现 MDI 方式切换无效故障，可以先查看 G43 信号点位状态（见图 3-29）。G43 信号点位值若与表 3-13 中所列 MDI 方式下的点位值一致，则说明故障出现在数控系统；否则，需要查看【MDI】按键按下时其 X 信号点位状态是否由 0 变为 1。若无变化，则可能是按键或连线故障；若由 0 变为 1，则需要查看梯形图中 X 信号与 G 信号之间的程序对应关系，是否存在梯形图缺少或编程错误。若该方式无效，则不能切换到输入程序的状态，即 MDI 键盘上的按键不起作用。

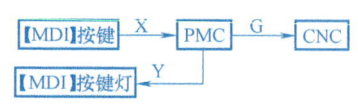

图3-28 MDI工作方式的信号传递

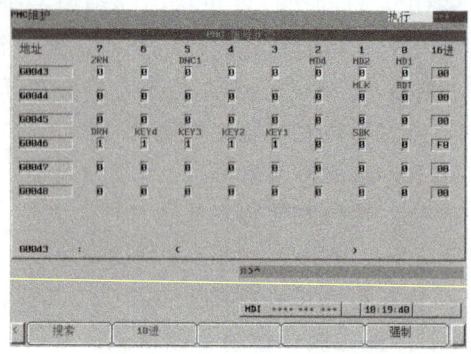

图3-29 G43信号状态显示

3. 进给轴是否按照指令控制方式运行

在确认【MDI】按键有效的情况下，按下 MDI 键盘上的相应软键，输入程序指令，按下【循环启动】按键，进给轴按照指令的控制方式运行，这是正常的 MDI 方式下的工作过程。在输入程序后机床进给轴无法移动的故障有两种：一种是机床无报警，进给轴不移动；另一种是机床有报警内容，进给轴移动无法正常进行。

（1）无报警，进给轴不移动　首先查看【循环启动】按键是否有效，其查看方法同前面【MDI】按键的查看方式，其中用到的点位信号有"循环启动"按键 X 信号和进给保持 G 信号（见图3-30）。其次通过查看报警信息和诊断画面，确定系统参数1420（其含义见表3-16）的值是否合适。从图中可以看出进给值为0，从而判断需要修改参数1420的值。其值为0时，报警信息和诊断画面显示如图3-31所示。最后确定系统是否启动轴互锁信号。通过查看诊断号0000中的"互锁/启动锁住接通"内容，可以看到系统启动了互锁信号（见图3-32），此时需修改系统参数3003相应位的值（见表3-14）来排除故障。

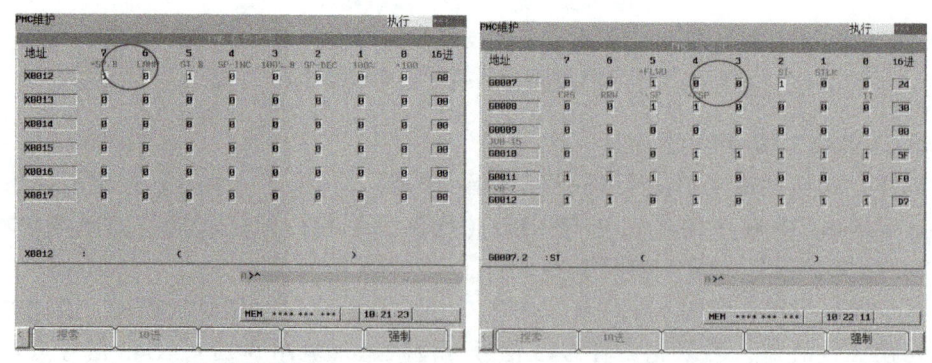

a) X信号的点位状态　　　　　　　　　b) G信号的点位状态

图3-30 【循环启动】按键 X 信号与 G 信号的点位状态

（2）显示报警内容，进给轴移动无法正常完成　在按下【循环启动】键后，进给轴移动或窜动后停止，或者进给轴不动，数控系统屏幕出现相应的报警（见图3-33），引起这些报警的原因一般与系统参数有关，只需要修改具体的系统参数即可解除报警。

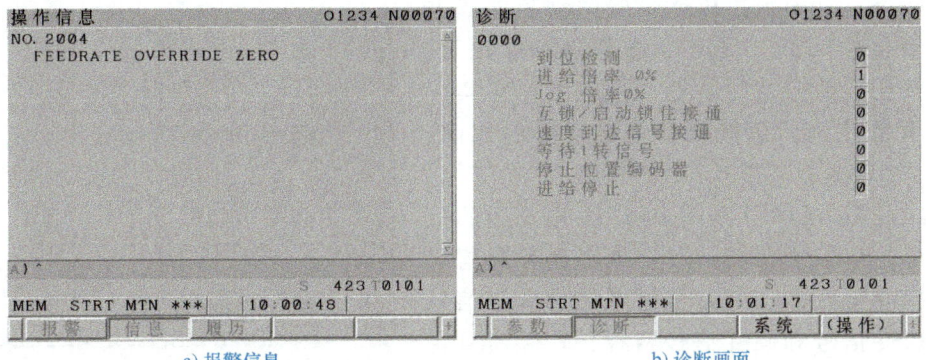

图 3-31 报警信息和诊断画面

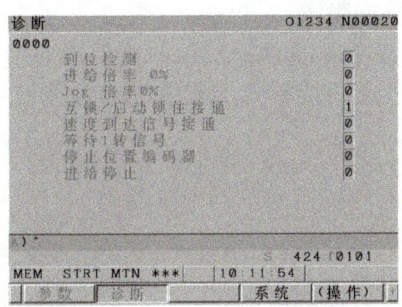

图 3-32 诊断画面显示轴互锁

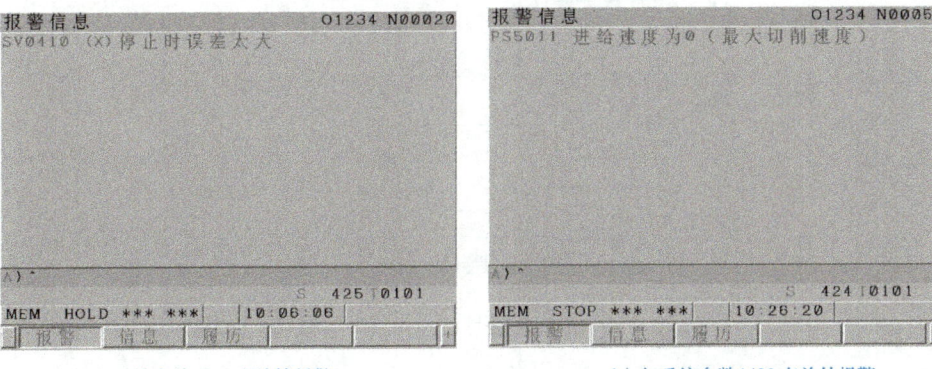

a) 与系统参数 1829 有关的报警　　　　　　　b) 与系统参数 1430 有关的报警

图 3-33 参数与相应的报警内容

3.5 数控机床急停故障分析与诊断

3.5.1 急停控制回路原理

急停控制回路在数控机床控制中起着重要的作用,主要是在紧急情况下对人或设备进行安全保护。按下急停按钮后,系统进入急停状态(见图 3-34),机床各进给轴、主轴也迅速进入制动状态，有的数控机床伺服驱动装置强电电源回路也会被切断。只有当急停故障排除后，旋开急停按钮，数控系统才能恢复正常。在实际使用中常有数控机床急停报警不能解除的故障，必须将此故障排除后机床才能恢复正常使用。FANUC 0i 数控系统的急停是 PMC 优先处理的机床保护信号，以保证在调试过程中出现紧急情况时中断系统的运行。FANUC 数控系统的急停信号*ESP 有软件信号和硬件信号两种，软件信号为 G8.4，硬件信号为 X8.4。数控系统直接读取机床信号 X8.4 和 PMC 输入信号 G8.4，其中任意一个信号为低电平，系统就会产生急停报警。

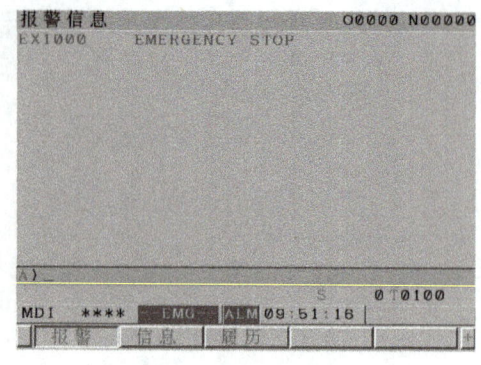

图 3-34　急停报警画面

FANUC 0i Mate-TD 系统数控车床的急停控制回路如图 3-35 所示。X8.4 是数控系统急停报警的硬件信号，它与控制面板或手持单元上安装的急停按钮关联，同时与进给轴限位开关连接，构成急停信号控制回路。

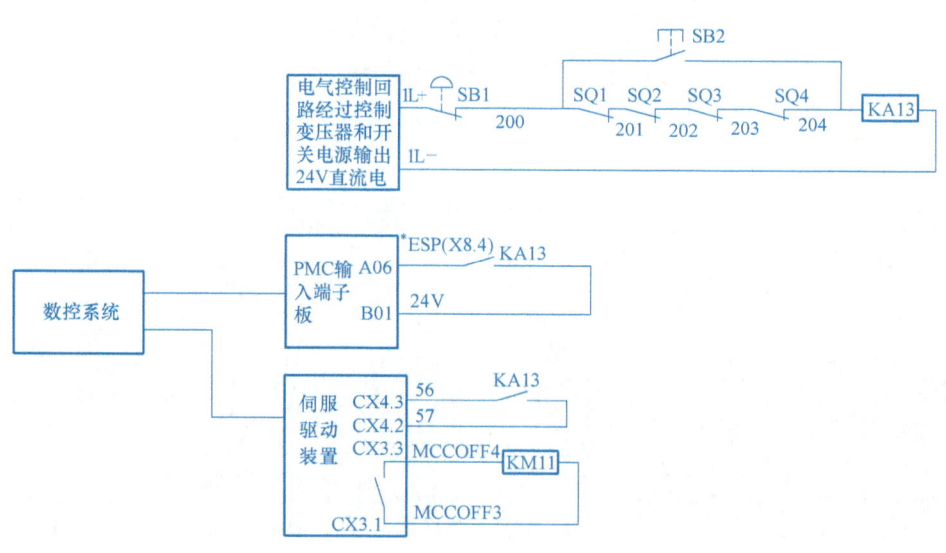

图 3-35　急停控制回路示意图

图 3-35 中 SQ1～SQ4 分别表示 X 轴和 Z 轴的正向限位和负向限位。从图中可以看出，急停按钮 SB1 与四个限位开关串联，控制代表急停的 KA13 继电器线圈的得电状态。正常情况下，即急停按钮处于旋开状态、各进给轴行程未处于硬限位超程（简称"硬超程"）状态，则 KA13 线圈处于得电状态，与 PMC 输入端子板、伺服驱动装置相关联的 KA13 常开触点处于闭合状态，数控系统的外部运行状态正常，从而通过 PMC 输出伺服驱动装置允许运行信号，KM11 接触器线圈得电，通过三个主触点实现驱动装置得电，机床进入工作状态。反

之，若按下急停按钮，或者机床各进给轴处于硬超程位置，则 KA13 继电器线圈失电，与 PMC 和伺服驱动装置连接的 KA13 常开触点处于断开状态，数控系统认为外部有故障，不能输出驱动装置允许信号，伺服驱动装置不能带电，同时在显示器上显示急停报警，整个机床处于急停状态。图 3-35 中的 SB2 按钮用于超程解除。

3.5.2 急停故障的分析与诊断

对于急停故障的分析与诊断，可从以下几个方面进行：查看梯形图；查看点位定义和状态；判断急停按钮、限位开关、继电器等电气元件的使用状态。当出现 X8.4 急停信号报警时，故障诊断流程如图 3-36 所示。

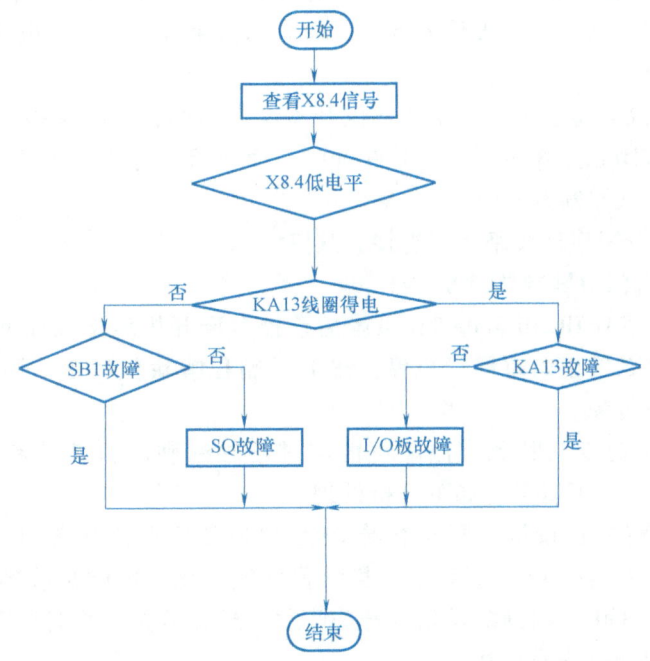

图 3-36 X8.4 急停信号故障诊断流程

从图 3-36 可以看出，当出现急停报警时，首先应用数控系统的 PMC 梯形图和点位状态查看 X8.4 信号是否为高电平，若为高电平，则说明是 G8.4 信号引起的报警；若 X8.4 为低电平，则检查 KA13 继电器线圈是否得电，方法为用万用表检测线圈电压是否正常，从而可以判断是否为继电器故障；若不是继电器故障，则可以用万用表的蜂鸣档检测，从而判断急停回路的故障位置。

3.5.3 急停故障实例分析

通过图 3-35 可以看出，与 X8.4 急停信号有关的故障主要有以下几种情况：

1) 急停硬件信号 X8.4 接线端电压为 0V，X8.4 信号为低电平。硬件急停信号 X8.4 接线端电压为 0V，原因可能是急停按钮、限位开关、继电器或 I/O 板等硬件故障，需要检查和判断各硬件接触器是否正常、元器件是否损坏。

2) 急停硬件信号 X8.4 接线端电压为 24V，X8.4 信号为低电平。当硬件急停信号 X8.4

接线端电压为 24V 时，说明急停按钮与限位开关组成的机床外围急停回路没有问题，可能是 I/O 板等有问题。

1. 急停按钮无效故障分析

（1）故障现象　FANUC 0i-MD 系统的数控车床开机后出现如下现象：机床处于急停状态，旋开控制面板和手持单元上的急停按钮，急停报警无法解除，急停按钮无效。

（2）分析处理

1）按下和旋开控制面板和手持单元上的急停按钮，同时查看 PMC 点位状态图或梯形图，检查硬件信号 X8.4 是否进行低电平和高电平的转换。若进行转换，则说明 X8.4 信号所在回路没有问题，可能是 G8.4 信号的问题。经过查看，确定 X8.4 信号没有发生变化。

2）按下和旋开控制面板和手持单元上的急停按钮，查看 KA13 继电器线圈是否得电。通过检查，发现该继电器发光二极管未点亮，同时用万用表测量线圈电压无 24V，从而可以确定是急停回路故障。

3）通过查看，没有超程报警，说明限位开关没有问题，同时是检查急停按钮，发现手持单元上急停按钮常闭触点在按下去时是断开的，而在闭合时还是处于断开状态，从而发现是手摇急停按钮连接线路断开。

4）将手摇急停按钮连接线路重新连接，故障解除。

2. 硬超程报警无法解除故障分析

（1）故障现象　FANUC 0i Mate-TD 系统的数控车床开机后出现如下现象：机床处于急停状态，同时出现"Z 轴正向超程"报警，按下【超程解除】按键，同时 Z 轴向负方向移动，但超程报警无法解除。

（2）分析处理　初步判断此类故障可能与进给轴的硬限位开关和机床操作面板上的【超程解除】按键有关，可以进行如下分析处理。

1）按下【超程解除】按键，同时查看 PMC 梯形图或点位状态图，看与【超程解除】按键 SB2 对应的点位信号是否发生变化。若没有发生变化，可能是按键或与按键相关的连接线路故障；若发生变化，则判断是限位开关问题，或者是梯形图编制问题。经过检查，发现与该按键相对应的点位信号正常。

2）按下【超程解除】按键，将 Z 轴向负方向移动，移出超程区域，但机床还是显示超程报警，从而判断可能是限位开关的问题。从机床上卸掉限位开关进行检查，发现该常闭触点在与硬限位块碰撞后断开，无法复位。更换限位开关后，此故障排除。

3. 伺服驱动装置动力线控制线圈断电故障分析

（1）故障现象　数控系统启动后，出现急停报警，同时发现伺服驱动装置动力电源没有电压，MCC 控制回路的接触器没有吸合。

（2）分析处理　从图 3-35 和 FANUC 0i-MD 系统伺服驱动装置的连接可知，伺服驱动装置在机床处于复位状态和该驱动装置没有故障的情况下，动力线控制线圈 KM11 得电，相应触点闭合，完成进给驱动装置动力电源的供电。若其中某一条件不满足，则驱动装置无法得电，同时机床处于急停状态。因此，对于此故障可以进行如下的处理：

1）数控系统启动后，用万用表检测动力控制接触器 KM11 线圈电压是否存在。若存在，则说明是接触器故障；若不存在，需要查看驱动装置是否有报警以及查看急停控制回路。经检测 KM11 线圈没有电压。

2）查看驱动装置没有报警信号，继电器线圈已经得电，从而判断是与驱动装置 CX4.3 接口连接的继电器触点连接故障，经检测其触点电压正常，而 24V 引脚（CX4.3）与 KA13 常开触点连接线路断开，从而导致机床处与急停状态，伺服驱动装置动力线控制线圈断电。

进行急停故障的诊断与分析，首先要熟悉和掌握不同数控系统的急停回路控制原理，可以通过查看机床电气控制原理图和 PMC 梯形图了解其控制过程，然后再分析故障原因，进行故障的诊断与排除。急停故障一般是由急停按钮没有正常复位、超程，以及伺服报警、主轴报警引起的，在运用合适的方法排除急停按钮和限位开关故障及 X8.4 信号故障后，可根据 PMC 梯形图分析引起急停的原因，利用 PMC 状态点监测和动态梯形图，查看哪些条件没有满足，从而导致 G8.4 没有接通，再利用检测仪表或其他手段进一步检测机床，快速排除故障。总之，急停故障的诊断与分析主要是分析引起硬件信号 X8.4 和软件信号 G8.4 为低电平的原因。

习 题

1. 请说出 FANUC 0i Mate-D 数控系统的主要组成部分。

2. 请在 CAK6150 型数控车床上完成如下任务：①查看该车床数控系统的硬件配置，并写出该数控系统主板 ID 号；②通过查看系统的伺服配置，说出该数控车床伺服放大器、伺服电动机及伺服编码器的规格。

3. FANUC 0i Mate-D 系统的数控车床 CAK150 开机后出现如下故障，请分别进行分析和处理：①出现"FSSB926"报警；②出现急停报警，旋开急停按钮后，报警没有解除。

第 4 章
进给系统故障诊断与维修

本章导读

● 主要内容及教学要求

1. 介绍了 FANUC 系统 α 系列和 βi 系列伺服单元的功能接口与连接方式，要求会对进给伺服单元进行连接。
2. 介绍了伺服单元报警代码的含义与处理方法，要求会对伺服单元常见故障进行处理。
3. 介绍了 FANUC 系统 α 系列和 αi 系列进给伺服模块的功能接口与连接方式，要求会对进给伺服模块进行连接。
4. 介绍了进给伺服模块的报警代码及故障产生原因，要求会根据报警代码进行伺服模块常见故障的处理。
5. 介绍了伺服系统参数设定与调整的一般方法，要求会对进给伺服系统进行参数设定。
6. 介绍了伺服驱动系统报警的原因、报警号与诊断方法，要求会对伺服驱动系统的常见故障进行处理。
7. 介绍了进给伺服系统位置检测装置的分类与作用，要求掌握脉冲编码器、光栅等位置检测装置的报警及维修方法。
8. 介绍了全闭环数控机床振荡故障的诊断与排除方法，要求会对数控机床振荡故障进行处理。

● 重点、难点

进给伺服单元与伺服模块的功能接口、连接方式与故障处理。

4.1 进给伺服单元的连接

按伺服装置主电路电源输入是交流电还是直流电，伺服驱动装置可分为伺服单元（Servo Unit，SVU）和伺服模块（Servo Module，SVM）两种。伺服单元的输入电源通常为三相交流电（200V，50Hz），电动机的再生能量通过伺服单元再生放电单元中的制动电阻消耗掉。FANUC 系统的伺服单元有 α 系列、β 系列和 βi 系列。目前主要应用的是 α 系列和 βi 系列伺服单元，如图 4-1 所示。

第4章 进给系统故障诊断与维修

a) α系列伺服单元

b) βi系列伺服单元
（12N·m及以上）

c) βi系列伺服单元
（8N·m及以下）

图 4-1 FANUC 系统伺服单元

4.1.1 α系列伺服单元

α系列伺服单元的功能接口如图 4-2 所示。

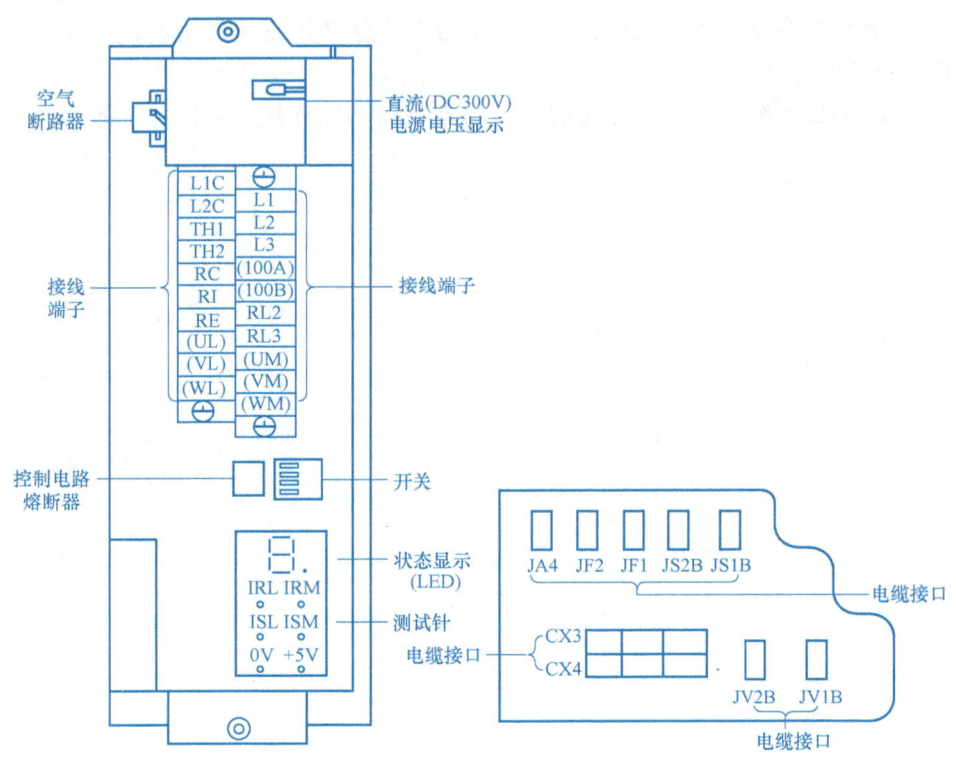

图 4-2 α系列伺服单元的功能接口

1. 伺服单元的端子功能

（1）接线端子说明

L1、L2、L3：三相输入动力电源端子，AC 200V。

L1C、L2C：单相输入控制电路电源端子，AC 200V（出厂时分别与 L1、L2 端子短接）。

TH1、TH2：过热报警输入端子（出厂时，TH1 与 TH2 端子已短接），可用于伺服变压器及制动电阻的过热信号输入。

RC、RI、RE：外接或内装制动电阻选择端子。

RL2、RL3：MCC（全称为 Mortor Control Center，指并接在直流电动机两端的启动接触器）动作确认输出端子（常闭点），一般可用于伺服单元主电路接触器的控制。

UL、VL、WL：第一轴伺服电动机动力线。

UM、VM、WM：第二轴伺服电动机动力线。

100A、100B：C 型放大器内部交流继电器的线圈外部输入电源（α 型放大器的电源为内部 DC 24V 电源）。

（2）电缆接口说明

JV1B、JV2B：A 型接口的伺服控制信号输入接口。

JS1B、JS2B：B 型接口的伺服控制信号输入接口。

JF1、JF2：B 型接口的伺服位置反馈信号输入接口。

JA4：伺服电动机内装绝对编码器电池电源（DC6V）接口。

CX3：伺服装置内 MCC 动作确认接口，一般可用于伺服单元主电路接触器的控制。

CX4：伺服紧急停止信号输入端，用于机床面板的急停开关（常闭点）。

2. 伺服单元的连接

以 FANUC-OTD 系统为例，具体说明 α 伺服单元的功能连接，如图 4-3 所示。

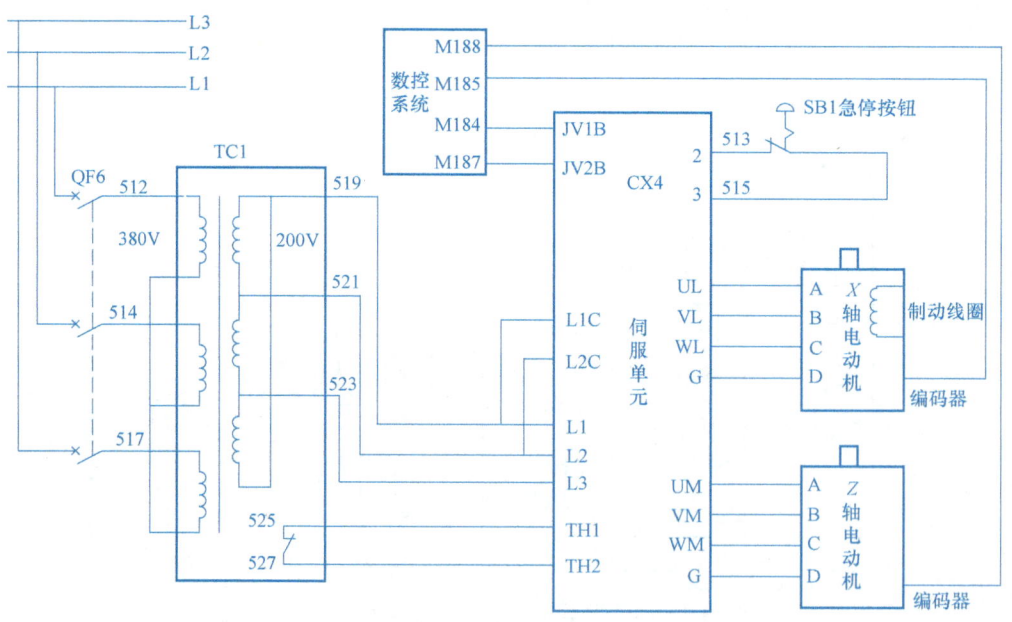

图 4-3　FANUC-OTD 系统与 α 伺服单元的功能连接

3. 开关的设定

开关 1 的设定：根据数控系统与伺服单元之间接口类型的不同，开关 1 的设定也不同。如果是 A 型伺服接口，开关 1 设定为"OFF"；如果是 B 型伺服接口，开关 1 设定为

"ON"。设定错误时，系统发出 401 号报警（伺服单元显示"—"）。

开关 2 的设定：决定是选择 C 型放大器还是 α 型放大器。若选择 C 型放大器，则开关 2 设定为"ON"；若选择 α 型放大器，则开关 2 设定为"OFF"。设定错误时，系统发出 401 号报警（伺服单元显示"—"）。

开关 3、4 的设定：根据使用的再生放电电阻的不同，设定不同。开关 3、4 均为"ON"时，再生放电电阻为内装型（400W）；开关 3 设定为"ON"、开关 4 设定为"OFF"时，再生放电电阻为分离型（800W）；开关 3 设为"OFF"、开关 4 设为"OFF"时，再生放电电阻为分离型（1200W）。

4. 状态显示及检测端子

（1）状态显示（7 段 LED）

7 段 LED 不显示：控制电源没有接通。

7 段 LED 显示为 0：伺服就绪。

7 段 LED 显示为"—"：伺服未就绪。

7 段 LED 显示为"#"：伺服报警。

（2）测试针的功能

IRL、ISL：第一轴伺服电动机 R、S 两相瞬时输出电流测试端。

IRM、ISM：第二轴伺服电动机 R、S 两相瞬时输出电流测试端。

+5V、0V：伺服单元控制电路+5V 电源的测试针。

4.1.2 βi 系列伺服单元

βi 系列伺服单元是 FANUC 公司推出的新的高可靠性、性价比卓越的进给伺服驱动装置，一般用于小型数控机床进给轴的伺服驱动（如 FANUC 0i Mate-B/C/D 中作为 X 轴、Z 轴的伺服驱动）及中、大型加工中心附加伺服轴的驱动（I/O LINK 伺服单元的驱动），如在 FANUC 16i MB 系统卧式加工中心中作为刀库的旋转、机械手的转臂控制等。

βi 系列伺服单元的外观及接口如图 4-4 所示。

1. βi 系列伺服单元的端子功能

L1、L2、L3：主电源输入端接口，三相交流电 200V、50Hz/60Hz。

U、V、W：伺服电动机的动力线接口。

DCC、DCP：外接直流制动电阻接口。

CX29：主电源 MCC 控制信号接口。

CX30：急停信号（*ESP）接口。

CXA20：直流制动电阻过热信号接口。

CXA19A：DC24V 控制电路电源输入接口，连接外部 24V 稳压电源。

CXA19B：DC24V 控制电路电源输出接口，连接下一个伺服单元的 CXA19A。

COP10A：伺服高速串行总线（High Speed Serial Bus，HSSB）接口，与下一个伺服单元的 COP10B 接口（通过光缆）连接。

COP10B：伺服高速串行总线接口，与数控系统的 COP10A 接口（通过光缆）连接。

JX5：伺服检测板信号接口。

JF1：伺服电动机内装编码器反馈接口信号。

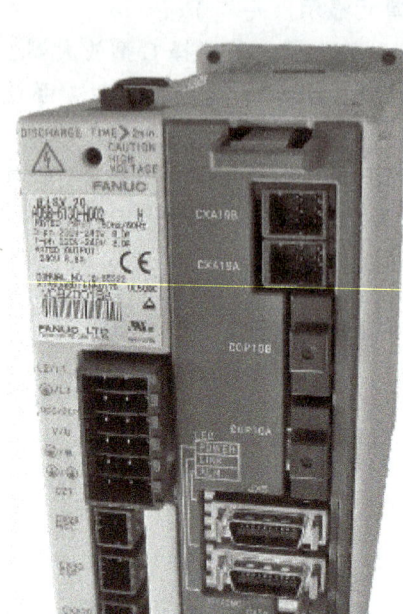
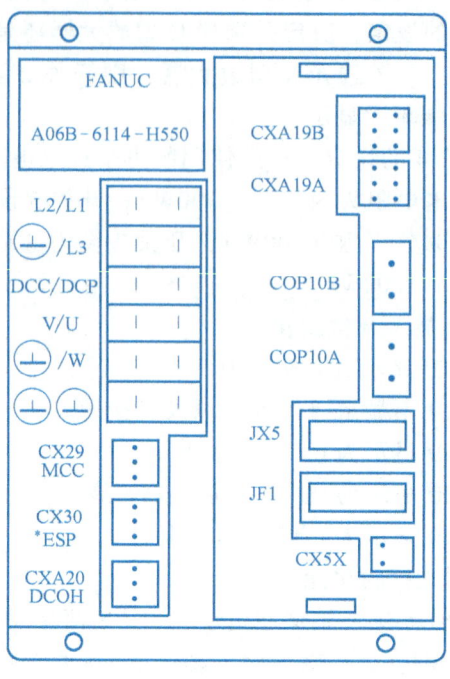

a) 外观 　　　　　　　　　　　　b) 接口

图 4-4　βi 系列伺服单元的外观及接口

CX5X：伺服电动机绝对编码器的电池接口。

2. βi 系列伺服单元的连接

以 FANUC 0i Mate-TB 系统的数控车床为例，说明 βi 系列伺服单元的连接，如图 4-5 所示。

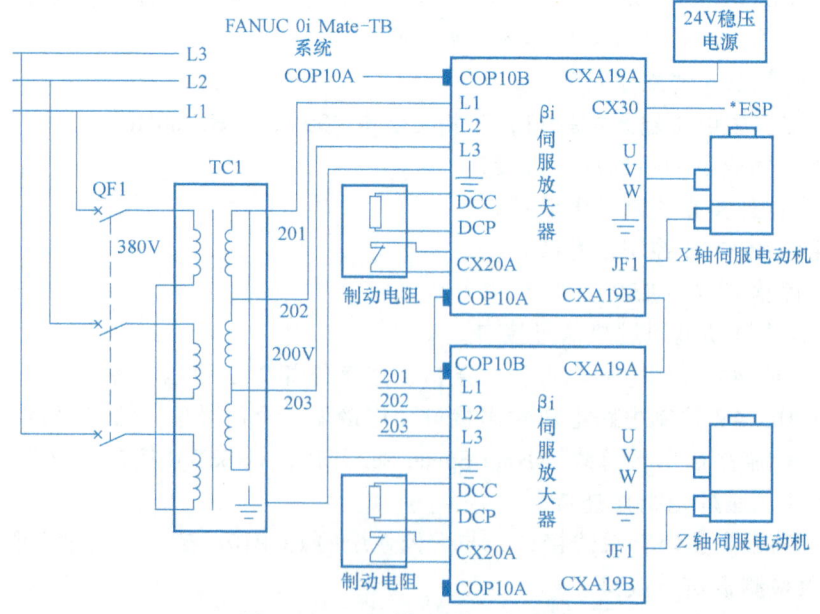

图 4-5　βi 系列伺服单元的连接

4.2 伺服单元报警的故障分析与处理

当伺服单元出现故障时，系统发出"4××"号报警。如果伺服单元有 LED 状态显示窗口，可显示相应的报警代码。下面以 α 系列伺服单元为例，说明伺服单元报警代码的含义及产生故障的可能原因。

1. 伺服单元过电压报警代码"1"

伺服单元过电压报警是指伺服单元的 DC300V 电源电压超过了规定值。导致故障产生的可能原因是：

1) 输入的交流电源电压过高。
2) 制动电阻损坏或连接不良。
3) 伺服单元本身不良。

2. 伺服单元控制电压低报警代码"2"

伺服单元电压低报警是指伺服单元控制电路电压过低报警。导致故障产生的可能原因是：

1) 伺服单元输入的控制电压低。
2) 伺服单元内部控制电路低电压故障，如内部电气元件短路。
3) 伺服单元外部连接有短路故障，如急停开关回路短路或伺服电动机编码器内部短路。
4) 伺服单元本身不良。

3. 伺服单元主电路低电压报警代码"3"

伺服单元主电路低电压报警是指伺服单元的 DC300V 电压低或为 0V 报警。导致故障产生的可能原因是：

1) 交流电源输入电压过低。
2) 伺服单元的断路器跳闸。
3) 伺服单元本身不良。

4. 伺服单元过热报警代码"5"

伺服单元过热报警是指伺服单元检测出过热输入信号。导致故障产生的可能原因是：

1) 平均再生放电能量过大。
2) 分离型再生放电单元的热敏开关不良或外接热敏开关不良，如伺服变压器过热。
3) 伺服单元本身不良。

5. 伺服单元过电流报警代码"8""9""b"

伺服单元过电流报警是指伺服单元的第 1 轴、第 2 轴及第 1、2 轴同时检测出过电流。导致此故障产生的可能原因是：

1) 伺服电动机短路。
2) 伺服单元的逆变块击穿短路。
3) 伺服单元本身不良。

6. 伺服单元的智能功率模块报警代码"8.""9.""b."

伺服单元的智能功率模块报警是指智能功率模块（Intelligent Power Module，IPM）过热报警、过电流报警及伺服单元控制电路低电压报警。导致故障产生的可能原因是：

1) 伺服单元过热，如伺服单元散热风扇损坏。
2) 伺服单元的逆变块击穿短路或电动机短路。
3) 伺服电动机编码器内部短路。
4) 伺服单元本身不良。

4.3 进给伺服模块的连接

伺服模块的工作原理与伺服单元基本相同，但存在区别。伺服单元的输入为交流电源（三相200V），伺服电动机的再生能量通过制动单元放电实现快速制动。一般主轴驱动采用模拟量控制驱动装置时，采用伺服单元驱动进给电动机。伺服模块的输入电源为直流电源（标准型伺服模块的电源为DC 300V，高压型伺服模块的电源为DC 600V），电动机的再生能量通过电源模块反馈到电网中。一般主轴驱动采用串行数字控制装置时，进给轴驱动装置采用伺服模块。

4.3.1 伺服模块的功能接口

1. α系列伺服模块

α系列伺服模块主要用于FANUC 0C/0D/16/18/21/0i-A系统伺服驱动装置，一个伺服模块可以用于驱动一台伺服电动机、两台伺服电动机或者三台伺服电动机。图4-6所示为驱动一台伺服电动机的伺服模块及功能接口。

DC Link：伺服模块的主电路电源输入接线端子，连接电源模块的DC300V输出端子及后续伺服模块的DC Link输入端子。

BATTERY：伺服电动机绝对脉冲编码器的电池盒（DC6V），与伺服模块的CX5X连接。

STATUS：状态指示窗口。①7段LED不显示：控制电源没有接通；②7段LED显示为"0"：伺服就绪；③7段LED显示为"—"：伺服未就绪；④7段LED显示各段报警号：伺服报警。

CX5X、CX5Y：伺服电动机绝对编码器电池连接接口，CX5X为输入接口，CX5Y为输出接口。

S1、S2：伺服接口类型设定开关。S1短接时伺服接口为A型伺服接口，S2短接时伺服接口为B型伺服接口。

F2：控制电路24V电源的输入熔断器。

CX2A：DC24V及急停信号输入接口。

CX2B：DC24V及急停信号输出接口。

JX5：伺服信号检测板连接接口。

JX1A：模块之间信息、信号输入连接接口。

JX1B：模块之间信息、信号输出连接接口。

JV1B：A型伺服信号连接接口。

JS1B：B型伺服信号连接接口。

JF1：B型伺服接口时，为伺服电动机编码器反馈信号接口。

U、V、W：伺服电动机动力线的接线端子。

2. αi 系列伺服模块

图 4-7 所示为 αi 系列伺服模块外观及功能接口。αi 系列伺服模块与 α 系列伺服模块不同的是伺服信息通过高速串行总线（光缆）传输，而不是通过串行数据线（信号电缆线）传输。FANUC 16i/18i/21i/0i-B/0i-C/0i-D 系统一般采用 αi 系列伺服模块进行伺服轴的驱动。

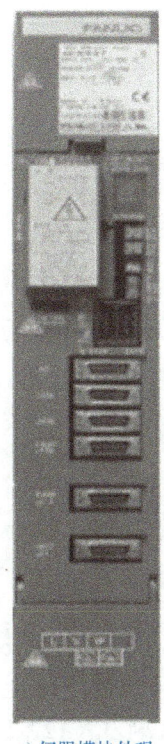
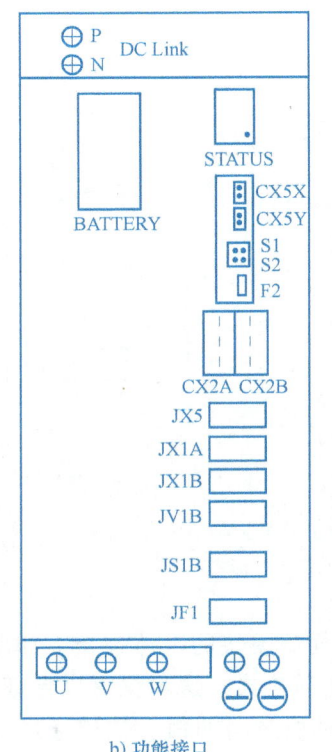

a) 伺服模块外观　　　b) 功能接口

图 4-6 α 系列伺服模块外观及功能接口

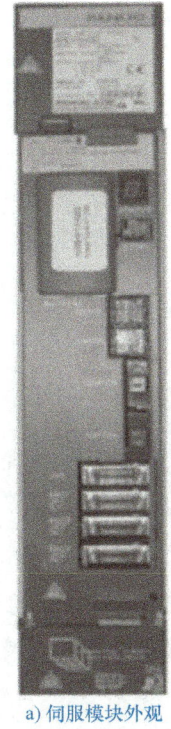
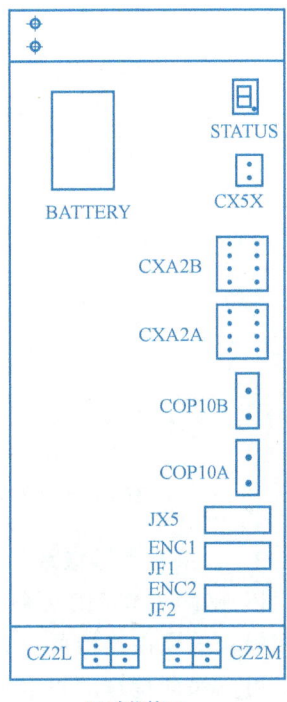

a) 伺服模块外观　　　b) 功能接口

图 4-7 αi 系列伺服模块外观及功能接口

BATTERY：伺服电动机绝对编码器的电池盒（DC6V）。
STATUS：伺服模块状态指示窗口。
CX5X：伺服电动机内装绝对编码器电池的接口。
CXA2A：DC24V 电源、*ESP（急停）信号、XMIF 报警信息的输入接口，与前一个模块的 CXA2B 相连。
CXA2B：DC24V 电源、*ESP（急停）信号、XMIF 报警信息的输出接口，与后一个模块的 CXA2A 相连。
COP10A：伺服高速串行总线的输出接口，与下一个伺服单元的 COP10B（通过光缆）连接。
COP10B：伺服高速串行总线的输入接口，与数控系统的 COP10A（通过光缆）连接。
JX5：伺服检测板信号接口。
ENC1/JF1、ENC2/JF2：伺服电动机编码器信号接口。
CZ2L、CZ2M：伺服电动机动力线连接插口。

4.3.2 伺服模块的连接

1. α 系列伺服模块的连接

以 FANUC 0i-MA 系统带第四轴的加工中心为例，说明伺服模块的具体连接，如图 4-8

所示。

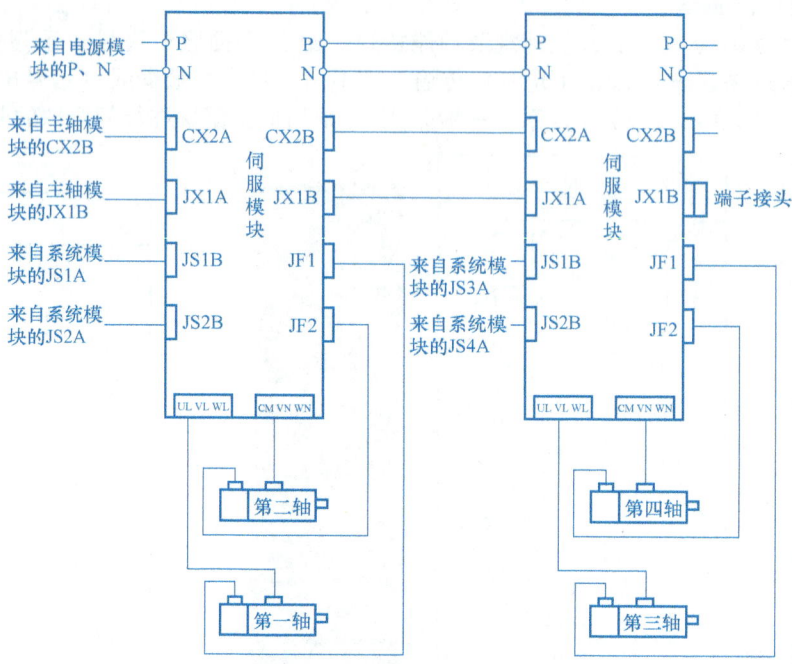

图 4-8　FANUC 0i-MA 系统带第四轴的加工中心中 α 系列伺服模块的连接

2. αi 系列伺服模块的连接

以 FANUC 0i-MC 系统数控铣床为例，说明伺服模块的具体连接，如图 4-9 所示。从 αi 伺服模块的硬件连接可以看出，光缆连接取代电缆连接，这不仅可以保证信号传输的速度，而且可以保证传输的可靠性，减少故障率。各模块之间的信息传递通过 CXA2A/CXA2B 以

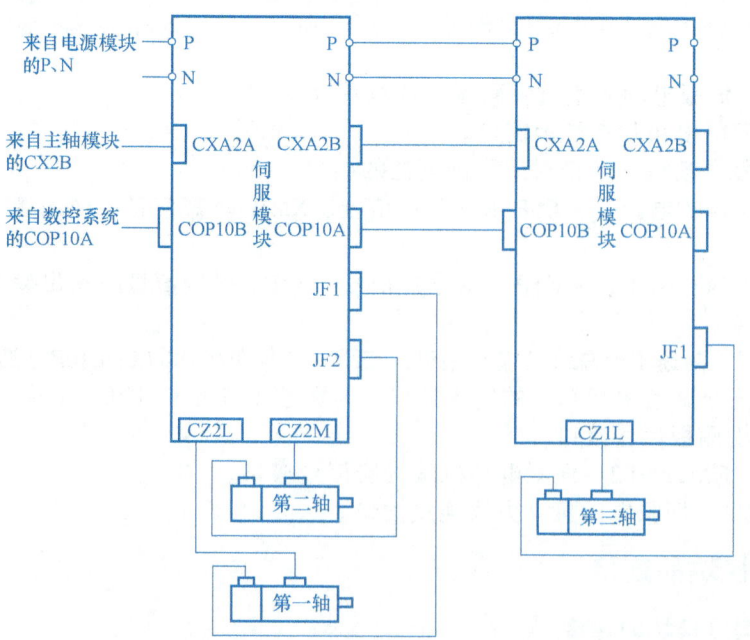

图 4-9　FANUC 0i-MC 系统数控铣床的 αi 系列伺服模块连接

串行数据来传递，而不是通过信号电缆 JX1A/JX1B（BCD 代码形式）来传递，从而进一步减少连接电缆的使用。

4.4 进给伺服模块报警的故障分析

α 系列伺服模块的报警代码与 α 系列伺服单元的报警代码基本相同，此处不再赘述。下面介绍 αi 系列伺服模块的报警代码及产生故障的原因。

1. 内部风扇停止报警代码"1"

导致故障产生的可能原因是：

1）内部风扇故障或风扇连接不良。
2）伺服模块不良。

2. 控制电路电压低报警代码"2"

导致故障产生的可能原因是：

1）电源模块提供的 DC24V 电压低。
2）伺服模块的 CX2A/CX2B 连接不良。
3）伺服模块不良。

3. 主电路 DC300V 电压低报警代码"5"

导致故障产生的可能原因是：

1）电源模块提供的电压低于 DC300V。
2）伺服模块内的熔断器熔断。
3）伺服模块不良。

4. 伺服模块过热报警代码"6"

导致故障产生的可能原因是：

1）伺服电动机过载。
2）电气柜内部温度过高，如电气柜风扇损坏或通风不良。
3）伺服模块不良。

5. 伺服模块的冷却风扇停止报警代码"F"

导致故障产生的可能原因是：

1）伺服模块冷却风扇损坏或连接不良。
2）伺服模块不良。

6. 伺服模块之间通信错误报警代码"P"

导致故障产生的可能原因是：

1）伺服模块通信接口 CX2A/CX2B 连接不良。
2）伺服模块不良。

7. 伺服模块主电路过电流报警代码"8"

导致故障产生的可能原因是：

1）伺服电动机及连接电缆短路。
2）伺服模块的逆变块短路。
3）伺服模块不良。

8. 伺服模块的 IPM 过电流报警代码 "8." "9." "A."

导致故障产生的可能原因是：

1）伺服电动机及连接电缆短路。

2）伺服模块不良。

9. 伺服模块的 IPM 过热报警代码 "8." "9." "A."

导致故障产生的可能原因是：

1）伺服电动机过载。

2）周围温度过高。

3）伺服模块不良。

10. 伺服电动机过电流报警代码 "b"（第一轴）、"c"（第二轴）、"d"（第三轴）

导致故障产生的可能原因是：

1）伺服电动机过载或匝间短路。

2）伺服参数设定不良。

3）伺服模块不良。

4.5 数控系统伺服参数的设定及调整

4.5.1 数控系统伺服参数的设定

1. 伺服参数设定条件

1）数控系统的类型及相应软件（功能） 如系统是 FANUC 0C/0D 系统还是 FANUC 16/18/21/0i 系统。

2）伺服电动机的类型及规格 如进给伺服电动机是 α 系列、αi 系列、β 系列还是 βi 系列的。

3）电动机内装的脉冲编码器类型 如编码器是增量值编码器还是绝对值编码器。

4）系统是否使用分离型位置检测装置 如是否采用独立型旋转编码器或光栅尺作为伺服系统的位置检测装置。

5）电动机每转一转机床工作台移动的距离 如机床丝杠的螺距是多少，进给电动机与丝杠的传动比是多少。

6）机床的检测单位（如 0.001mm） 机床的检测单位取决于检测装置的分辨率。

7）数控系统的指令单位（如 0.001mm）。

2. 伺服参数设定画面

（1）伺服设定画面的显示参数及操作 FANUC 0C/0D 系统伺服显示参数为 389#0，当该参数值设定为 "0" 时，系统画面显示伺服设定和调整画面。

FANUC 16/18/21/0i-A 系统和 FANUC 16i/18i/21i/0i-B/0i-C 系统伺服显示参数为 3111#0，当该参数值设定为 "1" 时，系统画面显示伺服设定和调整画面。

FANUC 0C/0D 系统的伺服显示操作为：系统诊断/参数功能键【DGNOS/PARAM】→系统软键【SV-PRM】。

FANUC 16/18/21/0i-A 系统和 FANUC 16i/18i/21i/0i-B/0i-C 系统伺服显示操作为：系

统功能键【SYSTEM】→系统扩展软键→系统软键【SV-PRM】。

（2）伺服参数设定画面及具体设定　在图 4-10 所示的伺服设定画面中，把光标移动到需要设定的参数项，直接输入相应数据即可。

1）初始化设定化（INITIAL SET BITS）。该项初始位的设定非常关键，系统仅定义 0#、1#位。0#位设为"0"时，检测单位为 1μm，表示数控系统使用中等分辨率检测器，如脉冲编码器；0#位设定为"1"时，检测单位为 0.1μm，将设定为"0"时的数值提高至 10 倍。1#位设为"0"时，系统进行数字伺服参数初始化设定，当伺服参数初始化后，该位自动变成"1"。

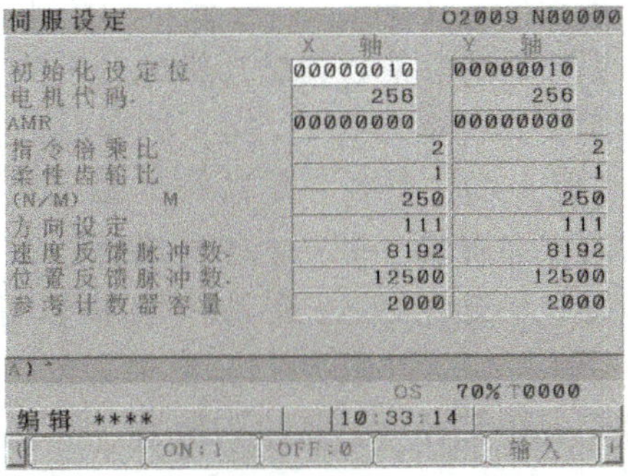

2）伺服电动机 ID 代码（MOTOR ID NO.）。根据所选用的伺服电动机型号，确定电动机的 ID 代码。FANUC 系统常用伺服电动机的 ID 代码见表 4-1。

图 4-10　伺服设定画面

表 4-1　FANUC 系统常用伺服电动机的 ID 代码

ID 代码	伺服电动机型号	ID 代码	伺服电动机型号
162(262)	αiS2/5000	177(277)	αiF8/3000
165(265)	αiS4/5000	193(293)	αiF12/3000
185(285)	αiS8/4000	197(297)	αiF22/3000
188(288)	αiS12/4000	203(303)	αiF30/3000
215(315)	αiS22/4000	153(253)	βiS2/4000
224(324)	αiS50/3000	156(256)	βiS4/4000
235(335)	αiS100/2500	158(258)	βiS8/3000
152(252)	αiF1/5000	169(269)	βiS12/2000
155(255)	αiF2/5000	172(272)	βiS12/3000

注：电动机代码括号外为 HRV1 电动机代码，括号内为 HRV2 电动机代码。HRV 控制功能改进了数字伺服电流环的特性，同时通过减少电流环中的控制延迟来改进电动机在高速旋转时的速度控制特性，具体为 HRV1 还是 HRV2 电动机可查询电动机手册。

3）AMR 参数。该参数用于设定电枢倍增比，如 α 系列和 αi 系列伺服电动机的该参数设定为"00000000"，与电动机编码器的类型无关。

4）指令倍乘比。该参数用于设定伺服系统的指令倍率，设定值=（指令单位/检测单位）×2。

5）设定柔性进给齿轮比（N/M）。当不同丝杠的螺距或机床传动有减速齿轮时，为了使位置反馈脉冲数与指令脉冲数相同而设定进给齿轮比（N/M）。由于通过系统参数可以对其进行修改，所以进给齿轮比又称柔性进给齿轮比。

半闭环控制系统：

　　N/M=（伺服电动机一转所需的位置反馈脉冲数/1000000）的约分数

全闭环控制形式系统：

　　N/M=（伺服电动机一转所需的位置反馈脉冲数/电动机一转分离型

　　检测装置位置反馈的脉冲数）的约分数

【例 4-1】 某数控车床的 X 轴伺服电动机与进给丝杠直连，丝杠的螺距为 6mm，具体连接如图 4-11 所示。

【例 4-2】 某数控铣床 X 轴、Y 轴伺服电动机与进给丝杠采用 1∶2 齿轮比连接，进给丝杠的螺距为 10mm，具体连接如图 4-12 所示。

【例 4-3】 某数控组合机床分度头采用伺服电动机驱动，伺服电动机通过减速器和同步带传动，其传动比为 1∶30，机床的检测单位为 0.001°，具体连接如图 4-13 所示。

【例 4-4】 某数控车床的 Z 轴伺服电动机与进给丝杠采用 1∶1 齿轮且通过同步带连接，Z 轴丝杠端安装一个独立位置编码器作为 Z 轴的位置检测装置，编码器一转发出 2000 个脉冲，丝杠的螺距为 6mm，具体连接如图 4-14 所示。

【例 4-5】 某数控铣床 X 轴、Y 轴、Z 轴伺服电动机与进给丝杠直连，X 轴、Y 轴、Z 轴采用光栅尺作为位置检测装置，光栅尺的分度值为 0.5μm，进给丝杠的螺距为 12mm，则 N/M＝12000/(12000÷0.5)＝1/2。

图 4-11 伺服电动机与丝杠连接
N/M＝6000/1000000＝3/500

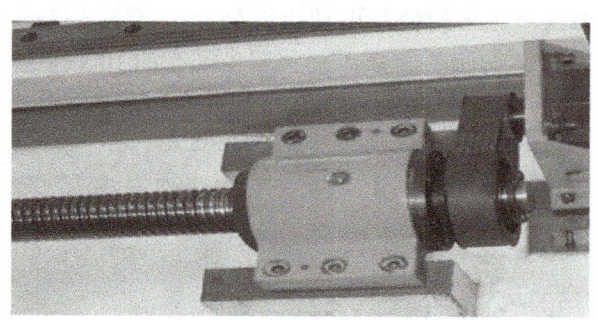

图 4-12 伺服电动机与丝杠经一级降速比连接
N/M＝10000×0.5/1000000＝1/200

图 4-13 伺服电动机与旋转轴经减速器连接
N/M＝(360/30)×1000/1000000＝3/250

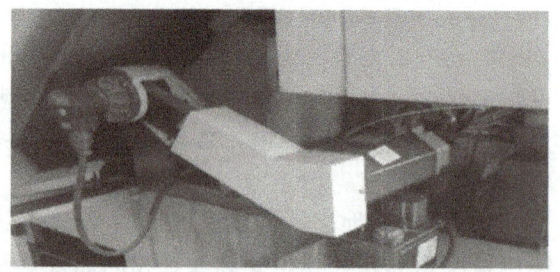

图 4-14 采用独立位置编码器伺服连接
N/M＝6000/(2000×4)＝3/4

6）电动机的移动方向（DIRECTION SET）。参数值为 111 时，表示移动方向为正方向（从脉冲编码器端看为顺时针方向旋转）；参数值为 -111 时，表示移动方向为负方向（从脉冲编码器端看为逆时针方向旋转）。

7）速度脉冲数（VELOCITY PULSE NO.）。对于串行编码器，该参数值设定为8192。

8）位置脉冲数（POSITION PULSE NO.）。半闭环控制系统中，该参数值设定为12500；全闭环控制系统中，按来自分离型检测装置的位置脉冲数设定该参数的值。

9）参考计数器的设定（REF. COUNTER）。参考计数器容量是栅格方式返回参考点控制的栅格宽度，必须按电动机一转所需的位置脉冲数或按该数的整数倍来设定该参数的值。

3. 伺服参数初始化

伺服参数初始化就是将系统的伺服参数按设定条件恢复到系统出厂时的标准设定值。

（1）伺服参数初始化设定 除了设定图4-10中的伺服参数外，还要正确设定下面的参数。

1）分离型检测装置是否有效的系统参数。FANUC 0C/0D系统中，分离型检测装置是否有效的系统参数为37#0～3（分别对应第一～四轴）；FANUC 16/18/21/0i-A系统和FANUC 16i/18i/21i/0i-B/0i-C系统中，该参数为1815#1。如果数控系统采用分离型检测装置作为位置检测装置，则把相应位参数设定为"1"，否则设定为"0"。

2）是否检测绝对位置检测的参数。FANUC 0C/0D系统中，决定是否检测绝对位置的参数为21#0～3（分别对应于第一～四轴）；FANUC 16/18/21/0i-A系统和FANUC 16i/18i/21i/0i-B/0i-C系统中，决定是否检测绝对位置的参数为1815#5。如果系统采用绝对编码器作为位置检测装置，则该参数值设定为"1"，否则设定为"0"。

（2）伺服参数初始化的操作 在伺服设定画面中，将伺服初始化设定参数#1位值设定为"0"，然后系统断电再重新上电操作，从而完成数字伺服参数的初始化操作。当伺服参数初始化结束后，初始化设定参数#1位值自动变为"1"。

初始化设定参数位：

#7	#6	#5	#4	#3	#2	#1	#0
						DGPRM	PLC01

#0位（PLC01）：设定为"0"时，检测单位为1μm。FANUC 0C/0D系统中使用参数8n23（速度脉冲数）、参数8n24（位置脉冲数），FANUC 16/18/21/0-iA系统和FANUC 16i/18i/21i/0i-B/0i-C系统中使用参数2023（速度脉冲数）、参数2024（位置脉冲数）。该位值设定为"1"时，检测单位为0.1μm，将设定为"0"时的数值提高10倍。

#1（DGPRM）：设定为"0"时，系统进行数字伺服参数初始化设定；当伺服参数初始化后，该位值自动变成"1"。

#3（PRMCAL）：进行伺服初始化设定时，该位值自动变成"1"（FANUC 0C/0D系统无此功能）。根据编码器的脉冲数自动计算下列参数：PRM2043、PRM2044、PRM2047、PRM2053、PRM2054、PRM2056、PRM2057、PRM2059、PRM2074、PRM2076。

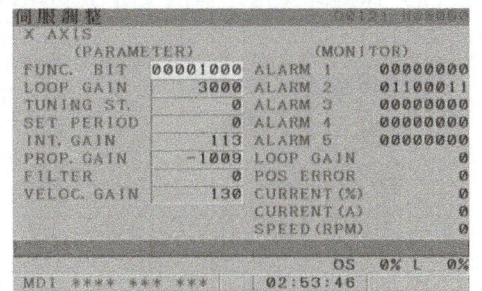

图4-15 进给伺服调整画面

4.5.2 数控系统伺服调整

图4-15所示为进给伺服调整画面（通过按

【SV.TUN】系统操作软键显示），在该画面中可以进行伺服参数调整和报警诊断。

1. 伺服参数调整（PARAMETER）

（1）伺服功能设定位（FUNC.BIT）

#7	#6	#5	#4	#3	#2	#1	#0
VOFS	OVSC	BLEN	NPSP	PIEN	OBEN	TGAL	

TGAL（#1）：软件断线报警的检测水平。值为"0"，标准设定（不能修改系统参数）；值为"1"，调低检测标准（可以修改系统）。

在 FANUC 0C/0D 系统中，软件断线报警级别系统参数为 8n64，在 FANUC 0i 系统中，该参数为 2064（标准设定为 4）。

OBEN（#2）：速度控制观测器功能（消除高频振荡）。值为"0"，不使用该功能；值为"1"，使用该功能。

PIEN（#3）：速度控制方式设定。值为"0"，I-P 控制（数控压力机）；值为"1"，P-I 控制。

NPSP（#4）：N 脉冲抑制功能。值为"0"，不使用该功能；值为"1"，使用该功能。

BLEN（#5）：是否使用反冲加速功能。值为"0"，不使用该功能；值为"1"，使用该功能。

OVSC（#6）：是否使用超程补偿功能。值为"0"，不使用该功能；值为"1"，使用该功能。

VOFS（#7）：是否使用防过冲计数器。值为"0"，不使用防过冲计数器；值为"1"，使用防过冲计数器。

（2）回路增益参数（LOOP GAIN） 该参数用于设定伺服频率加速时间（从 0Hz 到最高频率的时间），单位是 0.01s。

（3）伺服调整开始位（TUNING ST.） 未使用（在旧的伺服自动调整功能中使用的位）。

（4）设定中期（SET PERIOD） 未使用（在旧的伺服自动调整功能中使用的位）。

（5）积分增益（INT.GAIN） 该参数用于设定速度环积分增益 PK1。

（6）比例增益（PROP.GAIN） 该参数用于设定速度环比例增益 PK2。

（7）滤波器（FILTER） 该参数用于设定转矩指令滤波器的采样周期。

（8）速度环速度增益（VELOC.GAIN） 此参数是指整个速度环增益，其设定值与负载惯性有关。

2. 伺服监控（MONITOR）

（1）ALARM1 参数

#7	#6	#5	#4	#3	#2	#1	#0
OVL	LV	OVC	HCA	HVA	DCA	FBA	OFA

#7（OVL）：伺服过载报警，实际为伺服过热报警。

#6（LV）：伺服低电压报警。

#5（OVC）：伺服过电流报警。

#4（HCA）：伺服异常电流报警。

#3（HVA）：伺服高电压报警。

#2（DCA）：伺服放电电路报警。

#1（FBA）：伺服断线报警。

#0（OFA）：伺服溢出报警。

（2）ALARM2 参数

#7	#6	#5	#4	#3	#2	#1	#0
ALD			EXP				

通过#7 位和#4 位诊断信号状态的变化，可以进行伺服过载和断线报警，见表 4-2。

表 4-2 报警信号状态

过载报警	0	—	—	—	放大器过热
	1	—	—	—	伺服电动机过热
断线报警	1	—	—	0	内装编码器断线报警（硬件）
	1	—	—	0	分离型检测装置断线报警（硬件）
	0	—	—	0	检测装置断线报警（软件）

（3）ALARM3 参数

#7	#6	#5	#4	#3	#2	#1	#0
	CSA	BLA	PHA	RCA	BZA	CKA	SPH

#6（CSA）：串行脉冲编码器的硬件异常。

#5（BLA）：电池电压不足（警告）。

#4（PHA）：串行编码器或反馈电缆异常，反馈信号的计数错误。

#3（RCA）：脉冲编码器出现计数报警。

#2（BZA）：电池电压为零，需更换电池，设定参考点。

#1（CKA）：串行脉冲编码器不良，内部程序段停止。

#0（SPH）：串行脉冲编码器不良或反馈电缆异常，反馈信号的计数出错。

（4）ALARM4 参数

#7	#6	#5	#4	#3	#2	#1	#0
DTE	CRC	STB	PRM				

#7（DTE）：串行编码器通信异常，通信没有应答。

#6（CRC）：串行编码器通信异常，传送的数据有错。

#5（STB）：串行编码器通信异常，传送的数据有错，停止位错误报警。

#4（PRM）：数字伺服侧检测的参数不正确。

（5）ALARM5 参数

#7	#6	#5	#4	#3	#2	#1	#0
	OFS	MCC	LDM	PMS			

#6（OFS）：数字伺服电流值的 A-D 转换异常。

#5（MCC）：伺服放大器的电磁开关触点熔断。

#4（LDM）：α脉冲编码器的 LED 异常。

#3（PMS）：α脉冲编码器或反馈电缆异常，使反馈脉冲不正确。

（6）回路增益（LOOP GAIN）　显示实际的回路增益。

（7）位置偏差量（POS ERROR）　显示实际的位置偏差量。

（8）实际电流［CURRENT（％）］　显示额定电流的百分比。

（9）实际电流［CURRENT（A）］　显示额定电流的大小，单位为 A。

（10）实际速度［SPEED（RPM）］　显示电动机实际转速，单位为 r/min。

4.6　数控机床进给伺服系统报警的故障分析与处理

4.6.1　伺服过热报警和伺服不能就绪报警

1. 伺服过热报警（报警号 400）

（1）系统检测原理　放大器智能功率模块（IPM）内的热敏电阻用于检查伺服放大器是否过热。当放大器的智能功率模块温度超过规定值时，信号通过伺服通信电缆或伺服总线传递到数控系统，数控系统发出伺服过热 400 号报警。

伺服电动机定子绕组的热敏电阻用于检测伺服电动机是否过热。当伺服电动机的温度超过规定值时，电动机的热敏电阻阻值发生变化，信号通过伺服电动机的串行编码器（数字伺服）传递给数控系统，数控系统发出伺服过热 400 号报警。

（2）故障的诊断方法　首先确认数控系统伺服过热报警，可以通过系统显示装置 CRT/LCD 上的报警画面或系统诊断号（FANUC 0C/0D 系统中为 720～723，FANUC 16/18/21/0i-A 系统中为 200 或伺服调整画面的 ALARM1）的#7 位值是否为"1"来判断。然后判别是电动机过热还是伺服放大器过热，可以通过系统诊断号（FANUC 0C/0D 系统中为 730～733，FANUC 16/18/21/0i-A 系统中为 201 或伺服调整画面的 ALARM2）的#7 位值是"1"还是"0"来判定。如果该位值为"1"，则为电动机过热；如果该位值为"0"，则为放大器过热。

FANUC 16i/18i/21i/0i-B/0i-C 系统中，430 号伺服报警为伺服电动机过热，431 号伺服报警为伺服放大器过热。

（3）故障产生原因

1）电动机过热。

① 机械传动故障引起电动机过载，如电动机与丝杠连接故障、滚珠丝杠螺母副及滚珠丝杠固定与支承部件故障等。

② 伺服电动机本身的故障引起电动机过载，如伺服电动机绝缘不良（匝间短路）、三相电流不平衡及电动机热敏电阻不良等。

③ 伺服电动机额定电流和过载检测参数设定错误，需进行伺服电动机参数初始化设定。

2）伺服放大器过热。

① 伺服放大器散热条件变差，如散热风扇不良、通风道不畅通。

② 放大器伺服过载检测电路不良，如放大器过热监控电路和热敏电阻不良（可以用同等规格放大器对调法进行判别）。

③ 系统伺服参数设定错误或伺服软件不良，需进行伺服参数初始化。

④ 伺服放大器智能功率模块不良或系统轴板故障。

2. 伺服不能就绪报警（报警号 401）

当系统显示报警号形式为"4××"时，应先排除其他的伺服故障，因为其他伺服报警也会导致伺服不能就绪，从而出现 401 号。当排除其他伺服故障报警后，再排除 401 号报警。

（1）系统检测原理　当系统的轴控制电路（轴卡）正常时，它就向伺服驱动装置发出 PRDY 信号（*MCON）。当伺服驱动装置接收到该信号后，如果伺服驱动装置工作正常，则伺服装置内部的继电器 MCC 获电动作，一方面接通伺服主回路，另一方面通过伺服装置向系统发出 DRDY 信号。当系统接收到来自伺服装置的 DRDY 信号（伺服就绪）后，发出伺服使能信号，此时伺服装置准备接收来自轴卡的控制信号。如果系统轴卡电路发出 PRDY 信号而得不到伺服就绪 DRDY 信号时，系统就会产生 401 号报警。

（2）故障产生的原因　当发生该故障时，首先要确认系统急停按钮是否处于释放状态。如果处于急停状态，伺服装置就不能正常工作，这一点请注意。

1）伺服放大器故障。故障原因主要有：连接电缆或光缆故障；伺服装置的继电器（MCC）控制回路或线圈本身故障；内部控制回路或检测电路故障。

2）系统轴控制电路（轴卡）故障。

（3）故障的诊断方法

1）采用使能信号短接的方法来判别故障所在部位。具体的做法是短接 α 系列伺服模块或伺服单元中伺服信号接口 JS1B/JV1B 的引脚 8 和 9，如果伺服放大器状态显示窗口由"—"变成"0"，则故障为系统轴控制电路（轴卡）；如果伺服放大器还是显示"—"，则故障为放大器本身。

【例 4-6】某数控机床系统为 FANUC 0D，伺服装置采用伺服单元，系统显示 401 号报警，伺服单元状态显示窗口显示"—"。

解： 根据前述故障诊断方法和故障现象，采用使能信号短接法来判别故障所在部位。具体做法是：拆下伺服单元伺服信号接口电缆，把 JV1B（JV2B）的引脚 8~10 短接后，接上电源（三相 200V），伺服放大器还是显示"—"，则故障为放大器本身。用电压表测量控制电路，有电压输出，说明伺服单元的辅助电路和检测电路都正常，故障可能在继电器（MCC）线圈回路，仔细检查后发现 MCC 线圈的一个焊点虚焊。焊好虚焊点，系统恢复正常，故障排除。

通过该例故障分析可以看出，数控机床有些故障可以采用信号短接的方法进行故障诊断与排除，这样能够比较准确地判断故障发生的具体部位，但要求维修人员必须清楚系统的信号流程及各接头的引脚功能。

2）采用伺服参数屏蔽法判别故障所在具体部位。具体做法是通过伺服参数屏蔽伺服放大器或伺服轴，如果故障消失则为放大器故障，如果故障还存在则为系统轴板故障。

采用 FANUC 系统的 αi 和 βi 放大器驱动时，如果一个放大器驱动一台电动机，可以屏蔽伺服放大器，具体做法是将该轴参数的 1023 设定为"-1"。如果一个放大器驱动两台电动机，可以屏蔽伺服轴，具体做法是将轴参数 2009#0 设定为"1"，系统参数 2165 设为"0"（放大器最大电流），轴伺服电动机反馈电缆接口 JF1（引脚 11 和 12）短接。

需要注意的是，FANUC 0C/0D/16/18/21/0i-A 系统采用的伺服放大器为 α 系列放大器，只能进行伺服放大器的屏蔽，而不能进行轴的屏蔽。

3）采用同规格伺服放大器对调法进行故障的判断。具体做法是将放大器的控制电路板对调，如果故障消失，则为伺服放大器故障，如果故障还存在，则为系统轴卡故障。

【例 4-7】 某四轴立式加工中心采用 FANUC 0i-MD 系统，X 轴和 Y 轴由一个放大器驱动，Z 轴和 A 轴也采用一个放大器驱动，加工中系统出现伺服不就绪报警（401 号 A 轴伺服不就绪）。

解：通过屏蔽伺服轴进行故障的判别，具体做法是：将第四轴参数 2009#0 设定为"1"，系统参数 2165 设为"0"（放大器最大电流），轴伺服电动机反馈电缆接口 JF2（引脚 11 和 12）短接。系统上电，故障消失，而且 X 轴、Y 轴和 Z 轴都可以移动，说明故障在伺服放大器。更换相同的伺服放大器的控制电路板，并恢复屏蔽的系统参数，机床恢复正常工作。

4.6.2 伺服移动误差过大报警和伺服停止误差过大报警

1. 伺服移动误差过大报警（FANUC 0C/0D 系统中为 $4n1$ 号报警，FANUC 16/18/21/0i-A 系统中为 411 号报警）

（1）系统检测原理 当系统发出移动指令时，系统的位置偏差计数器（FANUC 0C/0D 系统中的诊断号为 800~803，FANUC 16/18/21/0i-A 系统中的诊断号为 300）的偏差值超过了系统参数（FANUC 0C/0D 系统中为 504~507，FANUC 16/18/21/0i-A 系统中为 1828）所设定的数值，系统发出移动误差过大报警。

（2）故障原因及判别方法

如果给出移动指令而机床不移动，则故障原因可能是：

1）机械传动卡死。
2）如果故障发生在垂直轴控制时，则故障为伺服电动机的电磁制动回路。
3）伺服电动机及动力线有断相故障或伺服电动机的动力线连接错误。
4）伺服放大器本身有故障。

如果为给出移动指令且机床移动后产生的移动误差过大报警，则产生故障的可能原因是：

1）系统软件故障。伺服参数设定不当（移动误差检测标准参数及伺服回路增益设定过低）或伺服软件不良。
2）硬件故障。
① 机械传动间隙过大或导轨润滑不良。
② 伺服电动机编码器及系统有故障。
③ 伺服放大器不良。

2. 伺服停止误差过大报警（FANUC 0C/0D 系统中为 $4n0$ 号报警，FANUC 16/18/21/0i-A 系统中为 410 号报警）

（1）系统检测原理 当系统发出停止移动指令时，系统的位置偏差计数器的偏差值超过了系统参数（FANUC 0C/0D 系统中为 593~596，FANUC 16/18/21/0i-A 系统中为 1829）所设定的数值，系统发出停止误差过大报警。

（2）故障原因及判别方法

如果是垂直轴，则故障原因可能是：

1）伺服电动机及动力电缆断相故障或伺服电动机的动力线连接错误。

2）伺服放大器故障。

3）该轴的伺服控制板不良。

如果不是垂直轴，则故障产生的可能原因是：

1）系统软件故障。伺服参数设定不当（停止误差检测标准参数）或伺服软件不良。

2）系统硬件故障。伺服放大器故障或系统伺服控制板不良。

4.6.3 伺服综合报警

1. 系统报警的诊断方法

伺服系统出现过电流、异常电流、高电压、低电压及直流放电回路故障都会导致伺服综合报警（FANUC 0C/0D 系统中的报警号为 4n4，FANUC 16/18/21/0i-A 系统中的报警号为 414）。当出现伺服综合报警时，首先通过系统诊断号（FANUC 0C/0D 系统中诊断号为720~723，FANUC 16/18/21/0i-A 系统中诊断号为 200）或伺服调整画面中的 ALARM1 参数来判别故障来源，然后分析故障具体原因并排除故障。

系统诊断号：200

#7	#6	#5	#4	#3	#2	#1	#0
	LV	OVC	HCA	HVA	DCA		

系统正常工作时，诊断号 200 中的各位均为"0"；当系统出现伺服综合报警时，诊断号的某位变为"1"。LV 为"1"说明伺服低电压引起报警，OVC 为"1"说明伺服过电流引起报警，HCA 为"1"说明伺服异常电流引起报警，HVA 为"1"说明伺服高电压引起报警，DCA 为"1"说明伺服直流放电回路异常引起报警。

2. 故障产生原因分析

（1）#5（OVC）为"1"

1）系统检测原理。伺服放大器的实际输出电流值超过伺服电动机额定电流的 1.5 倍（时间累计为 1min）。

2）故障原因及实际处理方法。

① 系统参数设定错误或伺服软件不良。应进行伺服参数初始化操作，恢复电动机标准参数。

② 机械传动故障，如配合过紧、润滑不良、丝杠和轴承损坏等。应对机械部件进行重新调整或修理。

③ 切削负载过大或切削参数不合理。若加工中故障每次都发生在同一程序段，则需修改加工工艺。

④ 伺服电动机或连接电缆短路。用钳型电流表测量三相平衡电流或用电桥测量伺服电动机三相平衡电阻，更换电动机或连接电缆。

⑤ 伺服放大器故障。应更换伺服放大器。

(2) #4 (HCA) 为 "1"

1) 系统检测原理。伺服放大器的实际输出电流值超过放大器最大输出电流的 2 倍以上。

2) 故障原因及实际处理方法。

① 系统参数设定错误或伺服软件不良。应进行伺服参数初始化操作，恢复电动机标准参数。

② 机械传动卡死故障及垂直轴电动机制动控制电路故障。应对机械部件进行重新调整或修理，检查垂直轴电动机制动控制电路并修复故障部位。

③ 伺服电动机或连接电缆短路。用绝缘电阻表测量电动机绝缘电阻，更换电动机或连接电缆。

④ 伺服放大器故障，包括伺服放大器逆变块短路、控制电路及接口短路。可以通过对换电动机指令线和动力线来进行控制电路板的判别，然后排除故障。

⑤ 伺服电动机内装编码器+5V 电路短路。通过对换编码器反馈电缆线接口进行故障的判别并进行故障排除。

(3) #3 (HVA) 为 "1"

1) 系统检测原理。伺服放大器的 DC300V 电压超过标准电压（一般为 400V）。

2) 故障原因及实际处理方法。

① 系统参数设定错误或伺服软件不良。应进行伺服参数初始化操作，恢复电动机标准参数。

② 伺服放大器控制电路板故障。应更换伺服放大器控制电路板。

(4) #6 (LV) 为 "1"

1) 系统检测原理。伺服放大器的 DC300V 电压低于标准电压（一般为 240V）。

2) 故障原因及实际处理方法。

① 系统参数设定错误或伺服软件不良。应进行伺服参数初始化操作，恢复电动机标准参数。

② 伺服放大器控制电路板故障。应更换伺服放大器控制电路板。

(5) #2 (DCA) 为 "1"

1) 系统检测原理。系统伺服装置为伺服单元时，伺服进给电动机减速过程中的再生能量不能快速放电，从而引起直流主回路过电压报警。

2) 故障原因及实际处理方法。

① 系统参数设定错误或伺服软件不良。应进行伺服参数初始化操作，恢复电动机标准参数。

② 外接制动电阻故障或接触不良。应更换外接制动电阻。

③ 伺服放大器控制电路板故障。应更换伺服放大器控制电路板。

4.6.4 伺服反馈断线报警和伺服参数设定错误报警

1. 位置反馈断线报警（FANUC 0C/0D 系统中为 $4n6$ 号报警，FANUC 16/18/21/0i-A 系统中为 416 号报警）

如果数控机床采用全闭环控制（位置检测装置为光栅尺）或半闭环控制（位置检测装

置为独立旋转编码器），当反馈信号异常时，系统会发生该报警。

（1）系统检查原理　系统伺服反馈断线故障报警根据产生的原因不同，分为硬件断线报警和软件断线报警。

1）硬件断线报警。当使用分离型脉冲编码器（光栅尺）时，该故障信息是由硬件检测电路进行检查的，如图 4-16 所示。当分离型位置反馈信号异常时，系统发生硬件断线报警。

2）软件断线报警。系统的连接基本正常，但由于机械传动机构的反向间隙过大，引起伺服电动机侧的反馈脉冲数与分离型编码器反馈脉冲数的偏差超过标准设定值，产生伺服反馈软件断线报警。

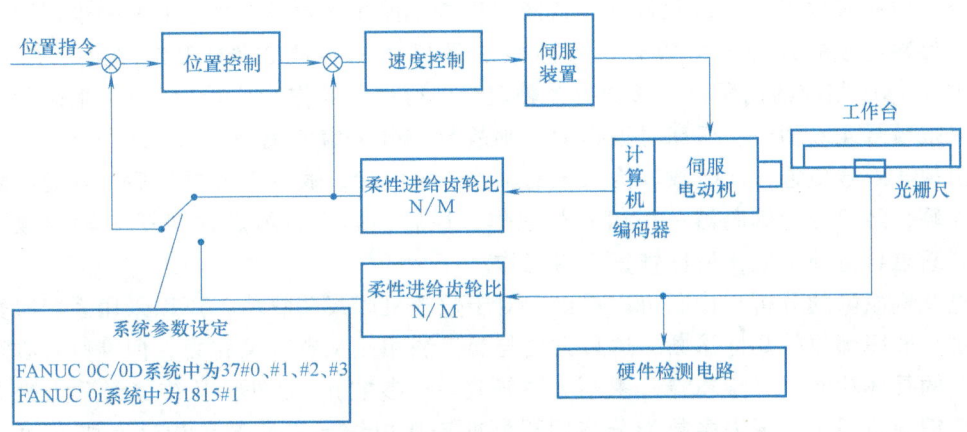

图 4-16　数控系统伺服位置反馈断线检查原理

（2）故障诊断方法　通过系统的诊断功能来判断伺服位置反馈断线是硬件断线还是软件断线，具体方法如下：

FANUC 0C/0D 系统中的反馈断线诊断号为 730～733（分别是第一～四轴的诊断号）。FANUC 16/18/21/0i-A 系统中的反馈断线诊断号为 201，伺服调整画面参数为 ALARM2。

	#7	#6	#5	#4	#3	#2	#1	#0
系统诊断号	ALD			ESP				
	1			1——硬件断线故障				
	0			0——软件断线故障				

（3）故障原因和处理方法

1）产生硬件断线故障的可能原因和处理方法。分离型位置反馈装置的电缆连接线接触不良或断线；分离型位置反馈装置的电源电压偏低或没有；分离型位置反馈装置本身不良；系统轴板（FANUC 0C/0D 系统）或系统伺服模块（FANUC 16/18/21/0i-A 系统）故障。

目前，工厂多数采用交换法来判别故障是在分离位置检测装置侧（包括连接电缆）还是在系统轴板或伺服装置侧。具体办法是把两个驱动形式相同的伺服进给轴的连接电缆插头对调，看故障报警是否转移到另一个进给轴上。如果故障报警转移，则故障在分离型位置反馈装置侧；如果故障报警不转移，则故障在系统轴板或伺服装置侧。

2）产生软件断线故障的可能原因和处理方法。伺服进给电动机与丝杠连接松动；机械传动机构的反向间隙过大。可通过调整机械来排除该故障。在精度要求不高的场合，也可以通过修改系统检测标准参数使机床工作，如在 FANUC 0C/0D 系统中将标准参数 8n03#1 设为"1"，将标准检查参数 8n64 设定为"8"（标准为"4"）。

【例 4-8】 某卧式数控车床，数控系统采用 FANUC 0-TD 系列。由于 Z 轴进给电动机与 Z 轴丝杠不是同轴相连，为了提高机床的加工精度，在 Z 轴丝杠的端部安装独立脉冲编码器（2000 脉冲/r）。加工中，机床出现了 426 号报警。

解：根据前面讲过的内容，首先判别是硬件断线故障还是软件断线故障。通过系统诊断号 731#7 ~ #4 检查，结果发现#7 和#4 均为"1"，说明系统出现了硬件断线故障。又根据硬件断线的故障原因分析，机床出现 426 号报警，可能是独立编码器侧（包括连接电缆）故障和系统轴控制板故障（系统软件问题或断线检查电路本身异常）。为了进一步判别故障部位，采用参数封锁的方法进行检查。具体做法是将系统参数 37#1 改为"0"（原设定为"1"），同时修改相应的伺服设定参数（Z 轴改为串行编码器作为位置检测），系统断电再送电。如果报警号 426 消失，机床可以运动，则故障在分离编码器侧。如果系统重新上电后，系统仍出现 426 号报警，此时故障为系统的轴控制板故障。通过上面操作后，发现故障在独立编码器侧，经检查为编码器一根信号线虚焊。最后，焊好虚焊点并恢复 Z 轴伺服设定参数，系统断电再重新上电，机床恢复正常工作。

通过此例故障的分析与诊断可以看出，对于数控机床某些故障，可以采用系统参数封锁的方法进行故障部位的具体诊断，这种方法与交换法相比又省时又省力，但维修者必须清楚系统参数的具体功能（一般机床厂家不允许修改系统参数）。另外，从维修经验上来看，系统出现反馈断线报警，原因多数为分离编码器的连接电缆或检测装置内部有脏东西（位置检测装置为光栅尺）。

2. 伺服参数设定错误报警（FANUC 0C/0D 系统中为 4n7 号报警，FANUC 16/18/21/0i-A 系统中为 417 号报警）

（1）系统检测原理 当伺服参数设定超过设定范围、参数与机床设定不符及伺服软件不良时，系统通过参数观察器发出伺服参数异常报警。

（2）产生故障的原因

1）伺服电动机型号参数设定超过规定范围（FANUC 0C/0D 系统的电动机型号参数为 8n20，FANUC 16/18/21/0i-A 系统的电动机型号参数为 2020）。

2）伺服电动机旋转方向参数设定了 111 或 -111 以外的数值（FANUC 0C/0D 系统的该参数为 8n22，FANUC 16/18/21/0i-A 系统的该参数为 2022）。

3）电动机速度反馈脉冲数参数设定为"0"或小于 0 的数值（FANUC 0C/0D 系统的该参数为 8n23，FANUC 16/18/21/0i-A 系统的该参数为 2023）。

4）电动机位置反馈脉冲数参数设定为"0"或小于 0 的数值（FANUC 0C/0D 系统的该参数为 8n24，FANUC 16/18/21/0i-A 系统的该参数为 2024）。

5）伺服柔性进给齿轮 N/M 控制形式设定与实际机床控制不符，如实际机床采用全闭环控制形式，而系统伺服参数 N/M 按半闭环控制形式设定（FANUC 0C/0D 系统的柔性进给齿轮比参数为 8n84 和 8n85，FANUC 16/18/21/0i-A 系统的柔性进给齿轮比参数为 2084 和 2085）。

6）在 FANUC 16/18/21/0i-A 系统中，伺服轴参数 1023 设定值超过了设定范围，或是不连续的值。

（3）故障处理方法 实际数控机床出现伺服参数设定错误报警时，一般需要重新设定伺服参数,并对系统进行伺服参数初始化操作,就可以排除故障。如果经过处理后故障仍然存在,则故障为系统伺服放大器故障、系统伺服轴控制板(伺服控制模块)故障。

FANUC 16i/18i/21i/0i-B/0i-C 系统伺服报警号、报警信息及报警内容见表 4-3。

表 4-3　FANUC 16i/18i/21i/0i-B/0i-C 系统伺服报警号、报警信息及报警内容

报警号	报 警 信 息	报 警 内 容
401	SERVO ALARM:n-AXIS VRDY OFF	$n(n=1\sim4)$ 轴的伺服放大器准备好信号(DRDY)为"OFF"
402	SERVO ALARM:SV CARD NOT EXIST	没有提供轴控制卡
403	SERVO ALARM:CARD/SOFT MISMATCH	轴控制卡与伺服软件的搭配不合适 可能的原因如下: 1)没有提供正确的轴控制卡 2)快闪存储器中没有安装正确的伺服软件
404	SERVO ALARM:n-AXIS VRDY ON	轴卡的准备好信号(MCON)为"OFF",而伺服放大器的准备好信号(DRDY)为"ON"。或者电源接通时 MCON 为"OFF",但 DRDY 仍是"ON"。请确认伺服模块接口和伺服放大器的连接
405	SERVO ALARM:(ZERO POINT RETURN FAULT)	位置控制系统异常。由于返回参考点时数控系统内部或伺服系统异常,可能未正确返回。需重新手动返回参考点
407	SERVO ALARM:EXCESS ERROR	在简易同步控制中出现以下异常:同步轴之间的位置偏差量超过了参数(No.8314)设定的值
409	TORQUEALM:EXCESS ERROR	伺服电动机出现异常负载,或 C_S 方式中主轴电动机出现异常负载
410	SERVO ALARM:n-AXIS-EXCESS ERROR	发生以下异常: 1)n 轴停止中的位置偏差量超过参数(No.1829)设定的值 2)简易同步控制中,同步时的最大补偿量超过参数(No.8325)设定的值。此报警只发生在从动轴
411	SERVO ALARM:n-AXIS-EXCESS ERROR	$n(1\sim8)$ 轴移动中的位置偏差量大于设定值
413	SERVO ALARM:n-AXIS-LSI OVERFLOW	$n(1\sim8)$ 轴误差寄存器的内容超出 ± 231 的范围。这种错误通常是由于参数设定错误造成的
415	SERVO ALARM:n-AXIS-EXCESS SHIFT	在 $n(1\sim8)$ 轴指定了大于 524288000 检测单位/s 的速度。此错误是因 CMR 设定错误造成的
420	SERVO ALARM:n AXIS SYNC TORQUE	简易同步控制中,主动轴与从动轴力矩指令差超过了参数设定值(No.2031)
421	SERVO ALARM:n AXIS EXCESS ER(D)	使用双位置反馈功能时,半闭环误差与全闭环误差的差值过大。请确认双位置变换(参数 No.2078、No.2079)的设定值
422	SERVO ALARM:n AXIS	在 PMC 轴的力矩控制中,速度超出允许的范围
417	SERVO ALARM:n-TH AXIS PARAMETER INCORRECT	当第 $n(1\sim8)$ 轴处在下列状况之一时发生此报警(数字伺服系统报警): 1)参数 No.2020(电动机形式)设定在特定限制范围以外

(续)

报警号	报警信息	报警内容
417	SERVO ALARM:n-TH AXIS PARAMETER INCORRECT	2)参数 No.2022(电动机旋转方向)没有设定正确值(111 或 -111) 3)参数 No.2023(电动机一转的速度反馈脉冲数)设定了非法数据(例如小于 0 的值) 4)参数 No.2024(电动机一转的位置反馈脉冲数)设定了非法数据(例如小于 0 的值) 5)参数 No.2084 和参数 No.2055(柔性进给齿轮比)没有设定 6)参数 No.1023(伺服轴数)设定了超出范围(1 到伺服轴数)的值,或是设定了范围内不连续的值或设定隔离的值(例如只有 3 轴,而设定为"4")
423	SERVO ALARM:n AXIS	在 PMC 轴的力矩控制中,超过了参数设定的允许的移动累计值
430	n AXIS:SV. MOTOR OVERHEAT	伺服电动机过热
431	n AXIS:CNV. OVERLOAD	1)PSM:发生过热 2)β 系列 SVU:发生过热
432	n AXIS:CNV. LOWVOLT CON.	1)PSM:控制电源电压降低 2)PSMR:控制电源电压降低 3)β 系列 SVU:控制电源电压降低
433	n AXIS:CNV. LOWVOLT DC LINK	1)PSM:DC Link 电压降低 2)PSMR:DC Link 电压降低 3)α 系列 SVU:DC Link 电压降低 4)β 系列 SVU:DC Link 电压降低
434	n AXIS:INV. LOWVOLT CONTROL	SVM:控制电源电压降低
435	n AXIS:INV. LOWVOLT DC LINK	SVM:DC Link 电压降低
436	n AXIS:SOFTTHERMAL(OVC)	数字伺服软件检测到过热(OVC)
437	n AXIS:CNV. OVERCURRENT POWER	PSM:输入回路流入高电流
438	n AXIS:INV. ABNORMAL CURRENT	1)SVM:电动机电流过高 2)α 系列 SVU:电动机电流过高 3)β 系列 SVU:电动机电流过高
439	n AXIS:CNV. OVERVOLT POWER	1)PSM:DC Link 电压过高 2)PSMR:DC Link 电压过高 3)α 系列 SVU:DC Link 电压过高 4)β 系列 SVU:DC Link 电压过高
440	n AXIS:CNV. EXDECELERATION POW.	1)PSMR:再生放电总量过大 2)α 系列 SVU:再生放电总量过大,或再生放电回路异常

（续）

报警号	报警信息	报警内容
441	n AXIS:ABNORMAL CURRENT OFFSET	数字伺服软件检测到电动机电流检测回路异常
442	n AXIS:CNV.CHARGE FAULT	1）PSM：DC Link 的备用放电回路异常 2）PSMR：DC Link 的备用放电回路异常
443	n AXIS:CNV.COOLING FAN FAILURE	1）PSM：内部风扇不转 2）PSMR：内部风扇不转 3）β 系列 SVU：内部风扇不转
444	n AXIS:INV.COOLING FAN FAILURE	SVM：内部风扇不转
445	n AXIS:SOFT DISCONNECT ALARM	数字伺服软件检测到某脉冲编码器断线
446	n AXIS:HARD DISCONNECT ALARM	硬件检测到内置脉冲编码器断线
447	n AXIS:HARD DISCONNECT(EXT)	硬件检测到分离型检测器断线
448	n AXIS:UNMATCHED FEEDBACK ALARM	内置脉冲编码器的反馈数据标记与分离型检测器的反馈数据标记不同
449	n AXIS:INV.IPM ALARM	1）SVM：智能电源模块检测到一个报警 2）α 系列 SVU：智能电源模块检测到一个报警
453	n AXIS:SPC SOFT DISCONNECT ALARM	α 脉冲编码器未连接软件报警 解决办法：关闭 CNC 电源，然后移动接插脉冲编码器电缆。如果仍发生报警，更换脉冲编码器
456	ILLEGAL CURRENT LOOP	电流控制循环设定（参数 No.2004、参数 No.2003 的第 0 位和参数 No.2013 的第 0 位）不正确。可能的原因如下： 1）对于两个轴，伺服轴号（参数 No.1023 中设定）为奇数后面跟一个偶数（例如，一对轴 1 和 2，轴 5 和 6），每个轴设定了不同的当前控制循环 2）设定电流控制循环所必需的伺服设定，包括数量、类型，以及它们之间的连接方式，不满足需要
457	ILLEGAL HI HRV(250μS)	即使电流控制循环为 200μs，仍然指定使用高速 HRV
458	CURRENT LOOP ERROR	电流控制循环设定与实际当前控制循环不匹配
461	n AXIS:ILLEGAL AMP INTERFACE	2 轴放大器的轴被分配到快速类型接口
459	HI HRV SETTING ERROR	对于两个轴，伺服轴号（参数 No.1023 中设定）为奇数后面跟一个偶数（例如，一对轴 1 和 2，轴 5 和 6），其中一个轴的 SVM 支持高速 HRV 控制，但是另一个轴的 SVM 不支持高速 HRV 控制。查看 SVM 的规格
460	n AXIS:FSSB DISCONNECT	FSSB 通信突然中断。可能的原因如下： 1）FSSB 传输电缆未连接或断线 2）放大器电源突然断电 3）放大器发生低电压

(续)

报警号	报警信息	报警内容
462	n AXIS:SEND CNC DATA FAILED	由于 FSSB 通信错误,导致驱动不能接收到正确数据
463	n AXIS:SEND SLAVE DATA FAILED	由于 FSSB 通信错误,导致伺服系统不能接收到正确数据
464	n AXIS:WRITE ID DATA FAILED	尝试在放大器维修画面写入维修信息,但是失败了
465	n AXIS:READ ID DATA FAILED	开机时,放大器初始 ID 信息不能被读取
466	n AXIS:MOTOR/AMP COMBINATION	放大器的最大电流值与电动机不匹配
467	n AXIS:ILLEGAL SETTING OF AXIS	在轴设定画面中,当一个轴指定占用一个信号 DSP（通常对应两个轴）时,下列的伺服功能没有打开： 1）学习控制（参数 No. 2008#5 = 1） 2）高速电流环（参数 No. 2004#0 = 1） 3）高速接口轴（参数 No. 2005#4 = 1）
468	HI HRV SETTING ERROR(AMP)	一个放大器的某个控制轴指定使用高速 HRV,但是放大器不支持高速 HRV

4.7 进给伺服系统位置检测装置报警及故障维修

进给伺服系统位置检测装置按工作原理不同分为绝对编码器和相对编码器（增量式编码器）；按连接形式不同分为伺服电动机内装编码器的检测装置和分离型检测装置。图 4-17 所示为数控机床进给伺服系统位置检测装置。FANUC 系统不仅可诊断出伺服电动机内装编码器报警,而且还可诊断出分离型编码器报警,并通过报警号与报警信息加以显示,系统故障诊断内容具体,为维修提供了详细故障信息。

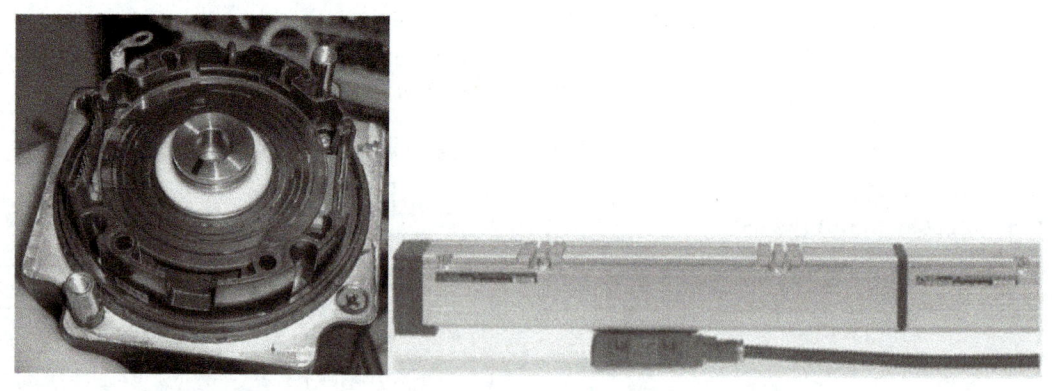

a) 伺服电动机内装编码器   b) 分离型检测装置(光栅尺)

图 4-17 数控机床进给伺服系统位置检测装置

4.7.1 伺服电动机内装编码器报警及故障维修

通过伺服电动机内装编码器实现进给伺服的位置和速度反馈控制,属于半闭环控制。内装编码器有增量式和绝对式两种，采用增量式编码器时，机床位置是靠系统电池记忆的，但记忆的坐标值是机床断电器的位置。由于增量式编码器上电时只与系统进行通信而不进行数据的交换，不更新机床的坐标值，所以安装增量式编码器的数控机床开机时必须进行返回机床参考点操作。采用绝对编码器时，系统开机时不仅与编码器进行通信，而且还进行数据交换，更新机床坐标值，使系统机械坐标值与机床实际位置保持一致，所以安装绝对编码器的数控机床开机时可以不需要进行返回机床参考点操作。

目前伺服电动机内装编码器数据传输采用串行数据传输，当编码器传输出错或异常时，系统相应发出报警号及相关报警信息。

FANUC 0C/0D 系统中，伺服电动机内装编码器报警号为 $3n9$（串行编码器通信报警，n 为伺服轴号）。FANUC 16/18/21/0i-A 系统中，该报警号为 350（串行编码器异常报警）和 351（串行编码器通信异常）。FANUC 16i/18i/21i/0i-B/0i-C 系统中串行编码器报警号及报警内容见表 4-4。

表 4-4 FANUC 16i/18i/21i/0i-B/0i-C 系统中串行编码器报警号及报警内容

报警号	报警信息	报警内容
360	n AXIS;ABNORMAL CHECKSUM(INT)	内装脉冲编码器发生校验错误
361	n AXIS;ABNORMAL PHASE DATA(INT)	内装脉冲编码器发生相位数据错误
362	n AXIS;ABNORMAL REV. DATA(INT)	内装脉冲编码器发生一转计数错误
363	n AXIS;ABNORMAL CLOCK(INT)	内装脉冲编码器发生时钟错误
364	n AXIS;SOFT PHASE ALARM(INT)	数字伺服软件检测到内装脉冲编码器的无效数据
365	n AXIS;BROKEN LED(INT)	内装脉冲编码器发生 LED 错误
366	n AXIS;PULSE MISS(INT)	内装脉冲编码器发生脉冲错误
367	n AXIS;COUNT MISS(INT)	内装脉冲编码器发生计数错误
368	n AXIS;SERIAL DATA ERROR(INT)	内装脉冲编码器发出的传输数据无法接收
369	n AXIS;DATA TRANS. ERROR(INT)	从内装脉冲编码器接收的数据发生 CRC 或停止位错误

当系统出现报警时，可以通过系统诊断号进行故障原因的判别。FANUC 0C/0D 系统的诊断号为 760~767、770~777，FANUC 16/16i/18/18i/21/21i/0i 系统的诊断号为 202、203。也可以通过系统伺服诊断画面的诊断号 ALARM3、ALARM4 进行判别。

	#7	#6	#5	#4	#3	#2	#1	#0
系统诊断号（ALARM3）		CSA		PHA	RCA		CKA	SPH

#6（CSA）为"1"：发生诊断和报警。
#4（PHA）为"1"：发生相位数据异常报警。
#3（RCA）为"1"：发生速度计数异常报警。
#1（CKA）为"1"：发生时钟报警。
#0（SPH）为"1"：发生软相位数据异常报警。

当出现此类故障时，对系统断电再重新送电，如果上述诊断功能检查的诊断数据相同，则可能是串行脉冲编码器出故障。如果诊断结果不一样或检测到其他异常情况，则可能是某种外部干扰引起的故障。

系统诊断号 （ALARM4）	#7	#6	#5	#4	#3	#2	#1	#0
	DTE	CRC	STB					

#7（DTE）为"1"：串行脉冲编码器无响应报警。

#6（CRC）：产生串行通信错误报警。

#5（STB）：产生停止位错误报警。

系统产生故障的可能原因有编码器连接电缆不良、串行脉冲编码器本身故障、编码器控制电路+5V电压不足、伺服放大器控制电路板不良及系统轴板出故障。

故障的具体诊断方法：

1. 对调伺服放大器上的编码器电缆接头，看故障是否转移

如果对调以后故障转移到另一个轴，说明故障在编码器侧，原因可能是编码器连接电缆不良或接口插头故障、编码器本身故障（如编码器内部电路+5V电源电压低、控制电路板不良或玻璃板脏等）。

如果对调以后故障现象没有转移到另一个轴（还是该轴报警），说明故障在伺服放大器控制电路板或系统轴板上。

2. 对调同规格的伺服放大器控制电路板来判别伺服放大器和系统轴板故障

对调伺服放大器控制电路板后，故障转移到另一个伺服轴，则故障在伺服放大器控制电路板上；如果对调后，故障不转移，则故障在系统伺服轴板上。

3. 系统主板不良或系统伺服参数存储软件不良

进行伺服参数初始化，故障解除，说明故障为伺服参数存储软件不良；伺服参数初始化后，故障不能消除，则故障为系统主板不良。

4.7.2 绝对位置检测装置报警及故障维修

伺服系统采用绝对位置检测装置时，系统断电后由备用电池（标准为DC6V）记忆位置。绝对位置检测装置可以是伺服电动机内装编码器、外接独立编码器及光栅尺。表4-5为FANUC系统绝对脉冲编码器的报警号及报警内容。

表4-5 FANUC系统绝对脉冲编码器的报警号及报警内容

报警号	报警信息	报警内容
300	APC alarm: n-axis origin return	$n(1\sim4)$轴位置丢失报警，进行手动返回参考点
301	APC alarm: n-axis communication	$n(1\sim4)$轴APC通信错误（数据传送异常）。APC、电缆或伺服接口模块不良
302	APC alarm: n-axis over time	$n(1\sim4)$轴超时错误（数据传送异常）。APC、电缆或伺服接口模块不良
303	APC alarm: n-axis framing	$n(1\sim4)$轴APC成帧错误（数据传送异常）。APC、电缆或伺服接口模块不良
304	APC alarm: n-axis parity	$n(1\sim4)$轴APC奇偶错误（数据传送异常）。APC、电缆或伺服接口模块不良

(续)

报警号	报警信息	报警内容
305	APC alarm:n-axis pulse error	n（1~4）轴 APC 脉冲错误报警（APC 报警）。APC 或电缆不良
306	APC alarm:n-axis battery voltage 0	n（1~4）轴 APC 电池电压已降低到不能保持数据的程度（APC 报警）。电池或电缆不良
307	APC alarm:n-axis battery low 1	n（1~4）轴 APC 电池电压降低到需要更换电池的程度（APC 报警）。请更换电池
308	APC alarm:n-axis battery low 2	n（1~4）轴 APC 电池电压已降低到必须更换电池的程度（含电源 OFF 时）

1. 数控机床绝对位置丢失故障（报警号为 300）的原因

1）由于维护不当、绝对位置编码器电池电压不足导致的机床绝对位置丢失。

2）伺服电动机或放大器故障修复后导致机床绝对位置丢失。

3）机械故障拆修后导致机床绝对位置丢失。

4）系统参数覆盖及参数初始化操作导致绝对位置丢失。

2. 数控机床绝对位置丢失故障的处理方法

(1) 无挡块返回参考点控制机床出现绝对位置丢失的处理方法

1）修改系统参数 1815#5（FANUC 16/16i/18/18i/21/21i/0i 系统）为 "0"（FANUC 0C/0D 系统参数为 21#0~#3），此时系统为增量编码器方式。

2）系统断电再重新上电。

3）手动移动各轴到机床的参考点位置。

4）把系统参数 1815#5、#4（FANUC 16/16i/18/18i/21/21i/0i 系统）设定为 "1"（FANUC 0C/0D 系统参数为 22#0~#3）。

5）系统断电再重新上电。

(2) 有挡块返回参考点控制机床出现绝对位置丢失的处理方法

1）修改系统参数 1815#5 为 "0"，此时系统为增量编码器方式。

2）系统断电再重新上电。

3）手动控制各轴到机床的参考点位置。

4）手动移动各轴离开参考点（电动机一转以上位置）。

5）把系统参数 1815#5 设定为 "1"。

6）系统断电再重新上电。

7）手动控制各轴到机床的参考点位置，此时系统参数 1815#4（FANUC 16/16i/18/18i/21/21i/0i 系统）自动变成 "1"（FANUC 0C/0D 系统参数为 22#0~#3）。

(3) 数控机床绝对位置丢失故障修复过程中的注意事项

1）事先掌握数控机床实际出厂时的机床参考点的具体位置。

2）如果机床参考点位置偏移或与出厂实际位置不符，调整后要重新进行机床螺距误差补偿和刀具补偿。

3）如果数控机床为加工中心，还要对换刀点进行重新调整，否则容易出现换刀时撞刀故障。

4）更换绝对位置编码器电池要求在系统通电状态下进行，更换电池后需要断开机床的电源总开关。

4.7.3 分离型检测装置（光栅尺）报警及故障维修

数控机床用光栅尺有两种，一种是直线型光栅尺，另一种是旋转光栅尺。图4-18所示为直线型光栅尺的外观与组成部分，其主要组成部分包括主光栅（标尺光栅）和读数头（指示光栅）。

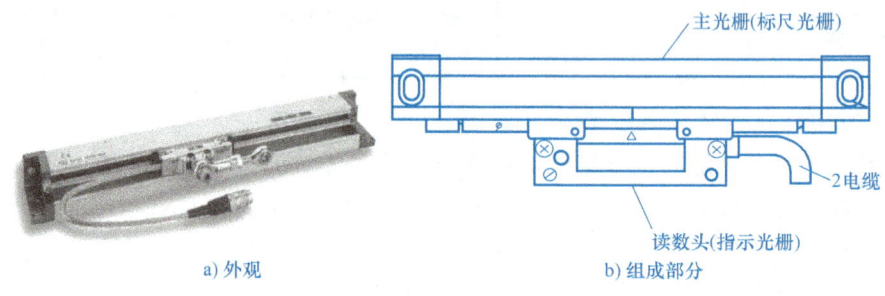

a) 外观　　　　　　　　　　　　b) 组成部分

图4-18　直线型光栅尺的外观与组成部分

FANUC 16/18/21/0i-A系统把光栅尺的信号直接反馈到系统主板进行处理（通过系统主CPU处理）；FANUC 16i/18i/21i/0i-B/0i-C系统把光栅尺的信号反馈到系统的位置模块，通过伺服总线完成与系统轴板的数据交换。表4-6为FANUC 16i/18i/21i/0i-B/0i-C系统分离型检测装置报警号及报警内容。

表4-6　FANUC 16i/18i/21i/0i-B/0i-C系统分离型检测装置报警号及报警内容

报警号	报警信息	报警内容
380	n AXIS;BROKEN LED(EXT)	分离型检测装置的LED错误
381	n AXIS;ABNORMAL PHASE(EXT)	分离型检测装置发生相位数据错误
382	n AXIS;COUNT MISS(EXT)	分离型检测装置发生计数错误
383	n AXIS;PULSE MISS(EXT)	分离型检测装置发生脉冲错误
384	n AXIS;SOFT PHASE ALARM(EXT)	数字伺服软件检测到分离型检测装置的无效数据
385	n AXIS;SERIAL DATA ERROR(EXT)	分离型检测装置发出的传输数据无法接收
386	n AXIS;DATA TRANS. ERROR(EXT)	从分离型检测装置接收的数据发生CRC或停止位错误
387	n AXIS;ABNORMAL ENCODER(EXT)	分离型检测装置发生错误。详情请与光栅尺制造厂家联系

1. 光栅尺常见故障及处理方法

（1）由于维护不当或光栅尺密封不良引起的光栅尺脏　采用规格为3m以上的光栅尺时，从光栅尺盒抽出主光栅进行清洗；采用规格为3m以下的光栅尺时，将读数头卸下，清洗整个光栅盒（带主光栅）。如果光栅尺密封破损则需要更换光栅尺。

（2）读数头不良　清洗读数头上的指示光栅并检查读数头电路板，更换读数头。

（3）读数头连接电缆不良及读数头电源电压（DC5V）低　检查连接电缆是否有断路或接触不良，检查位置模块供电电路故障。

（4）系统位置模块或系统轴板不良（FANUC 16i/18i/21i/0i-B/0i-C系统）　检查后更换

损坏部件。

（5）系统主板不良　更换系统主板。

2. 封闭光栅尺的方法及注意事项

实际中进行故障诊断或应急处理时，经常采取封闭光栅尺的方法。

（1）封闭光栅尺的方法　以 FANUC 16i/18i/21i/0i-B/0i-C 系统为例，封闭光栅尺的方法及具体步骤如下：

1）系统返回参考点的减速功能（参数 1425）：由原来的 100mm/min 改为 200mm/min。

2）系统是否使用反向间隙加速功能（参数 2003#5）：由原来的 1 改为 0。

3）系统双位置反馈功能（参数 2019#7）：由原来的 1 改为 0。

4）系统由全闭环控制变成半闭环控制（参数 1815#1）：由原来的 1 改为 0。

5）按半闭环控制设定伺服参数，包括柔性进给齿轮比 N/M、位置脉冲数、参考计数器容量。

6）振荡抑制系数（参数 2033）：设定为 0。

7）系统断电并重新上电。

（2）封闭光栅尺的注意事项

1）机床的参考点位置发生变化，加工工件坐标系发生变化，尤其是有自动换刀装置、自动对刀器时要重新调整。

2）机床的精度下降后，加工工件的工艺要求是否满足。

3）重新进行机床反向间隙的测量和系统参数的补偿。

4）在封闭光栅尺前应对系统数据进行系列备份，以便封闭后恢复数据。

4.8　数控机床振荡故障诊断与维修

为了提高数控机床的加工精度，全闭环控制方式在越来越多的机床上得到应用。在全闭环控制系统中，位置环的反馈信息来自光栅尺等分离型位置检测装置的机械位置信息，系统根据位置信息来控制机床的机械位置。但全闭环控制的共性问题是机床易发生振荡，当接入全闭环后各坐标轴都有不同程度的振荡现象，有的在停止时出现，有的在加/减速过程中出现，尤其以回转工作台和 Z 轴较为明显。全闭环控制方式中，消除振荡的方法可按下面步骤进行（以 FANUC 0i 系统为例）。

1. 降低位置环增益

参数为 1825，设定时在标准设定值的基础上适当降低并观察。一般情况下，先用此法，如不见效，再采取以下对策。

2. 采用双位置反馈功能

如果机床在半闭环时是平稳的，而在全闭环时有振荡，可用此功能。该功能的原理如图 4-19 所示。

图 4-19 中，Er1 为系统半闭环控制的误差计数器，Er2 为系统全闭环控制的误差计数器，ER 为系统的误差计数器，一阶延时时间常数 $=1/(1+\tau S)$。当 $\tau=0$（停止过程）时，ER = Er1+(Er2−Er1) = Er2，即系统误差为全闭环控制的计数误差；当 $\tau=\infty$（加减速过程）时，ER = Er1，即系统误差为半闭环控制的误差。采用该功能最主要的目的是调整一段时间

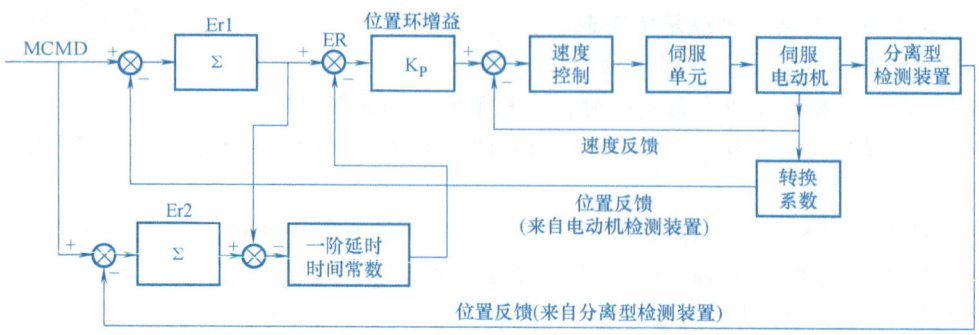

图 4-19 系统双位置反馈功能原理图

常数,使之在过渡过程中位置误差按半闭环控制,而在停止时按全闭环控制。设定参数主要有 2078(双环反馈折合系数的分子)、2079(双环反馈折合系数的分母)、2080(双环反馈一阶延时时间常数)和 2081(双环位置反馈的零点幅度)。例如,丝杠螺距为 8mm,脉冲编码器每脉冲为 1μm 时,设定 2078 = 1,2079 = 125。而参数 2080 的设定范围为 10~300ms,正常情况下设定 2080 = 100ms,如果在加/减速期间有振荡,可每次增加 50ms 进行尝试,如已消除,可在该基础上减少 20ms。需注意的是,联动轴需要设定相同的数据。参数 2081,最初设定为"0",如果停止中出现振荡,可稍加大此设定值。

3. 采用机械速度反馈功能

当电动机与机床之间的扭转变化和机床传动间隙等比较大时,机床机械速度与电动机速度在加/减速过程中将会出现较大的差异,这样很难确保高的位置增益。机械速度反馈功能就是在全闭环系统中把机床自身的速度加入速度控制中,以稳定整个位置环的功能,其原理如图 4-20 所示。

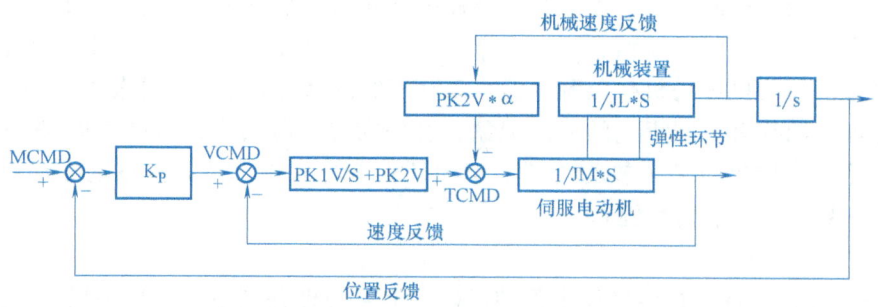

图 4-20 机械速度反馈功能原理

图 4-20 中,PK1V 为速度环的积分增益,PK2V 为速度环的比例增益,α 为机械速度反馈增益,MCMD 为位置指令,VCMD 为速度指令,TCMD 为转矩指令。若在电动机与工作台之间有弹性变形,则全闭环位置反馈响应要慢一些,而速度环反馈是直接取自电动机上的编码器,这时会产生振荡,按图 4-20 所示,如加入机械速度反馈环节来补偿转矩指令,可使机械速度滞后的情况得到改善,从而消除振荡。当参数 2012#1(MSFE)设定为"1"时,该功能有效;参数 2088(机械速度反馈增益)的标准设定为"30"(设定范围为 30~100)。

4. 加入静摩擦补偿控制功能

由于机床的静摩擦大或间隙较大等，机床由停止状态起动时，机械速度上升存在滞后现象，从而引起机床起动时的振荡。该功能是在速度指令上增加补偿数据来减小机床的起动延迟，其控制原理如图 4-21 所示。它与机械速度反馈功能的原理一样，只对电动机编码器的速度反馈的提前量进行阻尼控制，从而达到抑制振动的目的。

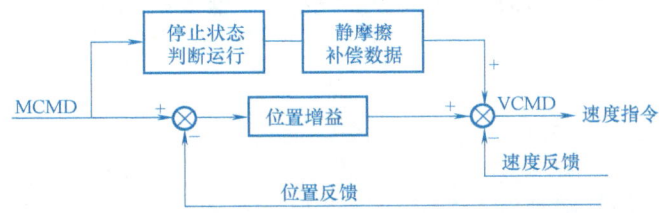

图 4-21 静摩擦补偿控制功能原理

系统参数 2005#7（SFCM）设定为"1"，使系统静摩擦补偿控制功能有效，补偿次数参数 2071 标准设定为"10"（设定范围为 0~32767），静摩擦补偿量参数 2072 设定为"100"（设定范围为 0~32767），停止判定时间参数 2073（停止判定时间=设定值×8ms）设定为 5。

习　题

1. 伺服单元和伺服模块有什么不同？
2. α 系列伺服放大器与 αi 系列伺服放大器控制上有何不同？
3. 伺服电动机的动力线相序接错后，系统会出现什么故障现象？解释其原因。
4. 某卧式数控车床采用 FANUC 0i Mate-TC 系统，已知：X 轴丝杠的螺距为 6mm，且伺服电动机与丝杠按 1∶2 连接；Z 轴丝杠的螺距为 8mm，伺服电动机与丝杠不是直连。为了保证加工精度，在 Z 轴丝杠端部安装了独立位置编码器，每转 2000 脉冲）。如何设定柔性进给齿轮比（N/M）、速度脉冲数、位置脉冲数及参考计数器？
5. 某数控机床采用光栅尺作为位置反馈装置，有时加工中出现伺服位置反馈断线报警，如何进行故障的诊断与排除？
6. 进给伺服电动机过热的故障原因有哪些？如何进行诊断和排除？
7. 某数控铣床的机械重复定位精度满足要求，加工整圆时，误差超过标准值（直线加工正常），分析产生故障的原因及具体调整方法。

第 5 章

主轴驱动系统故障诊断与维修

> **本章导读**
>
> ● 主要内容及教学要求
>
> 1. 介绍了主轴驱动系统的组成、功能、传动方式,要求掌握主轴分段无级变速的换挡方式以及主轴速度控制方式的分类与参数。
>
> 2. 介绍了模拟量控制的主轴驱动装置及维修技术,要求掌握主轴变频器各端子的功能、连接方式、信号种类与参数设定,能够对主轴变频调速控制中的常见故障进行处理。
>
> 3. 介绍了 FANUC 系统串行控制主轴驱动系统的组成、各部分接口与报警处理方法,要求掌握主轴参数设定的流程与界面操作,能够对串行控制主轴驱动系统的常见故障进行处理。
>
> 4. 介绍了主轴准停控制的应用场合、控制装置与参数设定方法,要求能够对主轴准停相关故障进行处理。
>
> 5. 介绍了数控车床主轴编码器的作用与连接方式,要求能够对螺纹加工中的常见故障进行诊断与维修。
>
> ● 重点、难点
>
> 模拟量控制主轴与串行控制主轴的区别、各自控制装置的接口连接与报警处理。

5.1 数控机床主轴驱动系统概述

5.1.1 数控机床主轴驱动系统的组成及功能

数控机床主轴驱动系统包括主轴(驱动)放大器、主轴电动机、传动机构、主轴组件、主轴信号检测装置(见图 5-1)及主轴辅助装置。

(1) 主轴放大器　主轴放大器用于接收系统发出的主轴速度及功能控制信号,实施主轴电动机控制。它可以是变频器,也可以是系统专用的主轴放大器。

(2) 主轴电动机　主轴电动机是主轴驱动的动力来源,它可以是普通电动机、变频专用电动机及系统专用的主轴电动机。

(3) 传动机构　数控机床主轴传动机构主要有三种配置方式,即带变速齿轮的主传动方式、通过带传动的主传动方式及由变速电动机直接驱动的主传动方式。

(4) 主轴组件　主轴组件都是成套的标准组件。加工中心主轴组件包括主轴套筒、主轴、主轴轴承、拉杆、碟形弹簧、拉刀爪等。

a) 主轴放大器　　b) 主轴电动机　　c) 传动机构　　d) 主轴组件　　e) 主轴信号检测装置

图 5-1　数控机床主轴驱动系统的组成

（5）主轴信号检测装置　主轴信号检测装置能够实现主轴的速度和位置反馈，以及主轴功能的信号检测（如主轴定向和刚性攻螺纹控制等），它可以是主轴外置编码器、主轴电动机内装传感器及外接一转信号配合电动机内装传感器检测装置。

（6）主轴辅助装置　辅助装置主要包括主轴刀具锁紧/松开控制装置、主轴自动换档控制装置、主轴冷却和润滑装置等。

5.1.2　数控机床主轴传动配置方式及其特点

1. 普通笼型异步电动机配齿轮变速箱

普通笼型异步电动机配齿轮变速箱是最经济的一种主轴配置方式，电动机可以是单速电动机也可以是双速电动机，通过主轴箱上的变速手柄进行主轴速度的粗调控，系统通过加工程序的特殊 S 代码进行细调（一般每一档内有 4 种 S 代码），但只能实现有级调速。由于电动机始终工作在额定转速下，经齿轮减速后，主轴在低速下输出力矩大，切削能力强，非常适合粗加工和半精加工的要求。如果加工产品比较单一，对主轴转速没有太高的要求，将这种配置方式应用在数控机床上也能获得很好的效果。它的缺点是噪声比较大，而且电动机工作在工频下，主轴转速范围不大，不适合有色金属和需要频繁变换主轴速度的加工场合。普通笼型异步电动机配齿轮变速箱传动方式目前主要用在普通型数控车床的主轴上，如图 5-2 所示。

2. 普通笼型异步电动机配变频器

普通笼型异步电动机配变频器（见图 5-3）一般采用带传动，经过传送带一级减速，提高低速主轴的输出转矩。系统可以通过加工程序指令的 S 代码（主轴速度值）控制主轴速度，从而实现主轴的无级调速。主轴电动机只有工作在约 200r/min 以上才能有比较满意的力矩输出，否则，因为受到普通电动机最高转速的影响，主轴的转速范围受到较大的限制，特别是车床粗加工时很容易出现堵转。

这种配置方式适用于需要无级调速但对低速和高速都不要求的场合，如普通型数控车床主轴速度控制。

3. 三相异步电动机配齿轮变速箱及变频器

采用三相异步电动机配齿轮变速箱及变频器的配置方式（见图 5-4）时，电动机可以是

a) 主轴电动机与主轴的连接　　　　　　b) 主轴齿轮手动换档变速箱

图 5-2　普通笼型异步电动机配齿轮变速箱

a) 主轴电动机与主轴的连接　　　b) 变频器　　　c) 变频电动机

图 5-3　普通笼型异步电动机配变频器

a) 主轴电动机与主轴的连接　　　　　　b) 主轴齿轮自动换档变速箱

图 5-4　三相异步电动机配齿轮变速箱及变频器

普通型异步电动机,也可以是变频器专用的变频电动机。主轴的速度换档控制是通过系统加工程序的 M 代码自动选择的,如数控车床中 M41 为低速档、M42 为中速档、M43 为高速档,再通过变频器实现每一档位内的无级调速控制。变频器采用电流矢量控制。

三相异步电动机配齿轮变速箱及变频器的配置方式不仅满足低速大切削力的要求(如数控车床的粗车过程),而且扩大了机床的加工范围,提高了主轴的调速范围,目前主要应用于普及型数控车床或要求比较高的普通型数控车床上。

4. 伺服主轴驱动系统

伺服主轴驱动系统应用于中、高档的数控车床、数控铣床及加工中心上,如图 5-5 所示。

伺服主轴驱动系统具有响应快、速度高、过载能力强的特点,主轴速度通过系统加工程序的 S 码(主轴速度值)实现无级调速控制,当然其价格也是比较高的,通常是同功率变频器主轴驱动系统的 2~3 倍以上。伺服主轴驱动方式还可以实现主轴定向停止(又称主轴准停)、刚性攻螺纹、主轴 C 轴进给功能

a) 数控车床主轴配置　　b) 数控铣床和加工中心主轴配置

图 5-5　伺服主轴驱动系统

等,适用于对主轴位置控制性能要求很高的加工。为了满足低速大转矩输出并扩大加工范围,有的数控机床主轴还配置了齿轮变速。主轴档位控制是通过系统加工程序的 M 代码(数控车床)或 S 代码的数值范围(数控铣床或加工中心)自动选择的,而且在每一档位上实现了电气无级调速控制。

5. 电主轴

电主轴将电动机和高精度主轴结合在一起,使主轴单元向高速、高效、高精度加工迈出了可喜的一步。电主轴是数控机床的核心功能部件,它使机床摆脱了机械传动的束缚,简化了机床结构,同时消除了由机械传动产生的振动噪声。典型的数控机床电主轴如图 5-6 所示。从图中可见,电主轴的结构十分紧凑,通常又在高速下运转,因而它的关键技术是如何解决电动机本身的

图 5-6　典型的数控机床电主轴

发热问题。解决方法首先是改进轴承材料,轴承的内外环采用高氮合金钢制造,配以陶瓷滚动元件;其次是减少电动机的发热,在电动机铁心中有油冷却通道,通过机床外部冷却装置把电动机本身产生的热量带走。电主轴端部安装有传感器,可以直接作为主轴的速度和位置反馈。

电主轴驱动器可以是变频器或主轴伺服放大器。近几年又开发出了磁悬浮轴承的电主轴,使得主轴的最高转速可达到 50000~60000r/min,从而满足现代数控机床更高速度和更高精度的要求。

安装电主轴的机床主要用于精加工和高速加工，如高速精密加工中心及五轴联动数控机床。

5.1.3 主轴分段无级变速的换档方式

下面以 FANUC 0i-D/0i Mate-D 系统为例，介绍主轴分段无级变速换档方式的相关知识。对于分段无级变速的主轴，其换档方式有两种：M 型换档和 T 型换档。M 系列的数控系统可以采用 M 型和 T 型两种换档方式，通过参数 3706#4 进行设定。如果系统使用恒线速度控制功能，则不管该参数是如何设定的，都认为是 T 型换档。T 系列的系统则只能使用 T 型换档。

1. M 型换档方式

对于 M 型换档，如同直接由 S 指令选择一样，数控系统依据事先在参数 3741~3744 中定义的各齿轮档的速度范围来选择齿轮档，并且通过使用齿轮档选择信号（GR30、GR20、GR10）通知 PMC 选择相应的齿轮档；同时，数控系统根据选择的齿轮档位输出主轴电动机速度指令。

2. T 型换档方式

对于 T 型换档，根据齿轮档选择信号（GR1、GR2）确定机床当前使用的齿轮档（共 4 个齿轮档），由加工者决定如何使用各齿轮档位，由数控系统输出与齿轮档位相对应的速度指令。

3. 两种换档方式的区别

M 型换档和 T 型换档的最大区别在于：M 型换档是根据设定的各档位的最高转速发出换档信号（GR30、GR20、GR10），结合 PMC 控制外围换档机构（液压、电器驱动件等），选择合适的档位工作的；而 T 型换档需要在主轴转动之前，人为切换主轴档位机构，并处理与之对应的齿轮档位信号（GR1、GR2），使得数控系统输出与齿轮档位相对应的速度指令。

4. 主轴电动机最高、最低钳制速度的确定

根据主轴电动机的具体型号，可以确认其最高转速，在主轴电动机初始化完成后，该值自动设定在参数 4020 中。对于 M 系列数控系统，实际电动机输出的最高转速和最低转速与参数 3736 和参数 3735 的设定有关，这两个参数可作为串行主轴数字量输出的钳制条件。主轴电动机的最高、最低钳制速度与参数设置的对应关系如图 5-7 所示。

一般情况下，要钳制主轴电动机的速度，可以通过参数 3735、3736 实现，而参数 4020 使用电动机初始化默认设定值。

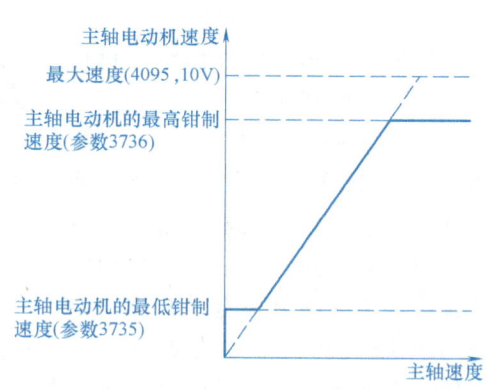

图 5-7 主轴电动机最高、最低钳制速度与参数设置的对应关系

5. 主轴各档位最高转速的确定

根据主轴电动机的最高转速和高低档位的变速比，可以确定主轴各档位的最高转速，每一档位的主轴最高转速设定在参数 3741~3744 中。

【例5-1】 使用α8/8000i主轴电动机，第一档变速比为0.245，第二档变速比为0.865，设置主轴的最高钳制速度参数3736、最低钳制速度参数3735，各档位最高转速参数3741及参数3742。

解： 1）设定参数3735。参数3735设定为50，为主轴电动机的最低钳制速度。

2）设定参数3736。参数3736按照下面的表达式进行设定：

$$参数3736设定值 = \frac{主轴电动机最高钳制速度}{主轴电动机最高转速} \times 4095$$

如果主轴电动机的最高钳制速度即为主轴电动机的最高转速，则参数3736设定为4095。

3）设定参数3741和参数3742。参数3741用于确定第一档主轴的最高转速，设定值为$8000 \times 0.245 = 1960$；参数3742用于确定第二档主轴的最高转速，设定值为$8000 \times 0.865 = 6920$。

值得注意的是，各档位的主轴最高转速如果设定不准确，将会造成实际主轴转速的不正确。

6. M型换档的分类

根据切换档位速度点的不同，M型换档又分为A型换档和B型换档。通过参数3705#2进行A型换档或B型换档方式的设定。

（1）A型换档 当3705#2=0时，确定为A型换档，表明切换档位的速度点为每一档的最高速度，如图5-8所示。

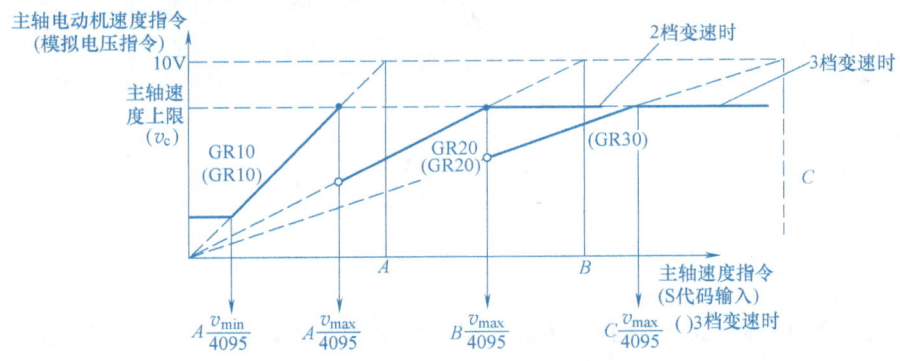

图5-8 A型换档

如图5-8所示，A、B、C分别为设定在参数3741~3743中每一档位的最高转速，v_{min}为设定在参数3735中的主轴电动机的最低钳制速度，v_{max}为设定在参数3736中的主轴电动机的最高钳制速度。

【例5-2】 使用α8/8000i主轴电动机，第一档变速比为0.245，第二档变速比为0.865，进行相关参数的设定。

解： 1）参数3735设定为50。

2）参数3736设定为4095。

3）参数3741设定值为$8000 \times 0.245 = 1960$。

4）参数3742设定值为$8000 \times 0.865 = 6920$。

5) 参数 3705#2＝0，表明使用 A 型换档。

6) 第一档切换档位速度点为 1960，第二档切换档位速度点为 6920。当指定 S 代码时，将 S 代码速度值与 1960 以及 6920 相比较，确定对应的运行档位，系统自动发出 GR30、GB20、GR10 信号，结合该信号，PMC 进行处理并驱动外围换档机构。

（2）B 型换档 当 3705#2＝1 时，确定为 B 型换档，表明切换档位的速度点低于每一档的最高速度，如图 5-9 所示。

其中档位 1—2 切换点速度的设定（数字量设定）对应参数 3751；档位 2—3 切换点速度的设定（数字量设定）对应参数 3752。

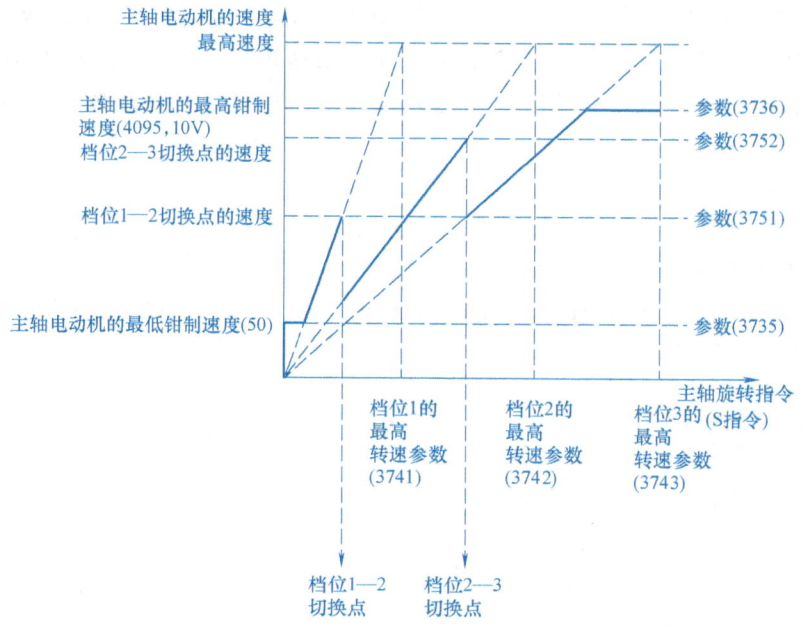

图 5-9 B 型换档方式

【例 5-3】 使用 α8/8000i 主轴电动机，第一档变速比为 0.245，第二档变速比为 0.865，进行相关参数的设定。

解：1）参数 3735 设定为 50。

2）参数 3736 设定为 4095。

3）参数 3741 设定为 8000×0.245＝1960，参数 3742 设定为 8000×0.865＝6920。

4）参数 3705#2＝1，表明使用 B 型换档。

5）要求设计档位 1—2 的切换速度点为 1500，档位 2—3 的切换速度点为 4000，各档位切换点速度设定值按照下面的公式计算：

$$各档位速度切换点设定值 = \frac{某档位切换点速度}{该档位最高转速} \times 4095$$

$$参数\ 3751\ 设定值 = \frac{1500}{1960} \times 4095 = 3134$$

$$\text{参数 3752 设定值} = \frac{4000}{6920} \times 4095 = 2367$$

5.1.4 数控机床主轴速度控制方式

1. 主轴速度 CNC 控制方式

主轴速度 CNC 控制方式是指，主轴的速度是由系统数控加工程序中 S 代码指定的速度值决定的，可以通过机床面板上的主轴倍率开关进行修调（通常为 50%~120%），这是数控机床常用的控制方式。

FANUC 0C/0D 系统中，主轴速度输出代码地址为 F172~F173.3；FANUC 16/16i/18/18i/0i/0i Mate 系统中，主轴速度输出代码地址为 F36~F37.3。

2. 主轴速度的特殊 S 代码控制方式

特殊 S 代码控制方式主要用于普通型数控车床的主轴速度控制，该类主轴传动控制方式为手动换档（低、中和高速选择），以及电磁离合器配合双速电动机自动变速控制，在加工程序中通过 S 代码（一般在每档有四种 S 代码速度选择，如 S1~S12）实施电磁离合器和双速电动机的控制。

FANUC 0C/0D 系统中，主轴速度特殊 S 代码地址为 F152.0~F152.7；FANUC 16/16i/18/18i/0i/0i Mate 系统中，主轴速度特殊 S 代码地址为 F22~F25。

3. 主轴速度 PMC 控制方式

主轴速度 PMC 控制方式是指将主轴速度编制在系统 PMC 程序中，通过机床面板上的主轴倍率开关选择设定几种速度，这种控制方式主要用于主轴点动状态下主轴正转/反转的速度控制。

数控机床主轴点动速度设为 PMC 轴控制的优点是：

1）机床开机不用输入主轴速度 S 值就可以运行。

2）由运行状态切换到主轴点动时不受运行时的速度控制（如高速切削速度）。

FANUC 0C/0D 系统中，主轴速度 PMC 控制信号地址为 G125.7，速度信号地址为 G124.0~G125.3；FANUC 16/16i/18/18i/0i/0i Mate 系统中，主轴速度 PMC 控制信号地址为 G33.7，速度信号地址为 G32.0~G33.3。

5.1.5 数控机床主轴常用控制功能的名词术语

1. 主轴速度信号串行输出/模拟输出

主轴速度信号输出有两种接口：一种是按串行数字方式传送数据（主轴速度指令）的接口，称为主轴串行输出接口；另一种输出模拟电压量（通常为 0~10V）作为主轴速度指令的接口，称为主轴模拟量输出接口。前一种接口必须使用系统专用的主轴驱动装置和电动机，后一种接口使用模拟量控制的主轴驱动单元（如变频器）和普通三相异步电动机或变频专用电动机即可。

主轴速度信号是串行数字输出还是模拟量输出是由系统参数决定的。FANUC 0C/0D 系统参数为 71#7（0 为模拟量主轴，1 为串行数字主轴）；FANUC 16/16i/18/18i/0i/0i Mate 系统参数为 3701 #1（1 为模拟量主轴，0 为串行数字主轴）。

2. 主轴定向控制

主轴定向控制又称为主轴准停控制，即系统接收到主轴定向指令（如辅助功能代码 M19）时，驱动主轴自动按规定的方向和速度旋转，当检测到主轴一转信号后，主轴旋转一个固定的角度准确停止。该功能主要用于加工中心换刀过程中的主轴定位停止控制、精镗过程中的主轴定位控制及多功能车床主轴的 C 轴定位控制等。

数控机床主轴定向控制的一转信号有三种，即主轴位置编码器一转信号、主轴外部一转信号（利用接近开关）和主轴电动机内装传感器的一转信号。具体用哪一种信号是由系统参数设定的。

(1) FANUC 0C/0D 系统参数

1) 主轴位置编码器定向控制的系统参数为 6501#2，设定为 "1" 有效。
2) 主轴外接一转信号（接近开关）定向控制的系统参数为 6504#2，设定为 "1" 有效。
3) 主轴电动机内装传感器一转信号定向控制的系统参数为 6502#0，设定为 "1" 有效。

(2) FANUC 16/16i/18/18i/0i/0i Mate 系统参数

1) 主轴位置编码器定向控制的系统参数为 4002#1，设定为 "1" 有效。
2) 主轴外接一转信号（接近开关）定向控制的系统参数为 4004#2，设定为 "1" 有效。
3) 主轴电动机内装传感器一转信号定向控制的系统参数为 4002#0，设定为 "1" 有效。

3. 刚性攻螺纹

攻螺纹操作不使用浮动卡头，而是通过主轴的旋转与攻螺纹进给轴的运动同步运行实现的。主轴转一转，攻螺纹轴的进给量等于螺纹的螺距，这样可提高精度和效率。要实现刚性攻螺纹，就要求用户编制相应的梯形图，设定有关的系统参数，由刚性攻螺纹辅助功能代码 M29 选择是用普通攻螺纹循环还是用刚性攻螺纹固定循环，具体通过加工程序指令 G84（刚性攻螺纹）/G74（刚性反攻螺纹）格式来实施。

数控铣床（包括加工中心）、数控车床（包括车削中心）都可实现刚性攻螺纹。但数控车床不能像数控铣床一样实现反攻螺纹。

FANUC 0C/0D 系统中，主轴刚性攻螺纹信号地址为 G123.1；FANUC 16/16i/18/18i/0i/0i Mate 系统中，主轴刚性攻螺纹信号地址为 G61.0。

4. 主轴 C 轴控制

数控机床主轴 C 轴控制是指通过对主轴位置的准确控制及对进给伺服轴的插补控制，完成任意曲线和轮廓的加工，如在多功能数控车床上实现对工件螺旋槽的加工。根据机床的配置不同，主轴 C 轴控制分为 C_f 轴控制和 C_s 轮廓控制两种方式。

(1) C_f 轴控制　主轴的回转位置（转角）控制和其他进给轴一样由进给伺服电动机实现，该轴与其他进给轴联动进行插补，加工任意曲线，一般在多轴加工数控机床中采用。

(2) C_s 轮廓控制　主轴的回转位置（转角）控制不是由进给伺服电动机而是由主轴电动机实现的，主轴的位置（角度）由装在主轴（不是主轴电动机）上的高分辨率编码器检测，此时主轴作为进给伺服轴工作，运动速度单位为 (°)/min，并可与其他进给轴一起插补，加工出轮廓曲线。

FANUC 0C/0D 系统中，主轴 C_s 轮廓控制信号地址为 G127.0；FANUC 16/16i/18/18i/

0i/0i Mate 系统中，主轴 C_s 轮廓控制信号地址为 G27.7。

5.2 模拟量控制的主轴驱动装置及维修技术

随着数字控制的正弦脉宽调制（Sinusoidal Pulse Width Modulation，SPWM）变频调速系统的发展，当前数控车床主轴驱动采用变频调速系统。目前，作为主轴驱动装置比较多的变频器是：日本的安川变频器（VS-616G5/G7）、三肯变频器（SANKEN-IHF）、三菱变频器（FR-A540）及富士变频器（FRN-G11S）等；德国西门子通用变频器（MM440）；美国变频器（AB）；韩国变频器（LG5）以及国产变频器。下面以多功能型安川变频器 VS-616G7（外观如图 5-10 所示）为例，讲解模拟量控制的主轴驱动装置的工作原理、端部接线、功能参数的设定及维修技术。

图 5-10 安川变频器 VS-616G7 的外观

5.2.1 通用变频器的组成及端子功能

1. 变频器主电路工作原理及主电路接线

变频器主电路的功能是把固定频率（通常为 50Hz/60Hz）的交流电转换成频率连续可调（通常为 0~400Hz）的三相交流电。主电路主要包括交—直电路、制动单元电路及直—交电路，如图 5-11 所示。

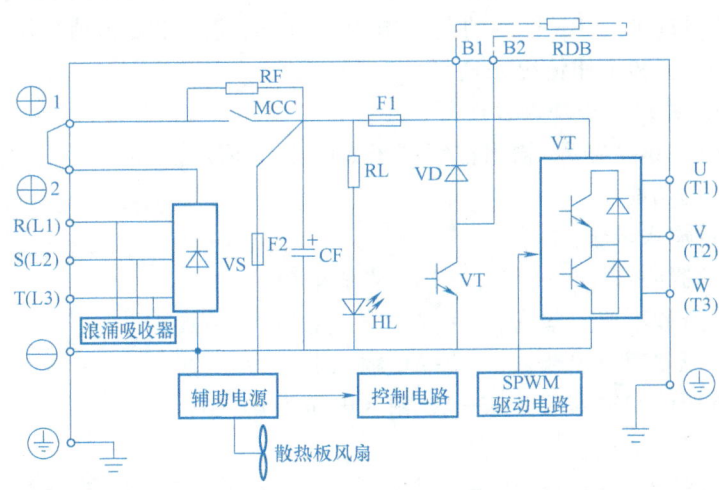

图 5-11 安川变频器 VS-616G7（7.5kW）主电路

（1）交—直电路　三相交流电源（固定频率为 50Hz/60Hz）通过变频器的电源接线端（R、S、T）输入到变频器内，利用整流器 VS 把交流电转换成直流电，再经过滤波电容 CF 获得直流电压（如果输入 $U_L=380V$，则直流电压 $U_D \approx 513V$）。当电容 CF 两端电压达到基准值时，辅助电源动作，输出各种直流控制电压。控制电路正常时，直流继电器 MCC 获电，常开触点闭合，短接掉电容充电限流电阻 RF，从而完成交—直电路的工作。

变频器输入接线的注意事项：

1) 根据变频器输入规格选择正确的输入电源。

2) 变频器输入侧采用断路器（不宜采用熔断器）实现保护，断路器的整定值应按变频器的额定电流来选择，而不应按电动机的额定电流来选择。

3) 变频器三相电源实际接线无须考虑电源的相序。

4) 指示灯 HL 不仅作为直流电压的显示，而且维修时作为变频器是否有电的标志。

5) ⊕1 和 ⊕2 用来接直流电抗器（为选择配件），如果不接，必须把 ⊕1 和 ⊕2 短接（出厂时，⊕1 和 ⊕2 用短接片短接）。

（2）直—交电路　直—交电路由逆变块 VT 组成，其作用是将直流电压逆变成频率可调的交流电压。具体工作是把交—直电路的直流电压经过短路保护熔断器 F1 加到逆变块 VT 上，再通过 SPWM 驱动电路控制逆变块输出频率可调的三相交流电。

变频器输出接线的注意事项：

1) 输出侧接线须考虑输出电源的相序。

2) 实际接线时，绝不允许把变频器的电源线接到变频器的输出端 U、V、W。

3) 一般情况下，变频器输出端 U、V、W 直接与电动机相连，无须加接触器和热继电器。

（3）制动单元和制动电阻　中小容量安川变频器采用内装制动单元和外接制动电阻，大容量变频器采用外接制动单元和外接制动电阻。制动单元和制动电阻的作用是实现电动机快速制动，防止电动机在减速或制动过程中变频器出现过电压。制动单元电路由制动开关管 VT、二极管 VD 及通过 B1、B2 外接的制动电阻 RDB 组成。外接制动电阻的功率与阻值应根据电动机的额定电流和工作情况来选择。

2. 变频器输入/输出端子功能及应用

安川变频器 VS-616G7 输入/输出控制端子如图 5-12 所示。

（1）输入端子的功能

1) 频率给定量输入端子。

-V、+V：变频器内部提供-10V、+10V 直流电源。

A1：模拟量电压频率给定输入，A1-AC 输入电压为 0～10V。

A2：模拟量电流频率给定输入，A2-AC 输入电流为 4～20mA。

A3：多功能电压给定输入端，A3-AC 输入电压为 0～10V。

RP：数字量频率给定端。

2) 开关量输入端子。变频器开关量输入端子 S1 和 S2 功能固定，S3～S12 是多功能控制端子，用户可以根据实际需要通过功能码进行选择，功能码 H1-1～H1-10 分别是端子 S3～S12 的设定参数。变频器出厂时端子功能设定如下：

S1：正转控制信号输入端，S1-SC 闭合时，电动机正转起动运行；S1-SC 断开时，电动机减速停止。

S2：反转控制信号输入端，S2-SC 闭合时，电动机反转起动运行；S2-SC 断开时，电动机减速停止。

S3：外部报警信号输入端，当S3-SC断开时，变频器立即停止并发出报警（显示为"EF3"报警号）。

S4：外部复位信号输入端子，当变频器出现报警并排除故障后，通过该端子进行外部复位。

S5、S6、S9、S10：分别对应多步速度指令1、多步速度指令2、多步速度指令3、多步速度指令4的输入端子，通过4个端子的组合动作（4位二进制状态）实现变频器的16种速度的控制。多步速度频率设定功能码分别为d1-01~d1-16。

S7：点动频率信号输入端子，当S7-SC接通时，变频器按功能码d1-17设定的频率运行，点动频率优先于多步速度频率。

S8：外部封锁信号输入端子，当S8-SC接通时，变频器停止频率输出，电动机处于自由停止状态。

S11：加/减速度时间选择信号功能端子，当S11-SC断开时，变频器实现加/减速度时间1（功能参数加速时间C01和减速时间C02）；当S11-SC接通时，变频器实现加/减速度时间2（功能参数加速时间C03和减速时间C04）。

S12：非常停止信号输入端子，当S12-SC接通时，变频器立即减速停止（减速时间由功能码C1-09设定），此时变频器的运行信号无效；当S12-SC断开时，变频器可以运行控制。

（2）输出端子的功能　根据不同负载性质的需要，变频器输出端子有继电器输出型（可以带直流负载，也可以带交流负载）、开路集电极输出型（只能带直流负载）、模拟量输出型和数字量输出型。

多功能输出端子M1-M2、P1-PC、P2-PC、P3-C3、P4-C4是由功能码参数H2-01~H2-05设定的，出厂设定功能如下：

1）继电器输出型多功能输出端（M1-M2）。出厂设定为变频器运行信号输出功能（H2-01设定为"0"），当变频器频率输出时，M1-M2闭合。

2）开路集电极输出型多功能端子。

① P1-PC出厂设定为零速信号输出功能（H2-02设定为"1"），当变频器的输出频率低于功能码参数b2-01（出厂设定为"0"）时，P1-PC有输出。

② P2-PC出厂设定为频率一致（任意频率检测）信号输出功能（H2-03设定为"2"），当变频器输出频率达到给定频率（L4-02正负误差为2Hz）时，P2-PC有输出。

③ P3-C3出厂设定为变频器准备就绪信号输出功能（H2-04设定为"6"），当变频器运行就绪时，P3-C3有输出。

④ P4-C4出厂设定为频率检测一致信号输出功能（H2-05设定为"10"），当变频器的输出频率达到功能码参数L4-03设定频率（频率检测误差由L4-04设定）时，P4-C4有输出。

3）模拟量输出端子FM-AC、AM-AC。

① FM-AC为模拟量电压（0~10V）输出端子，出厂时设定为频率输出信号，10V对应变频器设定的最高频率。

② AM-AC为模拟量电压（0~5V）输出端子，出厂时设定为变频器的输出电流功能，5V对应变频器的额定电流。

4）脉冲系列输出MP-AC。MP-AC为脉冲系列输出端子（0~32kHz），出厂时设定为变

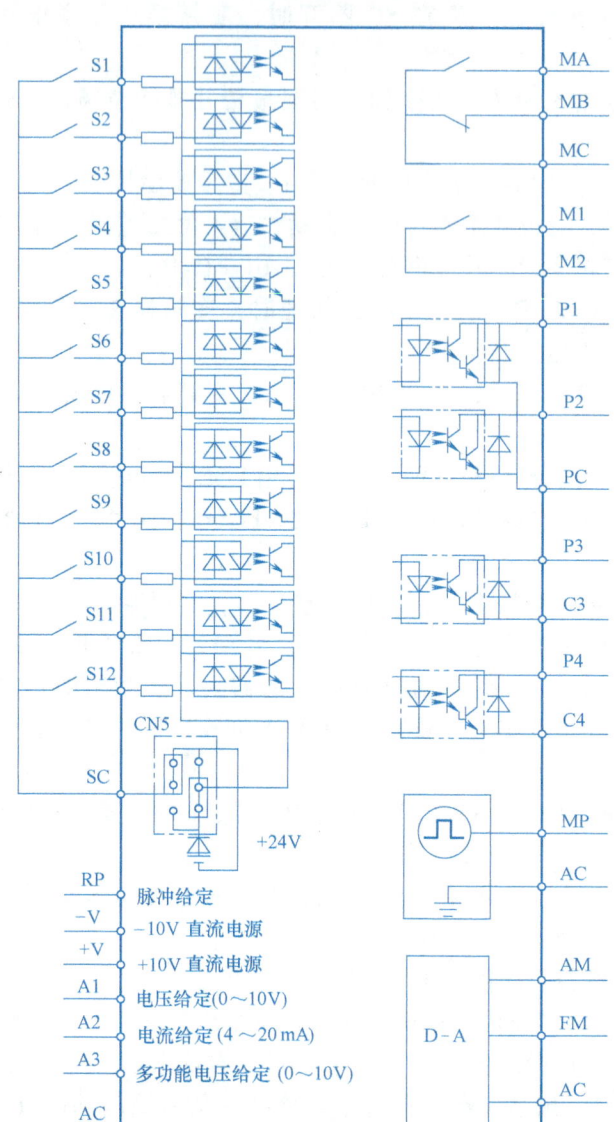

图 5-12 安川变频器 VS-616G7 输入/输出控制端子

频器的频率输出。

5.2.2 数控机床主轴变频调速的应用

图 5-13 所示为 CAK6150Di 型数控车床主轴驱动变频器（安川变频器 VS-616G7）的接线图，该车床所用系统为 FANUC 0i Mate-TD。

1. 数控系统到变频器的信号

（1）主轴正转信号（S1-SC）、主轴反转信号（S2-SC） 主轴正转信号和主轴反转信号用于手动操作（JOG 状态）和自动状态（自动加工 M03、M04、M05）中，实现主轴的正转、反转及停止控制。系统在点动状态时，利用机床面板上的主轴正转和反转按钮发出主轴

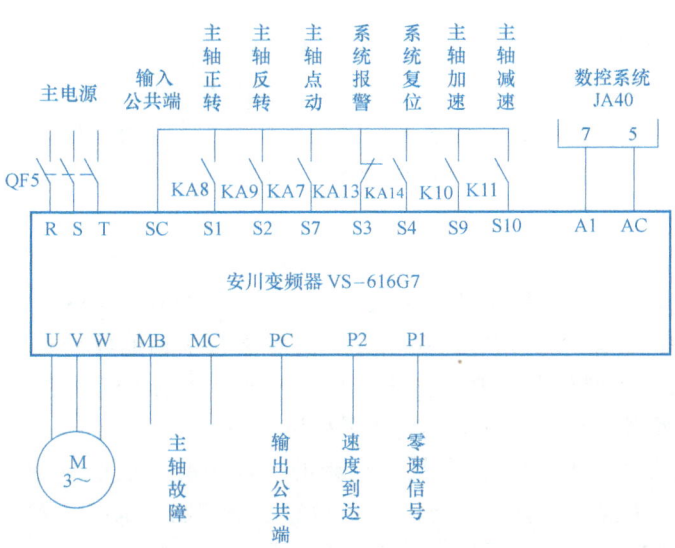

图 5-13　CAK6150Di 型数控车床主轴驱动变频器的接线图

正转或反转信号，通过系统 PMC 控制 KA8、KA9 的通断，向变频器发出信号，实现主轴的正、反转控制，此时主轴的速度由系统存储的 S 值与机床主轴的倍率开关决定。系统在自动加工时，通过对程序辅助功能代码 M03、M04、M05 译码，利用系统的 PMC 实现继电器 KA8 和 KA9 的通断控制，从而达到主轴的正、反转及停止控制，此时的主轴速度由系统程序中的 S 指令值与机床的倍率开关决定。

（2）系统故障输入（S3-SC）　当数控机床系统出现故障时，通过系统 PMC 发出信号，控制 KA13 获电动作，使变频器停止输出，实现主轴自动停止控制，并发出相应的报警信息。如机床自动加工时，进给驱动系统突然出现故障，主轴也能自动停止旋转，从而防止打刀事故的发生。

（3）系统复位信号（S4-SC）　当系统复位时，通过系统 PMC 控制 KA14 获电动作，进行变频器的复位控制。当变频器受到干扰出现报警时，可以通过系统 MDI 键盘的复位键【RESET】进行复位，而不用通过切断系统电源再重新上电来进行复位。

（4）主轴电动机速度模拟量信号（A1-AC）　A1-AC 端子用来接收系统发出的主轴速度信号（模拟量电压信号），实现主轴电动机的速度控制。例如在 FANUC 0i Mate-TC 系统中，系统把程序中的 S 指令值与主轴倍率的乘积转换成相应的模拟量电压（0~10V），通过系统主板 JA40 的 7~5 引脚，输送到变频器 A1-AC 模拟量电压频率给定端，从而实现主轴电动机的速度控制。

（5）主轴点动信号（S7-SC）　系统在点动状态时，通过机床面板的主轴点动按钮实现主轴点动修调控制，按下主轴点动按钮，继电器 KA7 获电动作，此时主轴以点动速度运行，点动速度由变频器功能参数 d1-17 设定。

（6）主轴速度加速信号（S9-SC）和主轴减速信号（S10-SC）　如果数控机床面板没有主轴倍率开关控制（系统主轴倍率为 100%），可以通过机床操作面板上的主轴加速和主轴减速按钮控制，使主轴连续加速或连续减速。变频器多功能输入端子通过功能码分别设定加速和减速功能，安川变频器功能码参数是 H1-07 设定为 "10"（UP 指令），H1-08 设定为

"11"（DOWN 指令）。

2. 变频器到数控系统的信号（通过系统的 PMC）

（1）变频器故障输入信号（MB-MC） 当变频器出现任何故障时，数控系统停止工作并发出相应的报警（机床报警灯亮并发出相应的报警信息）。主轴故障信号是通过变频器的输出端 MB-MC（正常时为"通"，故障时为"断"）发出的，再通过 PMC 向系统发出急停信号，使系统停止工作（一般系统急停报警）。

（2）主轴速度到达信号（P2-PC） 数控机床自动加工时，利用主轴速度到达信号可实现切削进给开始条件的控制。当系统的功能参数（主轴速度到达检测）设定为有效时，系统执行进给切削指令（如 G01、G02、G03 等）前要进行主轴速度到达信号的检测，即系统通过 PMC 检测来自变频器输出端 P2-PC 发出的频率到达信号。系统只有检测到该信号，切削进给才能开始，否则系统进给指令一直处于待机状态。

（3）主轴零速信号（P1-PC） 当数控车床的卡盘为液压控制（通过机床的脚踏开关）时，主轴零速信号用来实现主轴旋转与液压卡盘的连锁控制。只有主轴速度为零时，液压卡盘控制才有效；主轴旋转时，液压卡盘控制无效。

3. 变频器参数的设定

安川变频器为多功能变频器，按照功能不同，可将其参数分为 9 个功能组，A 组参数为环境设定功能参数，B 组参数为应用功能参数，C 组参数为调整功能参数，D 组参数为频率指令取样功能参数，E 组参数为电动机功能参数，F 组参数为变频器选择功能参数，H 组参数为外部端子功能参数，L 组参数为保护功能参数，O 组参数为操作器功能参数。下面以 CAK6150Di 型数控车床控制为例，具体说明变频器各组参数的含义及设定，没有提到的功能参数按出厂时的标准设定。

（1）A 组参数 A 组参数主要用来选择操作器的语种显示、参数存取级别、控制方式、参数初始化的方式等。

A1-00：显示语种选择，"0"为英语，"1"为日语。实际设定为"0"。

A1-01：参数存/取选择，"0"为监控专用参数，"1"为用户选择参数，"2"为试运行参数，"3"为通常使用参数，"4"为所有参数。实际设定为"4"。

A1-02：控制方式选择，"0"为不带速度反馈的 U/F 控制，"1"为带反馈的 U/F 控制，"2"为不带速度反馈的开环矢量控制 1，"3"为闭环矢量控制（带反馈），"4"为不带速度反馈的开环矢量控制 2。目前，数控机床可以设定为"0"或"2"。开环矢量控制时，必须正确设定电动机的相关参数（电动机的空载电流、定子绕组的电阻、定子回路的阻抗等），才能准确实现电动机的矢量控制。CAK6150Di 型数控车床控制功能设定为"2"。

A1-03：参数初始化功能，"0"为参数初始化结束，"1110"为用户参数初始化，"2220"为二线制的初始化（恢复变频器出厂值的设定），"3330"为三线制的初始化。此功能参数用于实际变频器出现软件不良时的参数初始化。

（2）B 组参数 B 组参数主要用于应用功能选择，如变频器的频率给定方式选择、起动和停止方式的选择、PID 控制方式的设定、节能方式的设定等。

b1-01：频率指令选择，"0"为面板给定（通过面板的增加或减少键给定频率），"1"为外部端子给定（由模拟量电压给定频率），"2"为总线通信设定，"3"为选择卡给定，"4"为脉冲数字给定。实际设定为"1"，变频器的输出频率是由输入端 A1-AC 的模拟量电压（0~10V）调整的。

b1-02：运行指令选择，"0"为面板控制（由面板的【RUN】键和【STOP】键控制），"1"为端子控制（由输入端子S1-SC和S2-SC控制），"2"为总线控制，"3"为选择卡控制。实际设定为"1"。

b1-03：停止方式选择，"0"为减速停止，"1"为自由停止，"2"为直流制动停止，"3"为有限制的自由停止。实际设定为"0"。

b1-04：反转禁止选择，"0"为可以反转，"1"为禁止反转。实际设定为"0"。

（3）C组参数 C组参数主要用来设定电动机的加/减速时间、加/减速方式、转差补偿频率等。

C1-01：加速时间设定，设定范围为0~6000s，根据电动机的负载惯性来调整设定。如果加速时间设定过短，将会引起过电流报警。实际设定为"1s"。

C1-02：减速时间设定，设定范围为0~6000s，根据电动机的负载惯性来调整设定。如果减速时间设定过短，将会引起过电压报警。实际设定为"1s"。

（4）E组参数 E组参数主要用来设定电动机U/F控制功能的有关参数、电动机技术参数等。

E1-01：输入电压，设定范围为320~460V。实际设定为"380V"。

E1-02：电动机选择，"0"为通用电动机，"1"为专用电动机。实际设定为"0"。

E1-03：U/F线选择，"0~E"为15种固定曲线，"F"为任意U/F曲线。实际设定为"F"。U/F控制参数是由E1-04~E1-10决定的。

E1-04：最高输出频率，设定范围为50~400Hz。根据机床主轴的传动比及主轴的最高转速来设定。实际设定为"110Hz"。

E1-05：最高输出电压，设定范围为0~480V。实际设定为"400V"。

E1-06：基本频率，设定范围为0~400Hz，通常按电动机的额定频率来设定。实际设定为"50Hz"。

E1-07：中间输出频率1，设定范围为0.1~400.0Hz。

E1-08：中间输出频率电压1，设定范围为0~480V。

E1-09：最低输出频率，设定范围为0.1~400.0Hz。

E1-10：最低输出电压，设定范围为0~480V。

E1-11：中间输出频率2，设定范围为0.1~400.0Hz。

E1-12：中间输出频率电压2，设定范围为0~480V。

E1-13：基本电压（额定电压），设定范围为0~480V。实际设定为"380V"。

E2-01：电动机1的额定电流，设定范围为0.1~1500.0A，按电动机的额定电流来设定。实际设定为"14.6A"（CAK6150Di型数控机床电动机的额定输出功率为7.5kW，额定电流为14.6A）。

E2-02：电动机1的额定转差频率，设定范围为0.01~20.0Hz，按电动机的额定转差频率设定。实际设定为"1.33Hz"（电动机的额定转速为1460r/min）。

E2-04：电动机1的极数，设定范围为2~48，按电动机的极数来设定。

E2-11：电动机1的容量，设定范围0~650kW，CAK6150Di型数控车床主轴电动机额定功率为7.5kW。

(5) L组参数　L组参数主要用来设定电动机的保护功能。

L1-01：电动机的电子热保护功能选择，"0"为电动机电子热保护无效，"1"为通用电动机电子热保护有效，"2"为变频电动机电子热保护有效，"3"为矢量专用电动机电子热保护有效。实际设定为"1"。

L1-02：电动机电子热保护动作时间，出厂设定为超过电动机额定电流150%的动作时间，设定范围为1~5 min。实际设定为"1min"。

5.2.3　数控机床主轴变频调速控制过程中的常见故障及其诊断

1. 变频报警导致系统急停

当变频器检测出故障时，在数字操作器上显示该报警内容，停止变频器的输出，并通过变频器的输出端子 MB-MC 使系统处于急停状态。数控机床主轴急停故障信号（由于变频器故障引起的）发出时，可以根据变频器的报警信息判定故障的产生原因。

（1）主回路低电压故障 UV（DC Bus Under Volt）　变频器主回路的直流电压低于参数 L2-05 的标准设定值（DC320V）。产生故障的可能原因有：变频器的三相交流输入电压过低；变频器内部熔断器 F1 熔断；变频器的整流块损坏；变频器的电压监控电路不良。

（2）主回路过电压故障 OV（DC Bus Over Volt）　变频器主回路的直流电压超过检测标准值（一般为DC800V）。产生故障的可能原因有：变频器交流输入电压过高；电动机减速时间设定过短；变频器制动单元故障；变频器内部电压监控电路不良。

（3）过电流故障 OC（Over Current）　变频器的瞬时输出电流超过变频器额定电流的200%。产生故障的可能原因有：加速时间设定过短；U/F 控制的电压补偿设定过高（前提是采用 U/F 控制）；电动机侧短路；变频器输出侧短路；电流监控电路不良。

（4）散热片过热故障 OH1（Heat sink Over Temp）　变频器散热片的温度超过了 L8-02 的设定值（出厂值为95℃）。产生故障的可能原因有：变频器的散热风扇损坏；散热片的通风道堵塞；参数比 L8-02 设定过低（误设定）；变频器周围温度过高（如电气柜通风的风扇故障）；变频器温度监控电路不良。

（5）电动机过载故障 OH2（Motor Over Loaded）　变频器的实际输出电流超过电动机额定电流且超过参数 L1-02 设定的时间（即变频器内的电子热保护动作）。产生故障的可能原因有：电动机额定电流参数 E2-01 设定不当；电动机负载过重；电动机绕组匝间短路。

（6）电动机过力矩报警 OL（Over Torque Det）　变频器的设定值（L6-02）超过规定时间（L6-03），检测电动机是否出现过载及变频器功能码参数设定错误。

（7）外部输入端子异常信号输入故障 EF3（External Fault3）　当变频器的多功能输入端参数（H1-1）设定为 20-2F 时，该输入端为外部异常报警输入控制。故障原因可能是：外部控制故障；变频器输入端子输入电路故障。

（8）功能参数设定错误报警

OPE01：变频器容量设定不当。

OPE02：参数设定不当（参数设定超过设定范围）。

OPE03：多功能输入设定不当（多功能输入有2个以上相同的值）。

OPE06：控制方式参数选择错误（参数 A1-02 设定与变频器实际控制方式不符）。

OPE10：U/F 参数设定不当（最高频率、基本频率、中间频率、最低频率之间设定矛盾)。

维修时首先进行变频器的初始化操作,如果故障解除,则为参数设定不当,然后重新输入参数。

2. 主轴电动机不能运行

当给定主轴信息(S指令)时,系统输出一个模拟量电压信号给变频器端子,再通过变频器端子实现正转和反转控制,由变频器驱动电动机旋转。因此,主轴电动机不能运行的原因有系统故障、变频器故障和电动机故障三方面。

(1) 系统故障 通过检测变频器模拟量输入端子是否有电压输入进行判别。当变频器的输入模拟量电压频率给定端子为 0 时,说明系统故障。

1) 系统参数设定错误。检查 FANUC 16/16i/18/18i/21/21i/0i 系统参数 3701#1 是否为"1",FANUC 0C/0D 系统参数 71#7 是否为"0"。

2) 系统连接电缆或插头不良。

3) 系统主板不良。

(2) 变频器及外围控制电路故障

1) 变频器功能参数设定错误。检查 b1-01 频率指令选择功能是否设定为"1"(模拟量电压给定),b1-02 运行方式选择功能是否设定为"1"(有端子控制运行)。

2) 变频器输入控制端子的控制电路故障,如 KA8 和 KA9 继电器控制电路及继电器的触点故障。

3) 变频器控制电路板故障。变频器正转和反转输入接口电路存在故障,一般是限流电阻故障。

4) 变频器主电路模块损坏。

(3) 电动机故障 电动机主电路接线不良及电动机本身故障。

3. 主轴速度与指令速度有偏差

1) 系统主轴换档参数设定与实际主轴传动系统不符,修改系统参数 3741、3742 和 3743。

2) 变频器的最高频率设定与实际主轴传动系统不符,修改变频器功能码参数 E1-04。

3) 变频器控制电路板不良。

4) 系统主板不良。

4. 主轴速度不能改变

1) 变频器控制电路板故障。

2) 系统主板故障。

可以通过变频器模拟量电压频率给定端子(A1-AC)来诊断,当系统主轴速度指令改变时,查看变频器输入端子电压是否改变。如果输入端子电压变化,则为变频器控制电路板故障,否则为系统主板不良。

5. 主轴只能正向旋转控制不能反向

(1) 变频器反转控制端子外围电路故障 一般是继电器 KA9 控制电路故障或继电器触点故障。

(2) 变频器反转输入端子内部电路故障 一般是反转输入端子输入限流电阻故障。

(3) 变频器功能参数设定错误 查看变频器反转禁止功能参数 b1-04 是否设定为"0"。

5.3 串行控制的主轴驱动装置及维修技术

5.3.1 FANUC 系统串行主轴电动机

1. FANUC 系统主轴电动机系列

目前 FANUC 系统应用的串行主轴电动机系列有 α/αi 系列和 βi 系列，如图 5-14 所示。α/αi 系列产品是 FANUC 公司的新产品，有标准型 α/αi 系列、广域恒功率输出型 αP/αPi 系列、经济型 αC/αCi 系列、中空型 αT/αTi 系列、强制冷却型 αL/αLi 系列、高电压输入型 α(HV)/α(HV)i 系列、高电压输入广域恒功率输出型 αP(HV)/αP(HV)i 系列、高电压输入中空型 αT(HV)/αT(HV)i 系列、高电压输入强制冷却型 αL(HV)/αL(HV)i 系列等。其中 αLi 系列产品最高输出转速为 20000r/min，α(HV)i 系列产品的最大额定输出功率可达 100kW，可满足绝大多数数控机床的主轴要求。

a) α/αi 系列　　　　　　　　b) βi 系列

图 5-14　FANUC 系统串行主轴电动机

该系列产品的主要特点如下：

1) 通过绕组转换功能，进一步增加了高速输出范围，缩短了加/减速时间，如 αPi 系列产品的恒功率输出范围比 α 系列产品扩大了 1.5 倍。

2) 采用最新的定子直接冷却方式，进一步减小了电动机外形尺寸，提高了输出功率和转矩。

3) 通过精密的铝合金转子和严格的动平衡，使电动机在高速时振动级达到了 V3 级。

4) 可以选择不同的排风方向，尽可能减小机床热变形，同时通过最优的冷却通道设计，进一步改善冷却性能。

5) 根据不同的使用要求，主电动机可以选用两种不同类型的内装式位置/速度测量装置，即具有 A/B 两相输出的 Mi 型编码器与具有 A/B 两相输出及零脉冲输出的 MZi 型编码器，以满足不同用户的使用要求。

α 系列主轴电动机主要用于 FANUC 0C/0D/16/18/21/0i-A 系统，αi 系列主轴电动机主要用于 FANUC 16i/18i/21i/0i-B/0i-C 系统；βi 系列主轴电动机主要用于 FANUC 0i-B/0i Mate-B/0i-C/0i Mate-C 系统。

2. 主轴电动机的内部结构

FANUC 系统主轴电动机的功能是实现异步调速，所以其和普通异步电动机结构相似，尤其是定子部分和转子部分的结构，同时为满足实际控制需要还增加了附加装置。

（1）定子和转子　定子部分包括定子铁心、定子绕组和端盖，定子和转子的结构如图 5-15 所示。

a) 定子　　　　　　　　　　b) 转子

图 5-15　FANUC 系统主轴电动机的内部结构

为了便于散热，定子铁心上设有冷却通道，可以采用风冷和油冷两种方式，一般采用风冷（冷却风扇）方式。实际维护时，要定期对冷却通道进行清理，否则容易引起电动机过热。

定子绕组形式有两种：一种为 Y 联结形式，是通常采用的形式；另一种为 Y/YY 联结形式（即双速电动机），有高、低两种速度选择。定子绕组通过电动机接线盒与主轴模块连接。实际接线中需要注意的是：因为电动机电压等级有标准型（额定电压为 200V）和高压型（额定电压为 400V）两种，所以要根据系统主轴驱动的电压等级进行接线；主轴电动机的接线端子与主轴驱动装置端子的相序要一致，即 U-U、V-V、W-W，否则电动机不转并发出报警。

电动机绕组的过热是利用安装在定子端盖上的热敏电阻实施监控的，通过检测定子绕组端部的温度来确定电动机温度。电动机绕组温度变化时，热敏电阻的阻值发生改变，系统通过主轴驱动装置内部检测电路监控这一变化值。当电动机实际温度超过标准设定值时，通过主轴驱动装置把信息传递给系统，系统立即停止主轴速度控制输出，并发出主轴电动机过热报警。

主轴电动机的转子部分与异步电动机相同，通常为铸铝转子，而且也为斜槽结构，如图 5-15b 所示。

（2）附加装置　主轴电动机的附加装置主要有安装在电动机内部的传感器和电动机尾端的风扇两部分。

1）传感器的作用。当数控机床主轴没有位置传感器时，电动机内部的传感器用于实现主轴速度和位置反馈控制；当数控机床主轴安装了位置传感器（如主轴独立编码器）时，电动机内部的传感器用于实现主轴电动机闭环电流矢量控制。电动机的传感器实际是磁电速度传感器。

根据实际控制要求不同，电动机内装速度传感器的类型有两种，一种是不带电动机一转信号的速度传感器 Mi 系列传感器；另一种是带电动机一转信号的速度传感器 MZi 系列传感器。当实际主轴准停信号是由主轴的一转信号装置（接近开关）发出时，选择 Mi 系列；主轴电动机与主轴直接连接或 1∶1 连接时，选择 MZi 系列。同时还需要设定系统的相关参数。

2）电动机冷却风扇的作用是为电动机散热。主轴电动机采用的是变频调速，当电动机速度改变时，风扇的转速与电动机转速变化无关，即电动机的散热条件不变，这是因为风扇电动机（额定电压标准型200V，高压型为380V的三相笼型异步电动机）采用单独电源供电。当电动机风扇出现故障时，将会引起电动机过热报警。

3. 主轴电动机的型号及选型

FANUC系统αi系列主轴电动机的型号为：

$$α8/10000\ i\ HV$$

αi：电动机的系列号。

8：主轴电动机的额定输出功率为7.5kW。

10000：电动机允许输出的最高转速为10000r/min。

HV：电动机为高压型电动机，额定电压为400V系列。不标则表示电压等级为标准型，额定电压为200V。

实际选型中应该从下面几个方面考虑：

1）根据实际机床主轴的功能要求和切削力需求，选择电动机的型号及电动机的输出功率，如选择标准型还是高压型，主轴电动机内置冷却方式选择风冷式还是油冷式控制等。

2）根据主轴定向功能控制情况，选择电动机内装编码器的类型。如果靠电动机发出主轴一转信号，选择MZi系列传感器；如果由主轴外置编码器和接近开关发出主轴一转信号，则选择Mi系列传感器。

3）如果机床主轴换档速度范围由电动机控制（没有机械主轴换档控制），应选择具有高速和低速两档切换的电动机，即双速电动机。

5.3.2 FANUC系统电源模块

电源模块的主要作用是：为主轴模块和伺服模块提供直流主回路电源（标准型为DC300V，高压型为DC600V）、控制回路电源（DC24V）及电源模块本身内部的直流电源；电动机再生能量通过电源模块反馈到电网，实现回馈制动。现在的电源模块已经把整流、逆变及保护电路集成一体，称为智能功率模块。

电源模块按输入电源等级可分为标准型（AC200V）电源模块和高压型（AC400V）电源模块；按系统配置可分为α系列电源模块（用于FANUC 0/16/18/21/0i-A系统）和αi系列电源模块（用于FANUC 16i/18i/21i/0i-B/0i-C系统），如图5-16所示。

1. α系列电源模块的接口

FANUC系统α系列电源模块的结构及接口如图5-17a所示。

（1）DC Link 直流电源（DC300V）输出端，与主轴模块、伺服模块的主电路输入端连接。

（2）STATUS状态窗口 2位数码管，用于表示电源模块的状态。"00"表示电源模块启动就绪，"— —"表示电源模块未启动，"##"（报警代码）表示电源模块报警；贴膜发光二极管PIL（绿色）表示控制电源正常，ALM（红色）表示电源模块故障。

（3）CX1A 控制电路电源电压（输入）端，是电源模块辅助电路的输入电源端，AC200V、3.5A。

（4）CX1B 200V交流电源的输出接口，为电源模块和主轴模块提供交流风扇电源，AC200V、1A。

（5）CX2A、CX2B 输出接口，为主轴模块、伺服模块及显示装置提供直流电源（DC24V）。

（6）JX1B 模块之间的连接接口，与下一个模块（如主轴模块）接口的JX1A相连，用于各模块之间的报警信息及使能信号的传递。最后一个模块接口JX1B必须用短接盒（5、6引脚短接）将模块间的使能信号短接，否则系统报警。

（7）CX3 主电源MCC（常开触点）控制信号接口，一般用于电源模块三相交流电源输入主接触器的控制。

（8）CX4 *ESP（急停）信号输入接口，一般与机床操作面板急停开关的常闭触点相接。不用时，必须将CX4短接，否则系统处于急停报警状态。

（9）S1、S2 再生放电电阻选择开关。FANUC上一代电源模块内部没有逆变块，电动机的再生发电能量是通过制动单元的制动

a）α系列电源模块　　b）αi系列电源模块

图 5-16　FANUC 系统电源模块

电阻放电的，S1短接（用短路棒）选择内装制动电阻，S2短接选择外接制动电阻。现代的电源模块中，S1、S2已无此意义。

（10）检测脚的测试端（针） IR、IS为电源模块交流输入（L1、L2相）的瞬时电流值；+24V、+5V分别为控制电路电压的检测端。

（11）L1、L2、L3 三相交流电源输入端（200V，50Hz），一般与三相伺服变压器的输出端连接。

2. αi系列电源模块的接口

FANUC系统αi系列电源模块的结构及接口如图5-17b所示。

（1）DC Link 直流电源（DC300V）输出端，与主轴模块、伺服模块的主电路输入端连接。

（2）STATUS 状态窗口 1位数码管，用于表示电源模块的状态。"0"表示电源模块启动就绪，"—"表示电源模块未启动，"#"（报警代码）表示电源模块报警，"#."预报警提示，在规定时间内转换成报警代码，在预报警显示期间系统可以继续运行。

（3）CX1A 控制电路电源电压（输入）端，是电源模块辅助电路的输入电源端，AC200V、3.5A。

（4）CX1B 200V交流电源的输出接口，为电源模块和主轴模块提供交流风扇电源，AC200V、1A。

（5）CXA2A 为主轴模块、伺服模块提供直流电源（DC24V）的接口，也可用于模块之间信息传递（串口形式）及机床急停信号传递。

（6）JX1B 该接口功能已经封闭。

（7）CX3 主电源 MCC（常开触点）控制信号接口，一般用于电源模块三相交流电源输入主接触器的控制。

（8）CX4 *ESP（急停）信号输入接口，一般与机床操作面板急停开关的常闭点相接。不用时，必须将 CX4 短接，否则系统处于急停报警状态。

（9）L1、L2、L3 三相交流电源输入端（200V，50Hz），一般与三相伺服变压器的输出端连接。

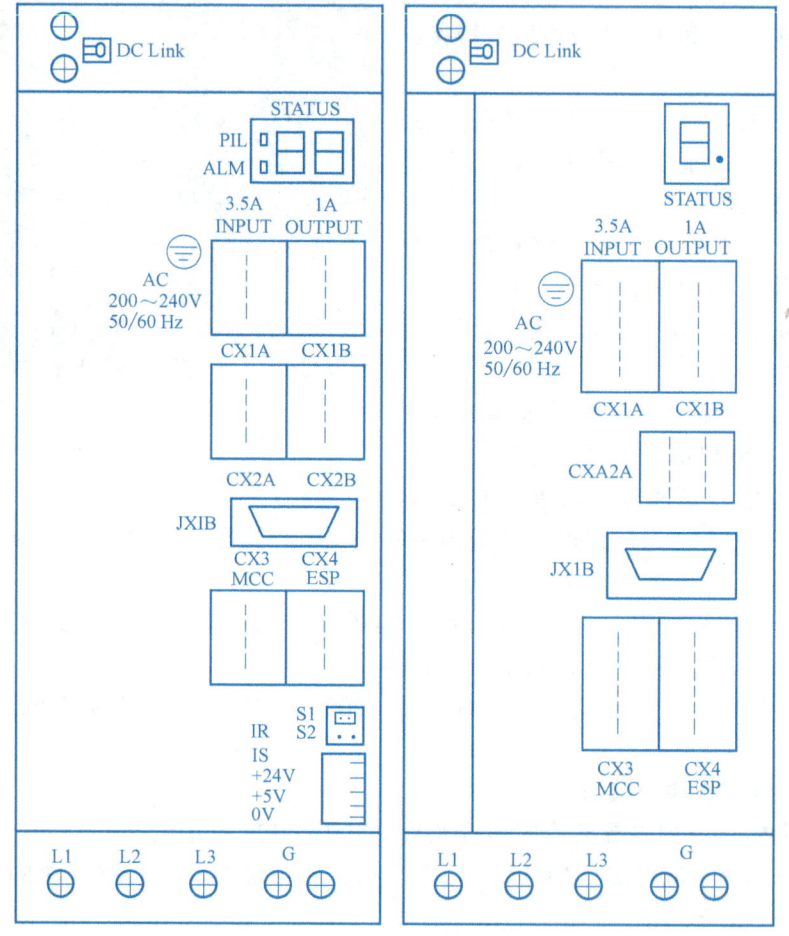

图 5-17 FANUC 系统电源模块的结构及接口

3. 电源模块的常见故障及处理

电源模块启动过程是：辅助电源输入端输入 200V 交流电，电源模块内部电路正常及后续模块正常，电源模块控制电路工作，然后接通电源模块的主电路，完成电源模块的启动。电源模块的故障主要表现为不启动、启动未就绪和电源模块报警。

（1）电源模块不启动（状态窗口无显示）

1）机床外部控制电路故障。没有提供电源模块的辅助电源（AC200V）输入，应检修外部控制电源。

2）电源模块控制电路输入熔断器故障。检查控制电路短路的故障部件，更换短路部件及熔断器。

3）电源模块控制电路板本身故障。控制电路板的开关稳压电源电路故障，应检修或更换控制电路板。

（2）电源模块启动未就绪　状态窗口有指示状态：α系列电源模块为"— —"，αi系列电源模块为"—"。

1）电源模块急停信号输入。检查急停信号输入接口 CX4 是否正常。

2）后续模块异常。通过封锁伺服放大器或使能信号短接法进行判别。

3）继电器 MCC 本身的故障。更换继电器 MCC（DC 24V）。

4）控制电路板故障。更换电源模块控制电路板。

（3）电源模块状态显示代码及故障诊断与处理　表 5-1 和表 5-2 分别列出了 α 系列电源模块和 αi 系列电源模块的状态显示代码及故障诊断与处理。

表 5-1　α 系列电源模块的状态显示代码及故障诊断与处理

状态显示代码	故障名称	故障诊断与处理
01	IPM 报警	（1）检查主回路 IPM 的 U、V、W 分别对电源模块直流输出"+"端和"−"端的导通压降，如果有异常，更换 IPM （2）如果更换 IPM 后还有报警，更换电源模块控制电路板
02	风扇报警	（1）观察风扇是否转，或者是否有风，如果不转或风力很小，拆下后用汽油或酒精清洗 （2）如果清洗后装上还显示报警，更换风扇 （3）检查风扇插座的 24V 电源是否正常。红线+24V，黑线 0V。拔下黄色报警线后，控制电路板有 5V 直流电压输出。如果电压不对，更换控制板
03	IPM 过热报警	（1）关机等候一段时间后看是否还显示报警。如果报警消失，则可能为机械负载太大，检查主轴或伺服机械负载或切削量是否过大 （2）拆下外壳和控制板，用万用表测量底板上连接 OH 接口的两螺钉之间的电阻，应为短路电阻。如果开路，更换热控开关 （3）更换电源模块控制板
04	DC300V 电压低报警	（1）检查主轴模块（PSM）或伺服模块（SVM）是否有短路故障，更换短路模块 （2）更换电源模块控制电路板
05	主电路的充电没在规定时间进行	（1）主模块故障，更换电源模块 （2）更换电源模块的控制电路板
06	输入电源缺陷报警	（1）用万用表检查三相交流电源是否有断相，修复故障部位 （2）更换电源模块
07	DC300V 电压高报警	（1）三相交流输入电压高，检修电源外围供电回路 （2）更换电源模块的控制电路板
08	控制电路硬件故障	更换电源模块控制电路板

表 5-2 αi 系列电源模块的状态显示代码及故障诊断与处理

状态显示代码	故障名称	故障诊断与处理
1	IPM 报警	(1) 检查主回路 IPM 的 U、V、W 分别对电源模块直流输出"+"端和"−"端的导通压降，如果有异常，更换 IPM (2) 如果更换 IPM 后还显示报警，更换电源模块控制电路板
2	风扇报警（内部）	(1) 观察风扇是否转，或者是否有风，如果不转或风力很小，拆下后用汽油或酒精清洗 (2) 如果清洗后装上还显示报警，更换风扇 (3) 检查风扇插座的 24V 电源是否正常。红线+24V，黑线 0V。拔下黄色报警线后，控制电路板有 5V 直流电压输出。如果电压不对，更换控制板
3	IPM 过热报警	(1) 关机等候一段时间后，看是否还显示报警。如果报警消失，则可能为机械负载太大，检查主轴或伺服机械负载或切削量是否过大 (2) 拆下外壳和控制板，用万用表测量底板上连接 OH 接口的两螺钉之间的电阻，应为短路电阻。如果开路，更换热控开关 (3) 更换电源模块控制板
4	DC 主电路电压低	(1) 检查主轴模块（PSM）或伺服模块（SVM）是否有短路故障，更换短路模块 (2) 更换电源模块控制电路板
5	主电路的充电没在规定时间进行	(1) 主模块故障，更换电源模块 (2) 更换电源模块的控制电路板
6	控制电路电压低	(1) 控制输入电压低，检查供电控制电路 (2) 更换电源模块的控制电路板
7	DC 主电路电压高报警	(1) 三相交流输入电压高，检修电源外围供电回路 (2) 更换电源模块的控制电路板
A	外部冷却散热片的冷却风扇故障（大容量电源模块）	(1) 检查或更换风扇 (2) 更换电源模块控制电路板
E	输入电源断相	(1) 用万用表检查三相交流电源是否有断相，修复故障部位 (2) 更换电源模块

5.3.3 FANUC 系统主轴模块

主轴模块的功能是实现主轴速度控制、主轴位置反馈及主轴控制功能。主轴模块按电压等级不同分为标准型（主电路输入电压为 DC300V）主轴模块和高压型（主电路输入电压为 DC600V）主轴模块；按功能不同分为 α 系列主轴模块和 αi 系列主轴模块。图 5-18 所示为 FANUC 系统主轴模块。

1. FANUC 系统 α 系列主轴模块

FANUC 系统 α 系列主轴模块接口如图 5-19a 所示。

DC Link：该接口与电源模块的直流电源输出端、伺服模块的直流输入端连接。

STATUS：主轴模块状态显示窗口。PIL（绿）表示主轴模块控制电路电源正常；ALM

a) α系列主轴模块　　　　　　b) αi系列主轴模块

图 5-18　FANUC 系统主轴模块

（红）表示主轴模块检测出故障；ERR（黄）表示主轴模块检测出错误信息；"— —"不闪表示主轴模块已启动就绪，闪则表示主轴模块未启动就绪；"00"表示主轴模块已启动并有速度信号输出；"##"表示主轴故障或错误信息。

CX1A/CX1B：200V 交流辅助电源输入/输出接口。CX1A 接口与电源模块的 CX1B 接口连接，CX1B 接口与第二串行主轴模块的 CX1A 接口连接（如果机床有两个串行主轴）。

CX2A/CX2B：24V 输入/输出及急停信号接口。CX2A 接口与电源模块的 CX2B 接口连接，CX2B 接口与伺服模块的 CX2A 接口连接。

JX4：主轴伺服状态检测接口。通过主轴模块状态检测板可获取主轴电动机内装脉冲发生器和主轴位置编码器的信号。

JX1A/JX1B：模块之间信息的输入/输出接口。JX1A 接口与电源模块的 JX1B 接口连接，JX1B 接口与伺服模块的 JX1A 接口连接。

JY1：外接主轴负载表和速度表的接口。

JA7B：串行主轴输入信号接口，与数控系统的 JA7A 接口连接。

JA7A：用于连接第二串行主轴的信号输出接口，与第二串行主轴模块的 JA7B 接口连接。

JY2：连接主轴电动机内装传感器和电动机过热检测装置（热敏电阻）的接口。

JY3：作为主轴位置一转信号用的接口（连接磁传感器即接近开关）。

JY4：主轴独立编码器（如光电编码器）接口。

JY5：主轴 C_S 轴（回转轴）控制时，作为反馈接口。

U、V、W：主轴电动机的动力电源接口。

2. FANUC 系统 αi 系列主轴模块

FANUC 系统 αi 系列主轴模块的接口如图 5-19b 所示。

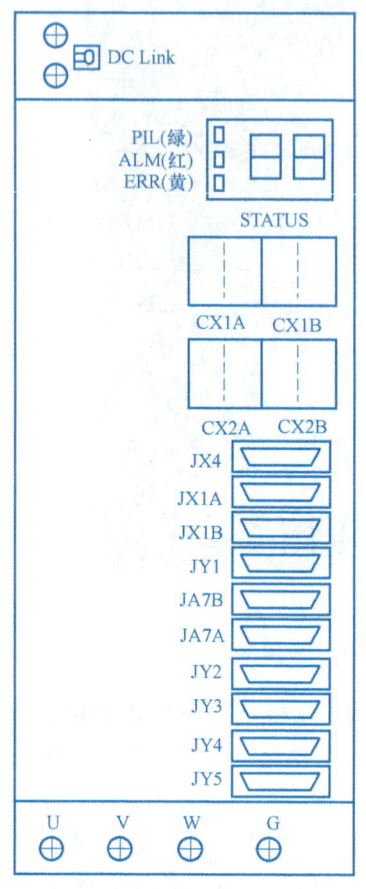
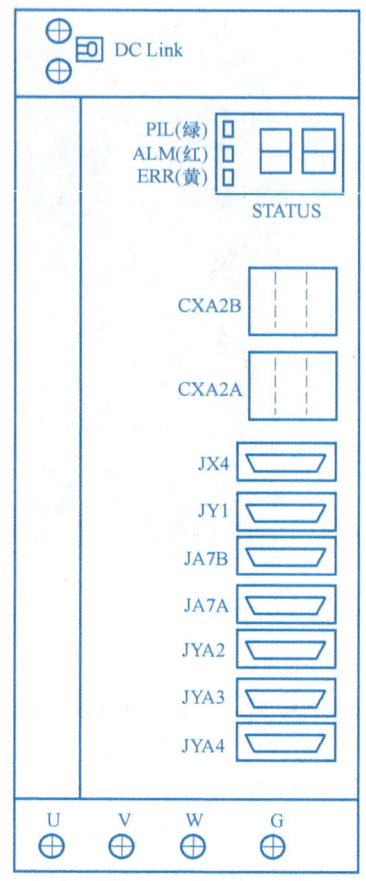

a) α系列主轴模块接口　　　　b) αi 系列主轴模块接口

图 5-19　FANUC 系统的主轴模块接口

（1）状态显示窗口

1）贴膜二极管。

PIL（绿）：主轴模块控制电路电源正常。

ALM（红）：主轴模块检测出故障。

ERR（黄）：主轴模块检测出错误信息。

2）两位 7 段译码管。

"— —"：不闪表示主轴模块已启动就绪，闪则表示主轴模块未启动就绪。

"00"：主轴模块已启动并有励磁信号输出。

"##"：主轴故障或错误信息。

（2）模块接口功能

CXA2B：模块信号输入接口。接收电源模块的直流辅助电源 DC24V 及模块信息信号（串行信息）。

CXA2A：模块信号输出接口。为后续模块提供直流辅助电源 DC24V 及模块信息信号

（串行信息）。

JX4：主轴伺服信号检测板接口。

JY1：外接主轴负载表和速度表的接口。

JA7B：串行主轴输入信号接口。

JA7A：连接第二串行主轴的信号输出接口。

JYA2：连接主轴电动机速度传感器（主轴电动机内装脉冲发生器和电动机过热信号发生器）。

JYA3：作为主轴位置一转信号或主轴独立编码器连接器接口。

JYA4：主轴 C_s 轴传感器信号接口，为选择配置。

其他接口功能同 α 系统主轴模块。

3. 主轴模块错误信息及处理方法

表 5-3 为 FANUC 系统 α 和 αi 系列主轴模块的错误信息报警的原因及处理方法。

表 5-3　FANUC 系统 α 和 αi 系列主轴模块错误信息报警的原因及处理方法

序号	故障原因	处理方法
01	*ESP（紧急停止）信号及 MRDY（机械准备好）信号没有输入但却输入了 SFR（正转）信号/SRV（反转）信号/ORCM（准停指令）	请确认*ESP、MRDY 信号的顺序。注意 MRDY 信号的使用/不使用由参数 001#0 设定
02	装有高分辨率磁性传感器的主轴电动机（参数 4001#6、#5 分别为 0、1），速度检测器 128 脉冲/r 的设定（参数 4011#2、#1、#0 分别为 0、0、1）不正确，此时，电动机不能励磁	确认主轴电动机速度检测器的参数 4011#2、#1、#0 设定是否正确
03	装有高分辨率磁性传感器的设定（参数 4001#5＝1）或 C_s 轮廓控制功能的设定不对（参数 4018#4＝1），但输入了 C_s 控制指令，此时电动机不能励磁	确认 C_s 轮廓控制用检测器的参数 4001#5 和 4018#4 设定是否正确
04	位置编码信号的设定不对（参数 4001#2＝1），但输入了伺服方式（刚性攻螺纹、主轴定位）或主轴同步控制指令，此时电动机不能励磁	确认位置编码器信号的参数 4001#2 设定是否正确
05	没有准停选择功能，却输入了准停指令（ORCM）	确认准停的软件选择
06	没有设定输出切换的选择功能，却选择了低速线圈（RCH＝1）	确认主轴输出切换软件的选择，及动力线状态信号（RCH）
07	虽然设定了 C_s 轮廓控制方式，但 SFR/SRV 信号没有输入	确认信号顺序（CON, SFR, SRV）
08	设定了伺服方式（刚性攻螺纹，主轴准停），但没有输入 SFR/SRV 信号	确认信号顺序（SFR, SRV）
09	设定了主轴同步控制方式，但没有输入 SFR/SRV 信号	确认信号顺序（SPSYC, SFR, SRV）
10	在 C_s 轮廓控制方式中，又设定了其他运行方式（伺服方式、主轴同步控制、定向）	C_s 轴控制指令中，不要设定其他运行方式，转移到其他方式之前，请解除 C_s 轮廓控制指令

(续)

序号	故障原因	处理方法
11	伺服方式(刚性攻螺纹、主轴准停)中,设定了其他运行方式(C_s轮廓控制、主轴同步控制及定向)	伺服指令方式中,不要设定其他运行方式,在解除伺服指令方式后,再转移到其他方式
12	在主轴同步控制中,设定了其他运行方式(C_s轮廓控制、伺服方式,准停)	在主轴同步控制设定中,请不要设定其他运行方式。当解除主轴同步控制指令之后,再转移到其他方式
13	在定向指令中,设定了其他运行方式(C_s轮廓控制、伺服方式、同步控制)	在定向指令中,请不要设定其他运行方式。解除定向指令之后再指定其他方式
14	同时输入了 SFR 信号和 SRV 信号	请输入 SFR 信号和 SRV 信号中的一个
15	进行具有差速方式功能的参数设定(参数 4000#5 = 1)时,设定了 C_s 轴轮廓控制	请确认参数 4000#5 的设定和 PMC 信号
16	参数设定上是无差速方式功能(参数 4000#5 = 0),但输入了差速方式指令(DEFMD)	请确认参数 4000#5 的设定和 PMC 信号(DEFMD)
17	速度检测器的参数设定(参数 4011#2、#1、#0)不合适(与实际速度检测器参数不匹配)	确认参数 4011#2、#1、#0 的设定是否正确
18	设定参数 4001#2 = 0(不使用位置编码器)时,却输入了位置编码器的定向指令	确认参数 4002#1(4001#2)的设定和 PMC 信号
19	在磁传感器方式定向中,设定了其他运行方式	在定向指令中,不要设定其他运行方式。在解除定向指令之后,再设定其他方式
20	设定了有从属运行方式功能的参数 4014#5 = 1,并设定了使用高分辨率磁传感器(参数 4001#5 = 1),或设定了用 α 传感器的 C_s 轮廓控制功能(参数 4018#4 = 1),这些不能同时设定	确认参数 4014#5、4001#5 及 4018#4 的设定是否正确
21	在位置控制(伺服方式、定向等)动作中,输入了从属运行方式指令(SLV)	在通常运行方式状态中输入从属运行方式指令(SLV)
22	在从属运行方式中(SLVS = 1)输入了位置控制指令(伺服方式、定向等)	在通常运行方式状态输入位置控制指令
23	在参数设定上没有从属运行方式功能(参数 4014#5 = 0),却输入了从属运行方式指令	确认参数 4014#5 的设定和 PMC 信号
24	最初用增量指令(INCMD = 1)进行定向,接着又输入了绝对位置指令(INCMD = 0)	确认 PMC 信号(INCMD),开始请用绝对指令进行定向
25	不是 SPMJYA4 型主轴放大器,却设定了 C_s 轮廓控制功能(参数 4018#4 = 1)	确认主轴放大器规格和参数 4018#4 的设定是否正确

4. 主轴模块报警及处理方法

当主轴模块出现报警时,状态显示窗口显示相应的报警代码,同时报警指示灯(红色贴膜发光二极管)亮。当主轴模块出现故障时,FANUC 0C/0D 系统会出现"409(AL-××)"报警号,FANUC 16/18/21/0i-A 系统会出现"751(AL-××)"报警号,FANUC 16i/18i/21i/

0i-B 系统会出现 "71××" 报警号，FANUC 16i/18i/21i/0i-C 系统（有新型伺服软件）会出现 "9×××" 报警号，FANUC 30i/31i/32i/0i-D 系统会出现 "SP9×××" 报警号，其中，"××" 和 "×××" 就是主轴模块上的报警号。产生故障的原因及处理方法参考串行主轴模块报警代码（见表5-4）。

表5-4　α 和 αi 系列主轴模块上的报警代码、报警信息及处理方法

主轴模块显示	信　息	报警原因	故障位置和处理方法
A0 A	SPINDLE SERIAL IINK ERROR	程序没有正常启动。ROM 序列错误或 SPM 控制电路板上硬件异常	(1) 更换 SPM 控制电路板上的 ROM (2) 更换 SPM 控制电路板
A1	S-SPINDLE LSI ERROR	SPM 控制电路板上的 CPU 外围电路异常	更换 SPM 控制电路板
01	电动机过热	电动机内部温度超过指定的温度	(1) 电动机温度高：主轴机械负载或切削量过大；电动机散热风扇不良或通风不畅通；电动机绕组匝间短路 (2) 电动机温度不高：电动机反馈电缆 JY2/JYA2 接触不良；电动机绕组的热敏电阻不良；主轴模块控制电路板不良
02	主轴速度超差	电动机的速度不能追随指定速度	(1) 电动机加/减速时间设定过短 (2) 主轴电动机内装传感器不良 (3) 主轴模块控制电路板不良
03	主轴直流主回路电压低	共同电源就绪（显示 "00"）而主轴放大器中 DC Link 电压不足	(1) 主轴模块直流输入熔断器故障；电动机短路；主轴模块逆变块短路 (2) 主轴模块控制电路板不良
04	主轴直流主电路电压为零	主轴模块电压为零或电源模块断相	(1) 主轴模块直流输入熔断器故障；电动机短路；主轴模块逆变块短路 (2) 电源模块故障（如断相） (3) 主轴模块控制电路板不良
06	电动机温度传感器没有连接	电动机的温度传感器断线	(1) 电动机温度传感器不良 (2) 主轴模块控制电路板不良 (3) 主轴参数设定不当
07	主轴速度超速	电动机速度超过了主轴最高转速的 115%	(1) 主轴电动机内装传感器和主轴位置传感器不良 (2) 主轴控制电路板不良
09	主轴模块温度过高	功率模块冷却用散热器的温度异常上升	(1) 主轴模块散热不良；主轴模块风扇故障；主轴模块散热不良 (2) 主轴模块控制电路板不良；更换主轴模块控制电路板
11	主轴模块直流主电路过电压	共同电源上检测出 DC Link 过电压。（共同电源报警显示 7）	(1) 电源模块控制电路不良；再生回馈制动电路不良；伺服减速时间设定过短 (2) 主轴模块控制电路板不良

(续)

主轴模块显示	信 息	报警原因	故障位置和处理方法
12	主轴模块过电流	主轴电动机瞬时输出电流超过规定值	(1)电动机参数与实际电动机不符 (2)电动机短路 (3)主轴模块短路 (4)主轴模块控制电路不良
13	数控系统存储器数据故障	主轴放大器控制电路部件异常(内部 RAM 异常)	主轴模块控制电路板不良。更换主轴模块控制电路板
16	主轴模块 RAM 故障	主轴模块控制电路部分异常(外部数据 RAM 异常)	更换主轴控制电路板
18	程序 ROM 检查错误	主轴放大器控制电路部件异常(数据用 ROM 异常)	更换主轴控制电路板
19	U 相电流偏移太大	SPM 部分检测到异常(U 相电流检测回路的初始值异常)	更换主轴模块
20	V 相电流偏移太大	SPM 部分检测到异常(V 相电流检测回路的初始值异常)	更换主轴模块
21	位置传感器极性错误	位置传感器的极性参数设定错误	检查并修正参数(4000#0、4001#4)
24	串行传送错误	主轴模块和数控系统通信异常	(1)系统断电 (2)主轴模块与数控系统之间连接电缆不良 (3)主轴模块控制电路板不良
27	位置编码器断线	主轴位置编码器(连接器 JY4/JYA3)的信号异常	(1)主轴编码器不良 (2)编码器连接电缆断线 (3)主轴模块控制电路板不良
29	短时过载	在一定时间内连续施加了过大的负载	(1)加工时出现过载 (2)主轴参数不良 (3)主轴模块控制电路板不良
30	输入电路过电流	主轴模块的输入电路电流超过规定值	(1)主轴模块输入电压高 (2)主轴参数不良 (3)主轴模块控制电路板不良
31	电动机不能在指定的速度下运转	主轴模块电动机检测接口(JY2/JYA2)异常	(1)连接电缆不良 (2)主轴电动机内装传感器不良 (3)主轴模块与电动机连接相序错误
34	主轴参数非法	设定了超过允许值的参数数据	(1)主轴参数设定错误 (2)主轴电动机代码与实际电动机不符 (3)主轴参数不良
51	DC Link 电压低	主轴模块的直流电压低于规定值	(1)电源模块电压低 (2)主轴参数不良 (3)主轴模块控制电路板不良

(续)

主轴模块显示	信 息	报警原因	故障位置和处理方法
56	冷却风扇故障	主轴模块风扇监控检测出风扇故障	（1）主轴风扇不良 （2）主轴模块控制电路板故障
74	CPU 测试错误	CPU 测试中检测出异常	更换主轴放大器控制印制电路板
81 82 83	主轴电动机内装传感器一转信号错误、无一转信号及传感器通信错误	没有正确检测出电动机传感器的一转信号（接口 JY2/JYA2）	（1）主轴参数设定错误 （2）连接电缆不良 （3）主轴电动机传感器不良 （4）主轴模块控制电路板不良
84 85 86 87	主轴外接编码器断线、一转信号错误、无一转信号及编码器通信错误	没有正确检测出主轴传感器的一转信号（接口 JY4/JYA3）	（1）主轴参数设定错误 （2）连接电缆不良 （3）主轴传感器不良 （4）主轴模块控制电路板不良
b0	放大器通信错误，系统报警为 9110 或 SP9110	主轴放大器和电源模块之间通信异常	（1）连接电缆不良 （2）电源模块控制电路板不良 （3）主轴模块控制电路板不良
C0 C1 C2	通信数据错误，系统报警为 9120、9121、9122	主轴模块与系统 CNC 通信错误	（1）更换数控系统与主轴放大器之间的通信电缆 （2）更换主轴放大器控制印制电路板 （3）更换数控系统主板

5.3.4 主轴参数设定及初始化

以 FANUC 0i D /0i Mate-D 系统为例，介绍主轴参数设定的方法。

1. 确定与主轴参数设定相关部件的规格

在进行主轴参数设定前，应确定与主轴硬件连接的相关部件的型号与规格。

1）确定数控系统的型号与规格。
2）确定主轴电动机的型号。
3）确定电源模块的型号。
4）确定主轴放大器的型号。
5）确定主轴检测系统的型号与规格。

2. 主轴参数的设定流程

主轴参数的设定流程如图 5-20 所示。在参数 4133 中输入电动机代码，把参数 4019#7 设定为 "1"，进行自动初始化。断电后再上电，系统自动加载部分主轴电动机参数，然后再参考主轴参数说明书，对诸如主轴串行输出类型、主轴运行最高和最低钳制速度、主轴换档方式、主轴反馈装置、主轴准停等参数进行手工设定。

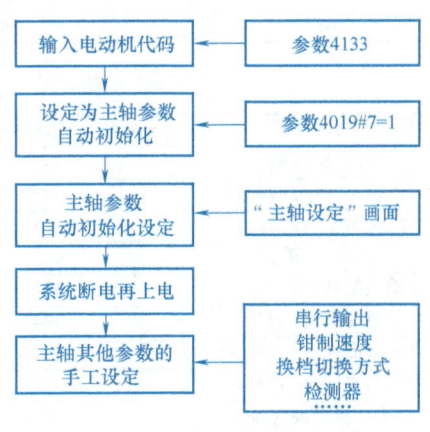

图 5-20 主轴参数的设定流程

3. "主轴设定"画面的操作

(1) "主轴设定"画面的进入

1) 在急停状态下接通数控系统电源。

2) 按下功能键【SYSTEM】几次,进入"参数设定支援"画面,如图 5-21 所示。

3) 选择"主轴设定",即进入"主轴设定"画面,如图 5-22 所示。

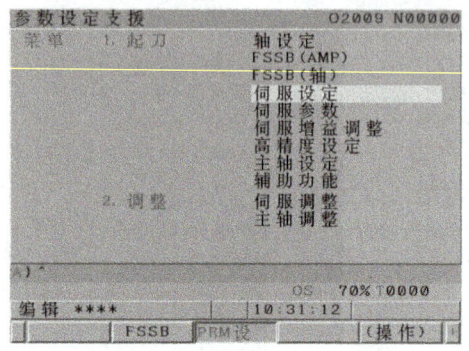

图 5-21 "参数设定支援"画面

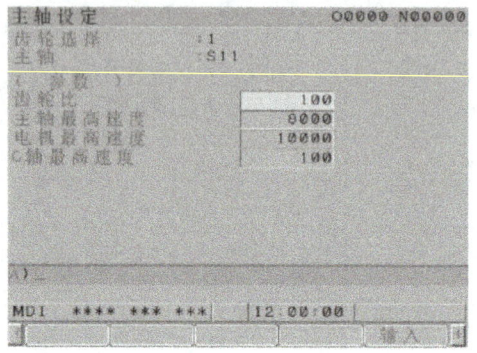

图 5-22 "主轴设定"画面

(2) "主轴设定"画面的相关参数

1) 齿轮选择:显示机床一侧的齿轮选择状态,参数的设定值见表 5-5。

2) 主轴:选择主轴的数据,参数的设定值见表 5-6。

3) 其他对应参数:齿轮比、主轴最高速度、C 轴最高速度对应参数值见表 5-7。

表 5-5 "齿轮选择"参数的设定值

齿轮选择	离合器/齿轮信号		齿轮选择	离合器/齿轮信号	
	CTH1n	CTH2n		CTH1n	CTH2n
1	0	0	3	1	0
2	0	1	4	1	1

表 5-6 "主轴"参数的设定值

主轴设定	主轴选择	主轴设定	主轴选择
S11	第一主轴	S31	第三主轴
S21	第二主轴		

表 5-7 "主轴设定"画面其他对应参数

参数项目	S11:第一主轴	S21:第二主轴	S31:第三主轴
齿轮比(高)	4056	4056	4056
齿轮比(中等偏高)	4057	4057	4057
齿轮比(中等偏低)	4058	4058	4058
齿轮比(低)	4059	4059	4059
主轴最高速度(齿轮1)	3741	3741	3741
主轴最高速度(齿轮2)	3742	3742	3742
主轴最高速度(齿轮3)	3743	3743	3743
主轴最高速度(齿轮4)	3744	3744	3744
电动机最高速度	4020	4020	4020
C 轴最高速度	4021	4021	4021

4. 其他主轴参数的设定

（1）与主轴数设定相关的参数 3701

	#7	#6	#5	#4	#3	#2	#1	#0
3701				SS2			ISI	

其中，用 ISI、SS2 联合设定路径内的主轴数，见表 5-8。

表 5-8　用 ISI、SS2 联合设定路径内的主轴数

SS2	ISI	路径内的主轴数	SS2	ISI	路径内的主轴数
0	1	0	0	0	1
1	1	0	1	0	2

（2）与齿轮选择相关的参数 3705

	#7	#6	#5	#4	#3	#2	#1	#0
3705		SFA		EVS	SGT	SGB		ESF
		SFA	NSF		SGT	SGB	GST	ESF

其中，SGB 位表示齿轮换档切换点的选择。

1）3705#2 = 0，根据参数 3741~3743（对应于各齿轮的最大转速）进行齿轮的选择（A 型换档）。

2）3705#2 = 1，根据参数 3751~3752（各齿轮切换点的主轴速度）进行齿轮的选择（B 型换档）。

（3）与主轴齿轮选择方式、主轴旋转方向相关的参数 3706（位路径型参数）

	#7	#6	#5	#4	#3	#2	#1	#0
3706	TCW	CWM	ORM		PCS	MPA		
	TCW	CWM	ORM	GTT		MPA		

1）GTT：主轴齿轮选择方式。3706#4 = 0，选择 M 型换档方式，3706#4 = 1，选择 T 型换档方式。

2）CWM、TCW：联合确定主轴速度输出时的电压极性，具体见表 5-9。

表 5-9　主轴速度输出时的电压极性

TCW	CWM	电压极性	TCW	CWM	电压极性
0	0	M03、M04 均为正	1	0	M03 为正，M04 为负
0	1	M03、M04 均为负	1	1	M03 为负，M04 为正

（4）与恒线速度、主轴倍率相关的参数 3708（位路径型参数）

	#7	#6	#5	#4	#3	#2	#1	#0
3708		TSO	SOC				SAT	SAR
		TSO	SOC					SAR

1) SOC：恒线速度中（G96 方式），基于主轴最高转速钳制指令（M 系列：G92 S_ ；T 系列：G50 S_ ；)的速度钳制。3708#5 = 0，在应用主轴速度倍率前执行；3708#5 = 1，在应用主轴速度倍率后执行。

2) TSO：螺纹切削、攻螺纹循环中的主轴倍率。3708#6 = 0，无效，被固定在 100% 上；3708#6 = 1，有效。

(5) 与主轴倍率信号选择相关的参数 3713（位型参数）

	#7	#6	#5	#4	#3	#2	#1	#0
3713		MPC		EOV		MSC		

其中，EOV 位表示是否使用各主轴倍率信号：3713#4 = 0，不使用；3713#4 = 1，使用。

(6) 与主轴电动机类型相关的参数 3716（位主轴型参数）

	#7	#6	#5	#4	#3	#2	#1	#0
3716								A/Ss

其中，A/Ss 位决定主轴电动机的种类选择：3716#0 = 0，模拟主轴；3716#0 = 1，串行主轴。

(7) 与主轴配置相关的参数 3717（字节主轴型参数）

3717	各主轴的主轴放大器号

此参数用于设定分配给各主轴电动机的主轴放大器号，具体如下：
0：放大器尚未连接。
1：使用连接于 1 号放大器的主轴电动机。
2：使用连接于 2 号放大器的主轴电动机。
3：使用连接于 3 号放大器的主轴电动机。
需要注意的是，在使用模拟主轴的情况下，应在主轴配置的最后设定模拟主轴。例如，数控系统共控制 3 台主轴，串行主轴 2 台，模拟主轴 1 台，则模拟主轴放大器号为 3。

(8) 与主轴显示相关的参数 3718（字节主轴型参数）

3718	串行主轴或模拟主轴的主轴显示下标

此参数用于设定位置显示等画面中主轴速度显示的下标。

(9) 与位置编码器相关的参数 3720（2 字主轴型参数）

| 3720 | 位置编码器的脉冲数 |

此参数用于设定位置编码器的脉冲数。

（10）与主轴电动机最低钳制速度相关的参数 3735（字路径型参数）

| 3735 | 主轴电动机的最低钳制速度 |

此参数用于设定主轴电动机的最低钳制速度，设定值按照以下表达式计算：

$$设定值 = \frac{主轴电动机的最低钳制速度}{主轴电动机最高转速} \times 4095$$

（11）与主轴电动机最高钳制速度相关的参数 3736（字路径型参数）

| 3736 | 主轴电动机的最高钳制速度 |

此参数用于设定主轴电动机的最高钳制速度，设定值按照 5.1.3 介绍表达式计算。

（12）与分段无级变速主轴最高转速相关的参数 3741~3744（2 字主轴型参数）

3741	与齿轮 1 对应的各主轴最高转速
3742	与齿轮 2 对应的各主轴最高转速
3743	与齿轮 3 对应的各主轴最高转速
3744	与齿轮 4 对应的各主轴最高转速

这组参数用于设定与每个齿轮对应的主轴最高转速，如图 5-23 所示。

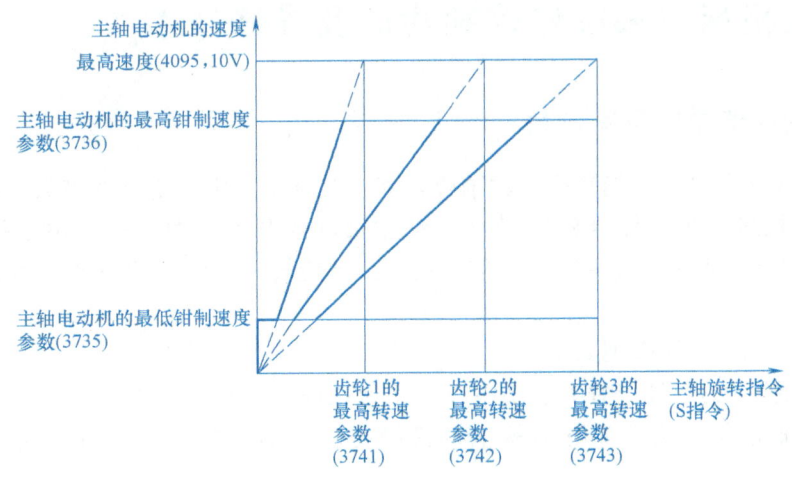

图 5-23　各级主轴最高转速的设定

（13）与主轴换档切换点速度相关的参数 3751~3752（字路径型参数）

3751	
	齿轮 1—2 档切换点的主轴电动机速度

3752	
	齿轮 2—3 档切换点的主轴电动机速度

此参数用于设定 B 型换档方式下齿轮切换点的主轴电动机速度，设定值按照以下表达式计算：

$$设定值 = \frac{齿轮切换点的主轴电动机转速}{主轴电动机最大转速} \times 4095$$

(14) 与恒线速度加工时主轴最低转速相关的参数 3771（2 字路径型）

3771	恒线速度方式（G96）中主轴最低转速

此参数用于设定恒线速度方式（G96）中主轴最低转速。在进行恒线速度加工时，当主轴转速小于或等于参数设定的转速时，主轴转速被钳制在参数设定的转速上。

(15) 与主轴最高转速相关的参数 3772（2 字路径型）

3772	主轴最高转速

此参数用于设定主轴最高转速。当指定了超过主轴参数设定的最高转速，以及通过应用主轴速度倍率使得主轴转速超过了上限转速时，主轴实际转速被钳制在参数设定的上限转速上。

5.4　数控机床主轴准停控制功能及维修技术

5.4.1　主轴准停功能及其应用

主轴准确的轴向定位功能称为主轴准停功能，又称主轴定向功能。当数控系统接收到准停指令 M19 或机床面板主轴准停信号（点动主轴准停开关）时，驱动主轴按规定的速度（定向速度）旋转，当检测到主轴一转信号后，主轴旋转一个固定的角度（可以通过参数修改）后停止。

主轴准停功能的具体应用如下：

1）在自动换刀的数控镗铣类加工中心中，为保证正确自动换刀，主轴停在某一固定的位置即实现主轴准停，从而保证刀柄上的键槽与主轴的凸键对准，防止换刀时出现撞刀现象。

2）在精镗孔循环加工时，为不使刀尖划伤已加工表面，切削完毕后要求主轴定向停止，并在定向的反方向偏移一个微小量（一般取 0.5~1mm）后返回。

3）多功能数控车床在圆柱面或端面上铣槽及进行螺旋槽等特殊加工时，要求主轴先实现准停控制，然后实现主轴旋转与进给轴的插补控制，即 C 轴控制。

5.4.2 主轴准停控制装置及系统参数设定

1. 主轴电动机内装传感器实现主轴准停控制

利用主轴电动机内装传感器发出的主轴速度、主轴位置信号及主轴一转信号实现主轴准停控制，这种方式适用于主轴电动机与主轴直连或按 1∶1 传动的场合，如图 5-24 所示。

这种控制方式中，主轴电动机内装传感器为带有一转信号的传感器。若是 FANUC 系统 α 系列主轴电动机，则用 MZ 系列编码器；若是 FANUC 系统 αi 系列主轴电动机，则用 MZi 系列编码器。相关参数的设定见表 5-10。

由数控系统发出主轴准停信号，通过主轴放大器的 JY2（α 系列主轴模块）/JYA2（αi 系列主轴模块）进行主轴位置、速度及一转信号的反馈。

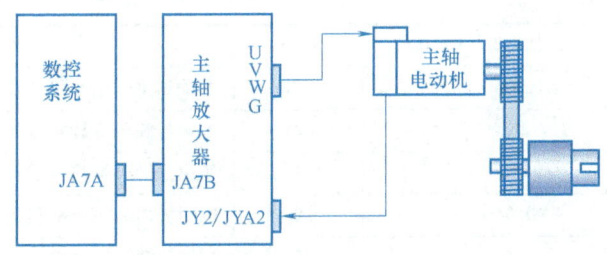

图 5-24 主轴电动机内装传感器实现主轴准停控制

表 5-10 主轴电动机内装传感器实现主轴准停控制的系统参数设定

FANUC 0C/0D 系统	FANUC 18/18i/0i 系统	设定值	说　明
6500#0	4000#0	0/1	主轴和电动机旋转方向相同/相反
6502#0	4002#0	1	使用电动机内装传感器为主轴位置反馈
6510#0	4010#0	1	电动机内装带一转信号的传感器
6515#0	4015#0	1	主轴定向功能有效
6556	4056	100	电动机与主轴的传动比为 1∶1

2. 主轴外接独立编码器实现主轴准停控制

主轴编码器如图 5-25 所示。利用与主轴 1∶1 连接的主轴编码器发出的主轴速度、主轴位置及主轴一转信号实现主轴准停控制，这种方式适用于主轴电动机与主轴之间有机械齿轮传动的场合，如图 5-26 所示。

这种控制方式中，主轴电动机传感器为不带一转信号的传感器。若是 FANUC 系统 α 系列主轴动机，则用 M 系列编码器；若是 FANUC 系统 αi 系列主轴电动机，则用 Mi 系列编码器。相关参数的设定见表 5-11。

由数控系统发出主轴准停信号，通过主轴放大器的

图 5-25 主轴编码器

JY2（α系列主轴模块）/JYA2（αi系列主轴模块）进行主轴电动机闭环电流矢量控制，通过 JY4（α系列主轴模块）/JYA3（αi系列主轴模块）进行主轴速度、位置及一转信号的反馈。

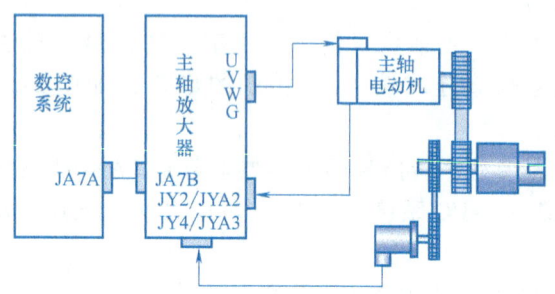

图 5-26　主轴外接独立编码器实现主轴准停控制

图 5-27　接近开关

表 5-11　主轴外接独立编码器实现主轴准停控制的系统参数设定

FANUC 0C/0D 系统	FANUC 18/18i/0i 系统	设定值	说　　明
6500#0	4000#0	0/1	主轴和主轴电动机旋转方向相同/相反
6501#4	4001#4	0/1	主轴与编码器旋转方向相同/相反
6501#2	4002#1	1	使用主轴外接编码器作为主轴位置反馈
6510#0	4010#0	0	电动机内装不带一转信号的传感器
6515#0	4015#0	1	主轴定向功能有效
6556~6559	4056~4059	实际设定	电动机与主轴各档的齿轮比

3. 主轴电动机内装传感器和外接一转检测元件（接近开关）实现主轴准停控制

主轴外接接近开关如图 5-27 所示。利用主轴外接一转检测元件（接近开关）发出的主轴一转信号和主轴电动机内装传感器发出的主轴速度和位置反馈信号实现主轴准停控制，这种方式适用于主轴电动机与主轴之间有机械齿轮传动的场合，如图 5-28 所示。

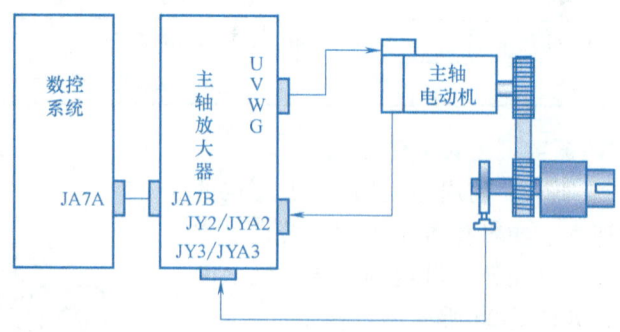

图 5-28　外接一转检测元件（接近开关）实现主轴准停控制

这种控制方式中，主轴电动机传感器为不带一转信号的传感器。若是 FANUC 系统 α 系列主轴电动机，则用 M 系列编码器；若是 FANUC 系统 αi 系列主轴电动机，则用 Mi 系列编码器。相关参数的设定见表 5-12。

表 5-12　主轴外接一转检测元件实现主轴准停控制的系统参数设定

FANUC 0C/0D 系统	FANUC 18/18i/0i 系统	设定值	说　明
6500#0	4000#0	0/1	主轴和主轴电动机旋转方向相同/相反
6502#0	4002#0	1	使用电动机内装传感器为主轴位置反馈
6504#2	4004#2	1	外接一转信号有效
6504#3	4004#3	0/1	接近开关为 NPN/PNP 类型
6510#0	4010#0	0	电动机内装不带一转信号的传感器
6515#0	4015#0	1	主轴定向功能有效
6556~6559	4056~4059	实际设定	电动机与主轴各档的齿轮比

由数控系统发出主轴准停信号，通过主轴放大器的 JY2 接口（α 系列主轴模块）/JYA2 接口（αi 系列主轴模块）进行主轴速度和位置控制，通过 JY3 接口（α 系列主轴模块）/JYA3 接口（αi 系列主轴模块）进行主轴一转信号的反馈。

5.4.3　主轴准停功能的控制

1. 主轴准停功能控制信号

FANUC 0C/0D 系统中主轴准停控制信号为 G229.6，准停完成信号为 F281.7；FANUC 18/18i/21/21i/0i 系统中主轴准停控制信号为 G70.6，准停完成信号为 F45.7。

2. 主轴准停的速度

FANUC 0C/0D 系统中主轴准停速度系统参数为 108；FANUC 18/18i/21/21i/0i 系统中主轴准停速度系统参数为 3732。

3. 主轴准停的控制角度

FANUC 0C/0D 系统中主轴准停控制角度系统参数为 6577；FANUC 18/18i/21/21i/0i 系统中主轴准停控制角度系统参数为 4077。

5.4.4　主轴准停控制过程中的常见故障

1. 主轴不能实现准停控制

（1）故障现象　当执行主轴准停控制功能指令 M19 时，主轴静止不动；或执行主轴准停操作时系统发出主轴报警。

（2）故障分析与诊断

1）系统主轴准停控制参数设定与实际不符。通过实际机床准停装置的控制情况检查系统参数设定是否正确。

2）系统主轴准停功能控制信号 G70.6/G229.6 不满足。故障原因可能是机床主轴准停条件不满足，通过系统 PMC 程序检查不满足条件的原因；或是系统本身故障，即系统执行了准停控制功能指令 M19 但没有发出使能信号。

3）系统主轴准停功能控制信号 G70.6/G229.6 满足。故障原因可能是主轴放大器控制电路板或系统本身故障。

2. 主轴准停不能完成的故障

（1）故障现象　当执行主轴准停控制功能指令 M19 时，主轴以准停速度旋转，直到超时报警。

（2）故障分析与诊断

1）检查主轴准停装置与系统参数设定是否一致。

2）主轴准停装置不良。

3）主轴放大器控制电路板不良。

4）系统主板不良（包括主轴参数不良）。

3. 主轴准停角度出现偏差

（1）故障现象　当执行主轴准停控制功能指令 M19 时，主轴能够实现准停控制，但准停的角度与规定的角度不一致。

（2）主轴准停角度存在固定偏差　故障原因是系统准停角度偏差参数设定不当或被修改，应重新设定。

（3）主轴准停角度存在随机偏差的原因

1）机械故障，如主轴与主轴齿轮、电动机轴与电动机齿轮之间的键联结侧隙过大。

2）主轴检测装置与机械连接不良或主轴传动带过松。

3）检测装置不良及一转信号不良。

4）主轴模块控制电路板不良。

5）系统主板不良。

5.5　数控车床螺纹加工中的常见故障分析及处理

螺纹加工是数控机床的重要加工功能之一，所以维修人员必须掌握螺纹加工控制原理、常见故障的诊断方法及实际处理过程。

5.5.1　数控车床主轴编码器及其功能连接

主轴编码器一般与主轴采用 1:1 齿轮传动且采用同步带连接，编码器的分辨率为 1024 脉冲/r，经过系统 4 倍频电路得到 4096 个位置反馈脉冲，同时通过鉴相电路实现主轴方向的判别，如图 5-29 所示。

1. 主轴位置编码器的作用

（1）实现主轴位置、速度和一转信号的控制　主轴编码器发出的信号有 PA 和 *PA、PB 和 *PB 及 PZ 和 *PZ，其中 PA 和 *PA 信号、PB 和 *PB 信号用于控制主轴位置（反馈位置脉冲数）和速度（反馈位置脉冲的频率），以及判别主轴方向；PZ 和 *PZ 信号用于控制主轴一转信号。主轴编码器的反馈信号如图 5-30 所示。

图 5-29　数控车床主轴编码器及其安装

（2）实现主轴与进给轴的同步控制　数控车床在进行螺纹加工时，为了满足切削螺距的需要，要求主轴每转一周，刀具准确地移动一个螺距（或导程）。系统通过主轴编码器反馈的位置脉冲信号实现主轴旋转与进给轴的插补功能，完成主轴位置脉冲的计数与进给同步控制。

（3）实现恒线速度切削控制　数控车床进行端面或锥面切削时，为了使加工表面的表面粗糙度保持一定，要求刀具与工件接触点的线速度为恒定值。随着刀具的径向进给和切削直径的逐渐减小或增大，应不断提高或降低主轴速度，保持 $v_c = 2\pi D n$ 为常数。其中，D 为刀具位置反馈信号（即工件的切削直径），v_c 为加工程序指定的恒线速度值。上述数据经过系统软件处理后，传输到主轴放大器，作为主轴的速度控制信号，并通过主轴编码器的反馈信号准确实现主轴的速度控制。

2. 主轴编码器的功能连接

主轴编码器的信号接口及功能连接如图 5-30 所示。图 5-30a 所示的主轴放大器为变频器，当主轴采用变频器驱动时，主轴编码器应该连接到系统的 JA7A（FANUC 0i-A/0i-B/0i-C）或 JA41（FANUC0i-D）；图 5-30b 所示的主轴放大器为 FANUC 主轴伺服模块，当采用 FANUC 主轴模块时，主轴编码器应该和主轴模块的 JY4（α 系列主轴模块）/JYA3（αi 系列主轴模块）连接。

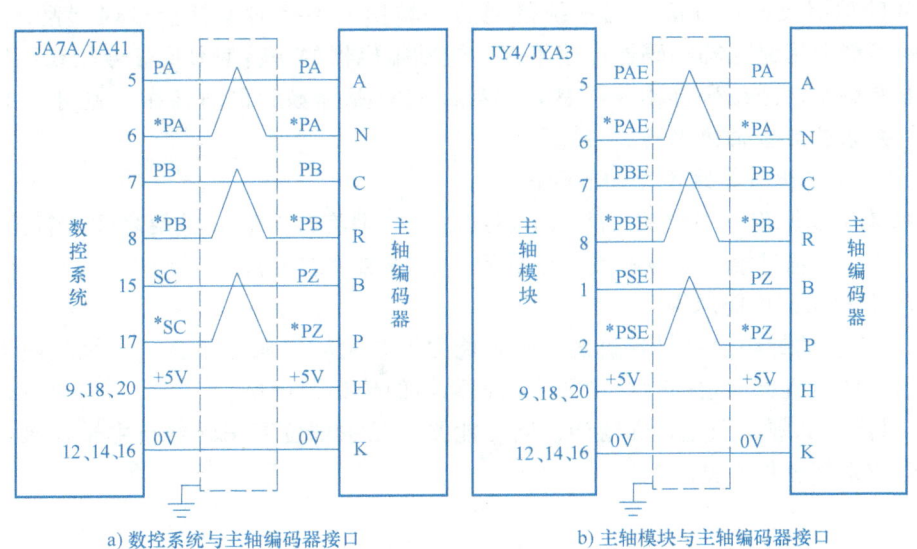

图 5-30　主轴编码器的信号接口和功能连接

5.5.2　数控车床螺纹加工常见故障诊断与维修

1. 不执行螺纹加工的故障诊断与维修

（1）故障现象　某配套 FANUC 0i 系统的数控车床，在自动加工时，发现不执行螺纹加工程序。

（2）系统工作原理　数控车床螺纹加工实质就是主轴旋转与 Z 轴进给之间的插补。当执行螺纹加工指令时，系统得到主轴位置检测装置发出的一转信号后开始进行螺纹加工，同时根据主轴的位置反馈脉冲进行 Z 轴的插补控制，即主轴转一转，Z 轴进给一个螺距或一个导程（多线螺纹加工）。

（3）故障原因与检测办法

1）主轴编码器与系统之间的连接不良。可通过检查连接电缆接口及电缆线的校对查到故障并修复，如果采用主轴放大器（FANUC 串行主轴放大器），系统会出现 9027（AL-27）报警。

2）主轴编码器的位置信号 PA、＊PA、PB、＊PB 不良或连接电缆断开。可通过系统显示装置上是否有主轴速度显示来判别，如果无主轴速度显示则为该报警。

3）主轴编码器的一转信号 PZ、＊PZ 不良或连接电缆断开。可通过加工指令 G99（每转进给）和 G98（每分钟进给）切换来判别，如果执行 G98 指令进给切削正常而执行 G99 指令进给切削不执行，则为该类故障。

4）系统或主轴放大器故障。

如果以上故障都排除，则为系统本身故障，即系统存储板或系统主板故障。

2. 螺纹加工出现"乱牙"的故障诊断

（1）系统工作原理　一般的螺纹加工要经过几次切削才能完成，每次重复切削时，开始进刀的位置必须相同。为了保证重复切削不乱牙，数控系统只有在接收主轴编码器中的一转信号后才开始螺纹切削的计算。

（2）故障原因及处理方法　当系统得到的一转信号不稳时，就会出现"乱牙"现象。产生故障的可能原因是主轴编码器连接不良、主轴编码器的一转信号或信号电缆不良、主轴编码器内部有脏东西或编码器本身不良。如果以上故障排除后仍旧存在"乱牙"现象，则需要检查数控系统或主轴放大器。

3. 螺纹加工中出现螺距不稳的故障诊断

（1）系统工作原理　用数控车床加工螺纹时，主轴旋转与 Z 轴进给之间进行插补控制，即主轴转一转，Z 轴进给一个螺距或一个导程（多线螺纹加工）。

（2）产生故障的可能原因

1）如果产生的螺距误差是随机的，则可能原因是主轴编码器不良、主轴编码器内部太脏、主轴编码器与机床固定部件松动及连接编码器的传动带过松。

2）如果产生的螺距误差是固定的，则可能原因是主轴位置编码器与主轴连接传动比参数设定错误或系统软件不良。

习　题

1. 模拟量控制的主轴和串行数字控制主轴驱动装置的控制原理有何不同？
2. 数控机床主轴电动机已具备了无级调速功能，但为什么有的数控机床主轴还增设主轴变速齿轮？
3. 采用变频器改造数控车床主轴驱动，数控系统与变频器信号有哪些？这些信号的具体作用是什么？
4. 某数控车床采用 FANUC 0i Mate-TC 数控系统，画出数控系统与变频器的信号连接图，变频器采用安川变频器 VS-616G7。
5. 串行主轴驱动装置的电动机电源相序接错会出现什么现象？解释其原因。
6. 实际中有哪些情况会导致系统串行主轴控制模块出现错误报警（主轴模块黄灯亮）？如果出现主轴错误信息时，应如何处理？
7. 某数控龙门铣床主轴在重切削时偶尔发生主轴停转故障，分析可能的故障原因并说明如何进行检修。该机床主轴采用两档自动换档液压控制。

8. 某立式加工中心采用 FANUC 0i MA 系统，主轴增设了三级齿轮变档，低速档的齿轮传动比为 11∶108，中速档的齿轮传动比为 11∶36，高速档的齿轮传动比为 11∶12。主轴电动机的最低转速为 150r/min，最高转速为 6000r/min。根据机械设计要求可知，主轴电动机的最高转速设定为 4500r/min。如何设定系统主轴参数？

9. 主轴定向过程中出现超时报警，如何进行检修？机床为立式加工中心，系统采用 FANUC 0i MC 系统。

第 6 章
机床电气故障诊断与维修

> **本章导读**
>
> ● 主要内容及教学要求
>
> 1. 介绍了数控机床 PMC 的类型、程序结构与信号交换,要求掌握 PMC 的程序结构及执行过程。
>
> 2. 介绍了 FANUC 系统 PMC 的界面、菜单结构与操作方法,要求掌握 PMC 梯形图的监控与编辑功能。
>
> 3. 介绍了数控机床工作状态开关、自动换刀、润滑、加工程序功能按钮、辅助功能代码等的 PMC 控制分析,要求掌握相关功能的 PMC 梯形图编制方法。
>
> 4. 介绍了电源单元输入、输出电路的工作原理,要求掌握数控机床电源单元的常见故障及诊断方法。
>
> ● 重点、难点
>
> 1. FANUC 系统 PMC 的界面操作方法与监控、编辑功能。
>
> 2. 机床常见功能 PMC 梯形图的编制。

6.1 FANUC 0i 系统 PMC 认知

数控机床作为自动控制设备,是根据用户程序要求自动进行工作的。数控机床除了对坐标轴进给运动进行位置伺服控制外,还要对机床辅助运动进行顺序控制。顺序控制主要以数控系统内部和机床的各种行程开关、传感器、操作面板按钮、继电器等的开关量信号状态为触发条件,按照预先设计的逻辑顺序实现对诸如主轴正转、反转、起动、停止、刀具交换、工件夹紧、松开、工作台交换、切削液开、关和润滑系统启停等的顺序控制。数控机床用可编程序控制器(Programmable Machine Controller, PMC)可完成顺序逻辑控制。

6.1.1 数控机床用 PMC 的类型

数控机床用 PMC 分为两类:一类是专为实现数控机床顺序控制而设计、制造的内装型 PMC;另一类是输入/输出技术规范、输入/输出点数、程序存储容量以及运算和控制功能等均能满足数控机床控制要求的独立型 PMC。

1. 内装型 PMC

内装型 PMC 从属于数控装置,PMC 与数控系统之间的信号传送在数控装置内部就可完成，而 PMC 与机床侧的信息传送则要通过输入/输出接口来完成。

内装型 PMC 具有如下特点：

1) 内装型 PMC 实际上是数控装置带有的 PMC 功能，一般是作为一种可选功能提供给用户的。

2) 内装型 PMC 的性能指标（如输入/输出点数、程序最大步数、每步执行时间、程序扫描周期、功能指令数目等）是根据所从属的数控系统的规格、性能、适用机床的类型等确定的，其硬件和软件部分是被作为数控系统的基本功能或附加功能与数控系统一起统一设计制造的。因此，PMC 的硬件和软件整体结构十分紧凑，其所具有的功能针对性强，技术指标较合理、实用，适用于单台数控机床的场合。

3) 在系统结构上，内装型 PMC 既可以与数控装置共用一个 CPU，也可以单独使用一个 CPU。单独使用时，PMC 对外有单独配置的输入/输出电路，而不使用数控装置的输入/输出电路。

4) 采用内装型 PMC，扩大了数控装置内部直接处理的通信接口功能，可以使用梯形图的编辑和传送等高级控制功能，且造价便宜，提高了数控系统的性能价格比。

5) 内装型 PMC 与数控系统之间的信息交换是通过公共 RAM 完成的，因此内装型 PMC 与数控系统之间没有连线，信息交换量大，安装调试更加方便，且结构紧凑，可靠性好。

2. 独立型 PMC

独立型 PMC 又称通用型 PMC。独立型 PMC 独立于数控装置，有完整的硬件和软件结构，是能独立完成规定控制任务的装置。数控机床用的独立型 PMC 一般采用模块化结构，装在插板式笼箱内，它的 CPU 系统程序、用户程序、输入/输出电路、通信等均设计成独立的模块。独立型 PMC 主要用于柔性制造系统（Flexible Machining System，FMS）、计算机集成制造系统（Computer Intergrated Machining，System，CIMS）形式中的数控机床，具有较强的数据处理、通信和诊断功能，成为数控系统与上级计算机联网的重要设备。

6.1.2 数控机床用 PMC 与外部的信号交换

数控机床用 PMC 与外部的信号交换包括 PMC 与数控系统的信号交换以及 PMC 与机床侧的信号交换，如图 6-1 所示。

图 6-1　PMC 与外部的信号交换

1. PMC 与数控系统的信号交换

（1）来自数控系统的 F 信号　PMC 接收到的来自数控系统的信号用地址符 F 表示，包括各种功能指令代码 M、S、T 的信息，手动、自动方式的信息以及各种使能信号。

（2）发送至数控系统的 G 信号　PMC 发送至数控系统的信号用地址符 G 表示，包括实现 M、S、T 功能的应答信号，各坐标轴对应的机床参考点信号等。

所有数控系统发送至 PMC 或 PMC 发送至数控系统的信息含义及地址均由数控系统厂家定义，PMC 编程用户只能够使用这些信号，不能改变或增删。

2. PMC 与机床的信号交换

（1）来自机床的 X 信号　PMC 接收到的来自机床的信号用地址符 X 表示，包括机床操作面板输入信号和机床状态输入信号两大部分。操作面板信号主要包括操作方式选择信号、速度倍率选择信号、轴选择信号等，机床状态输入信号包括行程限位开关信号、液压和气压压力信号、刀位信号等。

（2）发送至机床的 Y 信号　PMC 发送给机床的信号用地址符 Y 表示，包括驱动电磁阀、继电器、接触器的信号，状态指示信号以及各种报警信号等。

6.1.3　PMC 程序的结构及工作过程

1. PMC 梯形图的结构要素

PMC 程序常用梯形图表达，梯形图的结构要素如图 6-2 所示。图中左右两条竖直线为母线，两母线之间的横线为梯级，每个梯级又由一行或数行构成。每行由触点（常开、常闭）、继电器线圈、功能指令模块等构成。

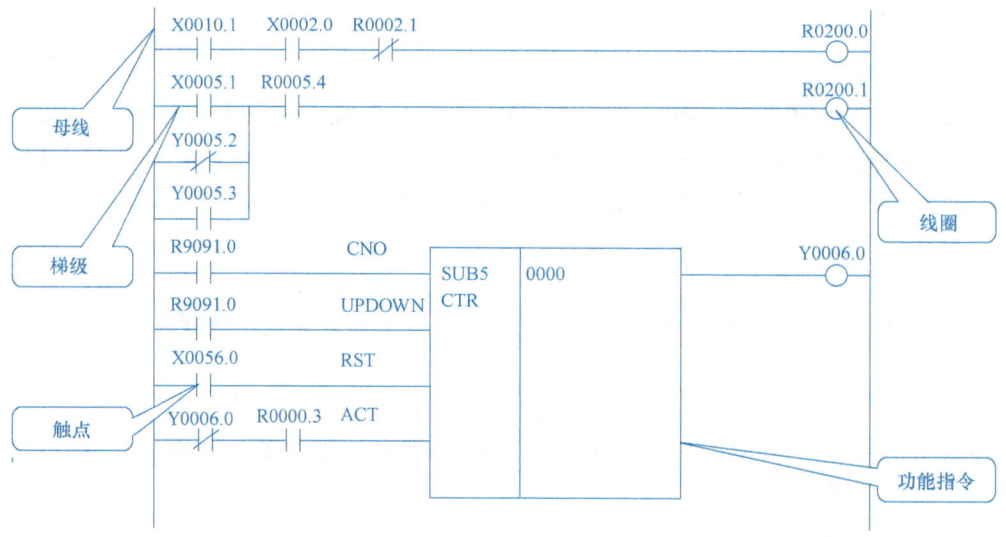

图 6-2　梯形图的结构要素

2. PMC 程序结构及执行过程

PMC 程序由第一级程序、第二级程序、若干子程序及顺序程序结束指令构成，如图 6-3 所示。

（1）第一级程序　第一级程序又称高级程序，每 8ms 执行一次，用于处理短脉冲信号，包括急停、各轴超程、返回参考点减速、外部减速、跳步、到达测量位置和进给暂停等信号。第一级程序用功能符号 END1 结束。

（2）第二级程序　第二级程序称为通常程序，其处理的优先级别低于第一级程序。在每个 8ms 扫描周期都先扫描执行第一级程序。其中，8ms 当中的 1.25ms 用于执行第一级和第二级程序，剩余时间由数控系统使用。在 1.25ms 时间内，扫描完第一级程序后，在剩余时间内再扫描第二级程序。如果第二级程序在一个8ms规定时间内不能扫描完成，它会被分割成n段来执行。第二级程序用功能符号END2结束。

（3）PMC程序的扫描周期　由此看来，第一级程序的长短决定第二级程序的分隔数，也就决定了整个程序的循环处理周期。因此第一级程序应编制得尽量短，只把一些需要快速响应的程序放在第一级程序中。PMC程序的扫描周期如图6-4所示。

（4）PMC功能模块　PMC程序使用结构化功能模块编程，即将每一个功能模块用子程序表达。子程序必须在第二级程序后指定，以符号SP开始，以符号SPE结束。整个子程序必须在顺序程序结束指令END之前结束。子程序结构如图6-5所示。

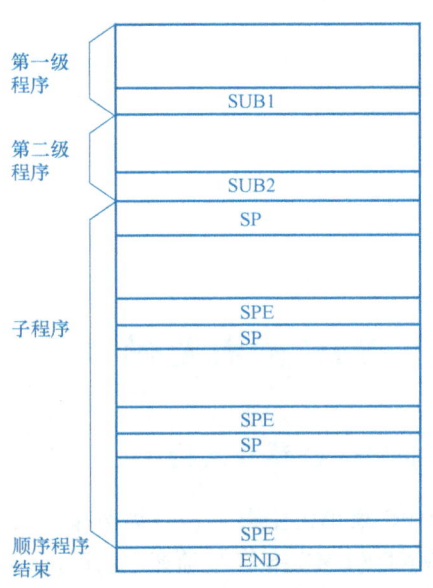

图6-3　PMC程序结构

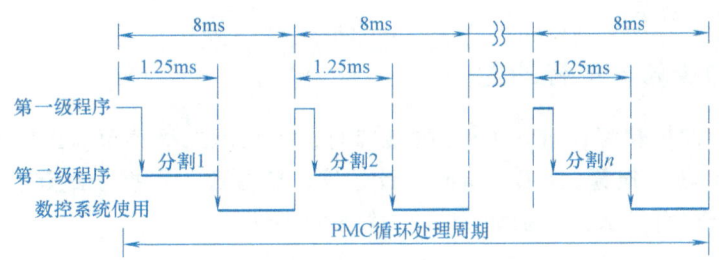

图6-4　PMC程序的扫描周期

6.1.4　PMC程序的顺序执行特点

PMC程序由内部软件控制，和传统的继电器控制电路有着根本的区别。PMC程序按照梯形图顺序执行，而继电器控制电路中同一触点可以实现同时动作。

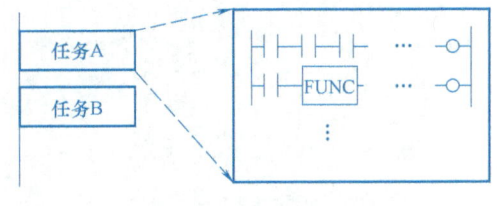

图6-5　子程序结构

图6-6所示的电路中，如果采用继电器控制，当继电器触点A闭合时，继电器D和E线圈同时得电；如果采用PMC顺序控制，则当继电器A动作时，继电器D首先动作，然后继电器E才动作，即各个继电器按照梯形图中的顺序动作。

图6-7所示的电路中，如果采用继电器控制，当继电器触点A接通后，B、C线圈同时接通，线圈C接通之后常闭触点C断开，线圈B断开；如果采用PMC顺序控制，继电器触点A接通后线圈C接通，C常闭触点断开，继电器线圈B并不接通，这是因为执行PMC程序时，是按照梯形图从上到下、从左到右的顺序执行的。

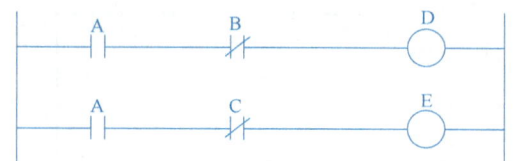

图 6-6 继电器控制电路与 PMC 顺序控制电路的比较（一）

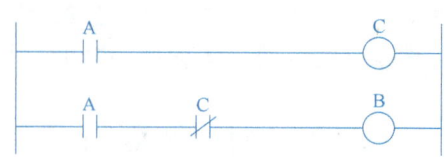

图 6-7 继电器控制电路与 PMC 顺序控制电路的比较（二）

6.2 PMC 画面及操作

6.2.1 PMC 菜单结构

PMC 菜单由主菜单、一级菜单、二级菜单、三级子菜单等多级菜单构成。一级菜单由 PMCMNT（PMC 维修与监控）、PMCLAD（PMC 梯形图）、PMCCNF（PMC 配置）等模块组成。

操作时在 MDI 键盘上按下【SYSTEM】功能键，再按几次扩展软键【+】，即进入 PMC 一级菜单，如图 6-8 所示。

6.2.2 PMC 的维修与监控功能

按下【PMCMNT】软键，进入 PMC 的维修与监控功能二级菜单。PMC 的维修与监控功能包括信号、I/OLNK、报警、I/O、定时、计数器、K 参数、数据、跟踪、TRCPRM、IO 诊断等。菜单分三个画面显示，分别如图 6-9~图 6-11 所示。

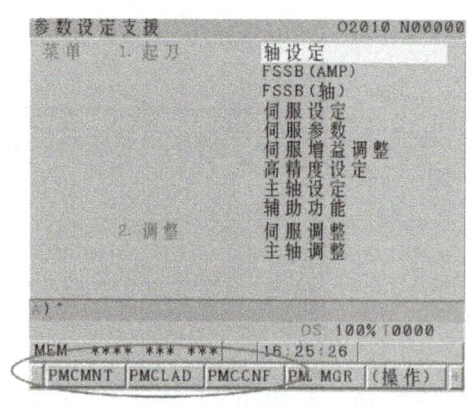

图 6-8 PMC 一级菜单

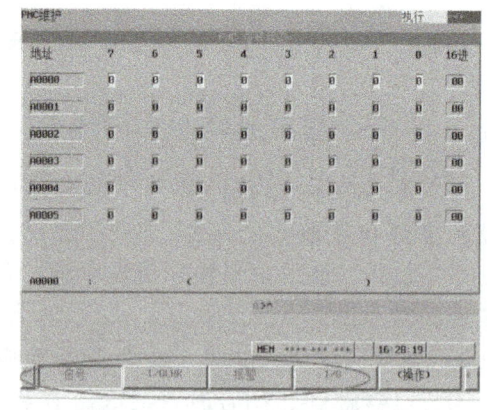

图 6-9 PMCMNT 二级菜单之一

1. PMC 信号状态监控画面

（1）信号状态监控画面的作用 在 PMCMNT 二级菜单下，按下【信号】软键，进入信号状态显示画面，如图 6-9 所示。该画面能够显示 PMC 程序中指定的所有地址内容。地址内容有三种显示方法：以位模式"0"或"1"显示；以十六进制显示；以十进制显示。

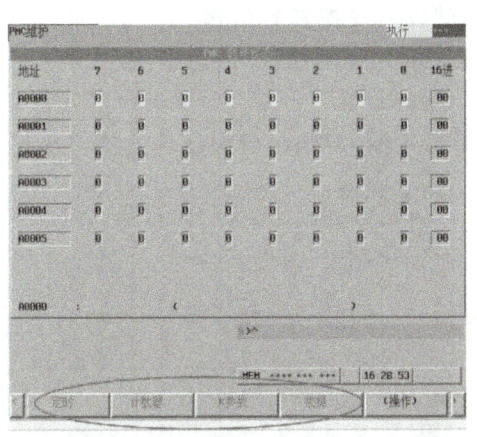

图 6-10　PMCMNT 二级菜单之二

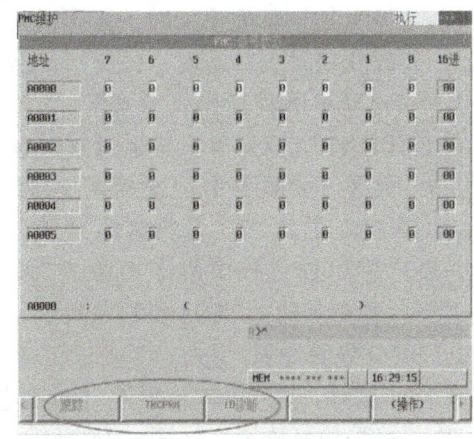

图 6-11　PMCMNT 二级菜单之三

（2）画面介绍　按下【信号】软键，进入信号状态显示画面，如图 6-12 所示，分为信号状态显示区、附加信息区和信息查询输入区三个部分。

在信号状态显示区，按照位模式、十六进制等方式显示信号各位状态。在 PMC 运行时，可以通过信号状态显示监控机床设备运行正常与否或判断故障原因。通过翻页方式和信息搜索方式能够查阅各信号状态。附加信息区显示光标所在位置所对应的地址符号和注释。在信息查询输入区，可通过 MDI 键盘输入需要查询的地址。

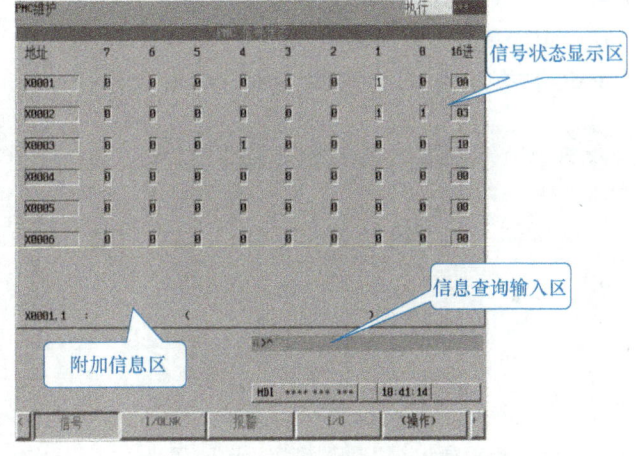

图 6-12　信号状态显示画面

（3）信号状态显示子菜单　按下【信号】软键后再按【（操作）】软键，即进入信号状态显示子菜单，如图 6-13 所示，其包括【搜索】【10 进】【强制】等软键。其中，【搜索】软键可用于查找信号，【10 进】软键用于十进制、十六进制数据之间的切换，【强制】软键用于改变信号状态。

（4）信号状态显示画面的操作　关于信号查找、信号状态改变的操作步骤如下：

1）按下【信号】软键，出现信号状态显示画面。

2）键入希望显示的地址后，按下【搜索】软键。

3）从所输入的地址开始连续的数据，以位模式显示。

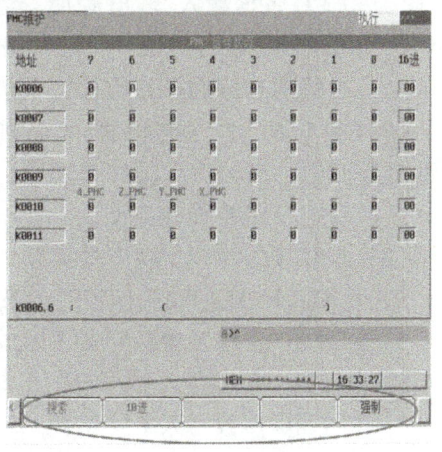

图 6-13　信号状态显示子菜单

4) 要显示其他新的地址时,按下光标键、翻页键或者【搜索】软键。

5) 要改变信号的状态时,按下【强制】软键,转移到强制输入/输出画面。

2. I/O LINK 硬件连接状态画面

在 PMCMNT 二级菜单下按下【I/OLNK】软键,进入输入/输出模块硬件连接状态画面,如图 6-14 所示。该画面中,连接在 JD51A-JD1B、JD1A-JD1B 接口上的 I/O 模块按照"组"的顺序显示,用户可以通过该画面了解数控系统的 I/O 模块类型、数量及输入/输出控制点数。

3. PMC 报警画面

在 PMCMNT 二级菜单下按下【报警】软键,进入 PMC 报警信息画面,如图 6-15 所示。该画面中显示 PMC 发生的报警信息,如果信息条数过多,可以通过翻页键进行切换。

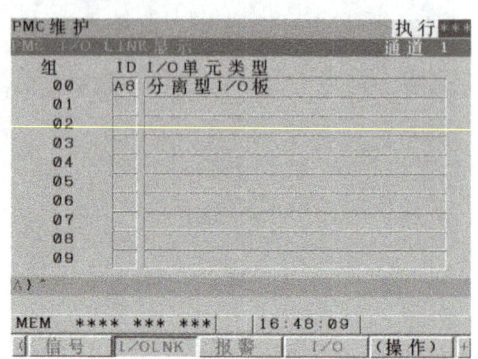

图 6-14　输入/输出模块硬件连接状态画面

4. PMC 数据输入/输出画面与操作

在 PMCMNT 二级菜单下按下【I/O】软键,进入 PMC 数据输入/输出画面,如图 6-16 所示。

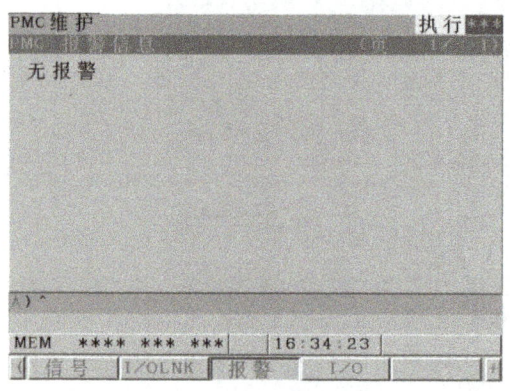

图 6-15　PMC 报警信息画面

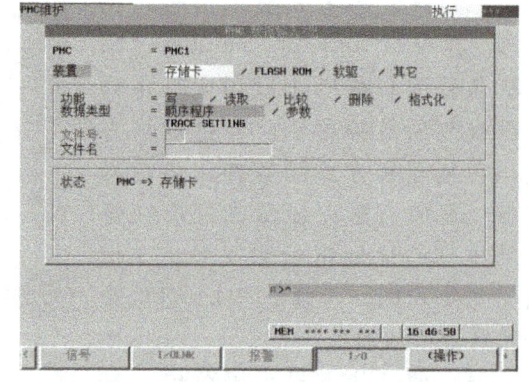

图 6-16　PMC 数据输入/输出画面

(1) PMC 数据输入/输出画面　在数据输入/输出画面可进行 PMC 程序、PMC 参数和 PMC 信息的输入/输出传送("写"或"读")、比较、删除、格式化等操作,可以通过上、下、左、右移动光标选择相应的存储装置和进行相应的操作。

(2) 和 PMC 进行数据交换的存储装置类型　和 PMC 进行数据交换的外部存储装置的类型有存储卡、FLASH ROM、软驱及其他。使用不同的存储装置时,注意进行相关参数的设置,以确定存储装置的类型。

(3) PMC 数据输入/输出的类型　PMC 数据输入/输出的类型如下:

1) 将 CF 卡中的 PMC 程序及参数读入 DRAM 中。

2) 将 PMC 程序及参数写入 FROM 中。

3) 将 PMC 程序写入 CF 卡中。

4) 将 PMC 参数写入 CF 卡中。

(4) I/O 子菜单　按下【I/O】软键,再按【(操作)】软键,即可进入 I/O 子菜单。

（5）PMC 梯形图及 PMC 参数加载 将 PMC 梯形图和 PMC 参数从 CF 卡中加载到数控系统的 FROM 中，需要分两步进行：

1）将 PMC 梯形图和 PMC 参数从 CF 卡加载到数控系统的 DRAM 中。由于数控系统断电再开机时会对 DRAM 进行初始化，传入的数据将自动丢失，因此保存在 DRAM 中的数据必须保存到 FROM 中。

2）将 PMC 梯形图和 PMC 参数从 DRAM 加载到数控系统的 FROM 中。

将 CF 卡插入卡插槽中，将 CF 卡中的 PMC 梯形图及 PMC 参数输送至数控系统 FROM 中的步骤如下：

① 使数控系统处于急停状态。

② 按下【SETING】键或【设置】软键，进入设置画面。

③ 将"参数写入"项置 1，使系统处于参数允许写入状态。

④ 按下【SYSTEM】功能键。

⑤ 按下最右边的【▷】软键（扩展软键）。

⑥ 按下【PMCMNT】软键，如图 6-17a 所示。

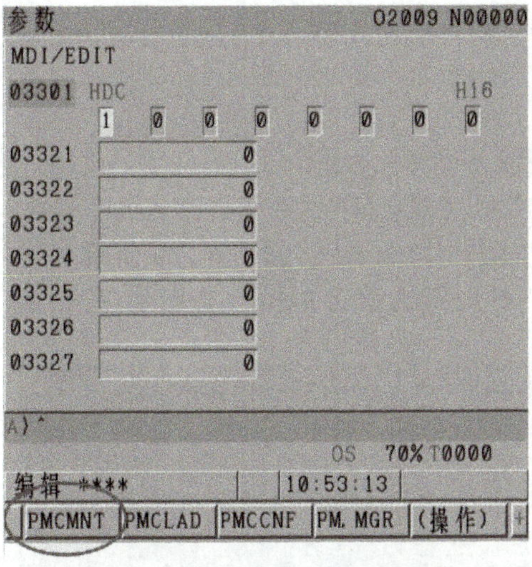

a) 进入PMCMNT画面 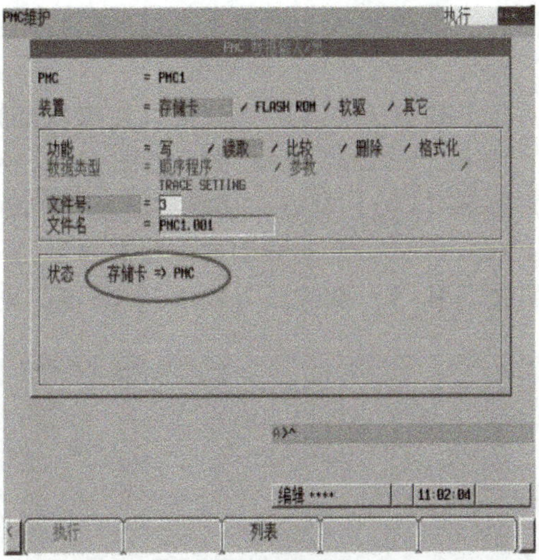   b) 由CF卡向DRAM加载

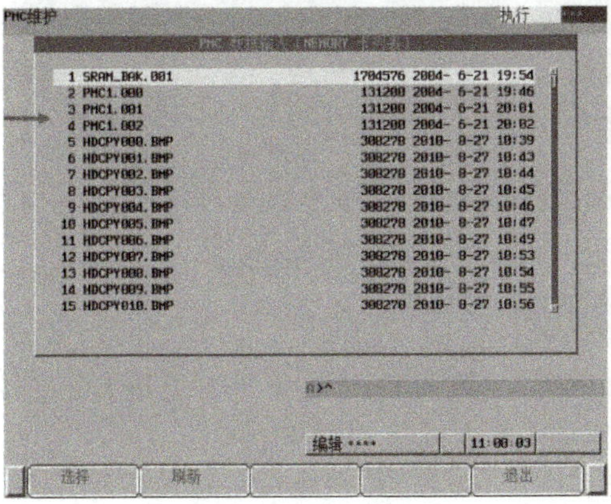

c) 存储卡中PMC文件的选择 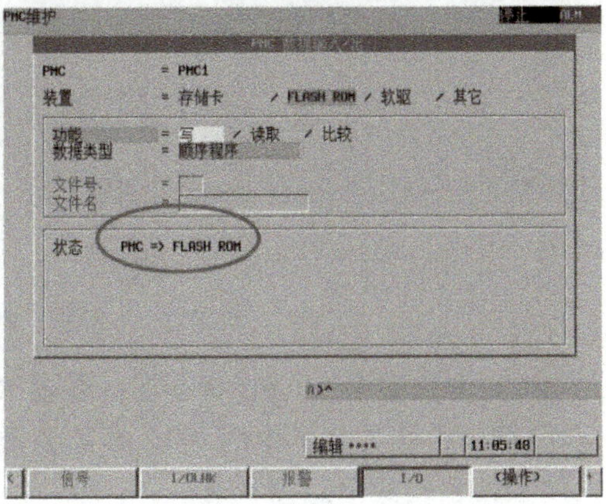   d) 由DRAM向FROM加载

图 6-17 PMC 梯形图及 PMC 参数的加载过程

⑦按下【I/O】软键,选择"装置=存储卡""功能=读取""文件号=3"("3"为 CF 卡中 PMC 文件保存的顺序号,如图 6-17c 所示),此时显示器上状态显示为"存储卡⇒PMC",如图 6-17b 所示。

⑧按【执行】软键,则 PMC 梯形图及 PMC 参数被加载到 DRAM 中。

⑨再次回到 PMC 数据输入/输出画面。

⑩选择"装置=FLASH ROM""功能=写""数据类型=顺序程序",此时显示器上状态显示为"PMC⇒FLASH ROM",如图 6-17d 所示。

⑪按【执行】软键或【EXEC】软键,则 DRAM 中的 PMC 梯形图连同 PMC 参数被加载到 FROM 中。

按照这种方式从 CF 卡中读入 PMC 程序时,PMC 参数也一同被读入。

(6) PMC 梯形图备份 将 CF 卡插入卡插槽中,将数控系统中的 PMC 梯形图备份至 CF 卡中,过程如下:

1) 使数控系统处于急停状态。

2) 按下【SETING】键或【设置】软键,进入设置画面。

3) 将"参数写入"项置 1,使系统处于参数允许写入状态。

4) 按下【SYSTEM】功能键。

5) 按下最右边的【▷】软键(扩展软键)。

6) 按下【PMCMNT】软键,如图 6-18a 所示。

7) 按下【I/O】软键,选择"装置=存储卡""功能=写""数据类型=顺序程序""文件名=PMC1.001",此时显示器上状态显示为"PMC→存储卡",如图 6-18b 所示。

8) 按【执行】软键或【EXEC】软键,则将数控系统中的 PMC 梯形图备份到 CF 卡中。

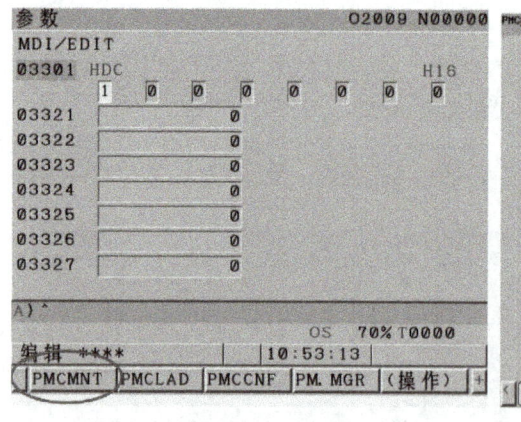
a) 进入 PMCMNT 画面

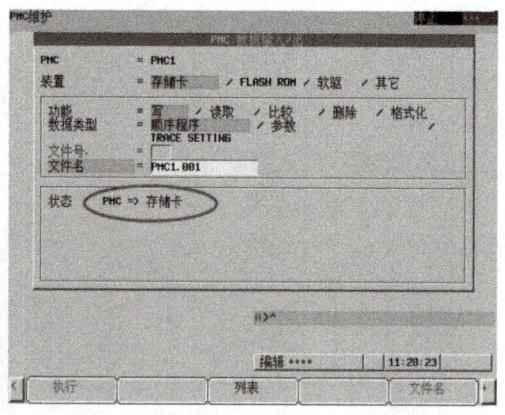
b) PMC 程序的备份

图 6-18 PMC 梯形图备份过程

(7) PMC 参数备份 PMC 梯形图的备份和 PMC 参数的备份是分开独立进行的。将 CF 卡插入卡插槽中,数控系统中的 PMC 参数备份至 CF 卡中的过程如下:

1) 使数控系统处于急停状态。

2) 按下【SETING】键或【设置】软键,进入设置画面。

3) 将"参数写入"项置 1,使系统处于参数允许写入状态。

4）按下【SYSTEM】功能键。

5）按下最右边的【▷】软键（扩展软键）。

6）按下【PMCMNT】软键，如图 6-19a 所示。

7）按下【I/O】软键，选择"装置＝存储卡""功能＝写""数据类型＝参数"，如图 6-19b 所示。

8）按【执行】或【EXEC】软键，则将数控系统中的 PMC 参数传送到 CF 卡中。

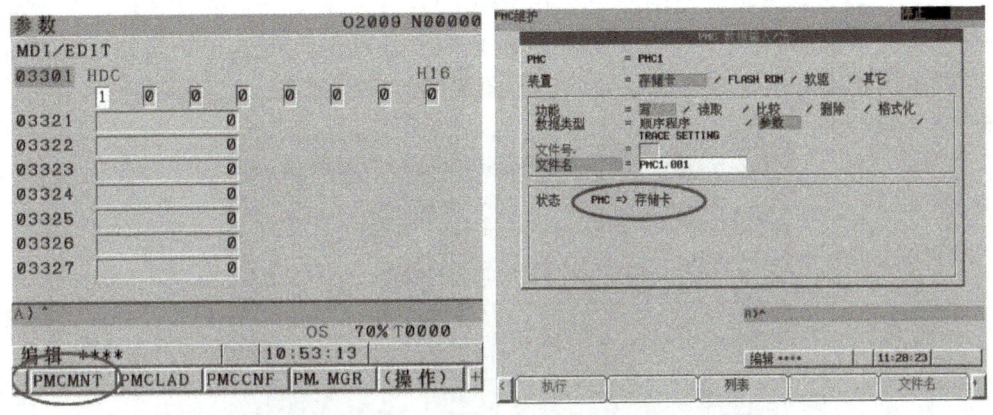

a）进入PMCMNT界面　　　　　　　　　　b）PMC参数备份

图 6-19　PMC 参数的备份过程

6.2.3　PMC 梯形图的监控与编辑功能

按下【PMCLAD】软键，进入 PMC 梯形图的监控与编辑功能子菜单。PMC 梯形图的监控与编辑功能由列表、梯形图、双层圈三个二级子菜单构成，如图 6-20 所示。

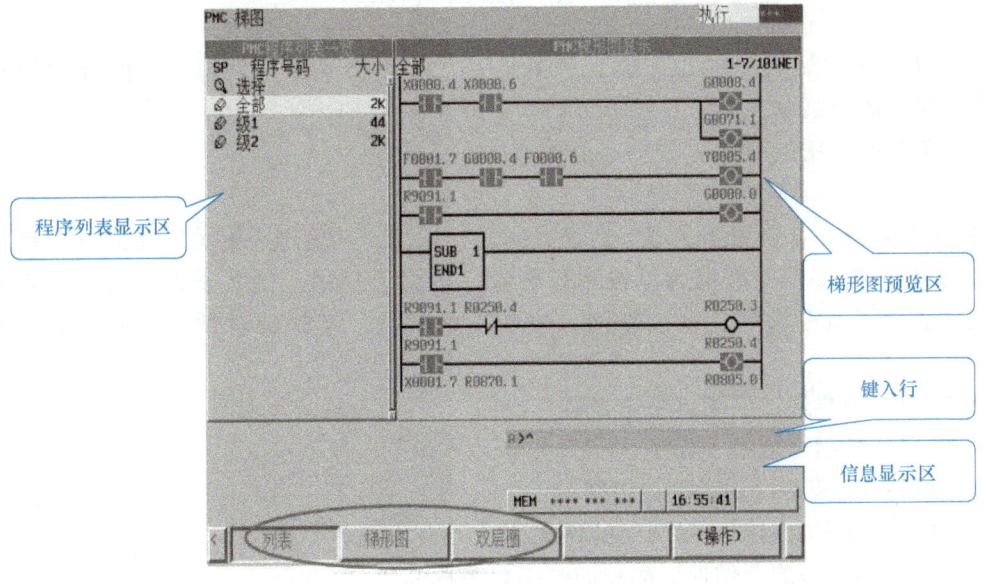

图 6-20　PMC 梯形图的监控与编辑功能子菜单

1. PMC 列表画面的显示

如图 6-20 所示，PMC 列表画面分为四个区域，分别是程序列表显示区、梯形图预览区、信息显示区、键入行。

梯形图预览区显示当前程序列表光标所指向的程序梯形图；键入行显示要查询的内容；信息显示区根据不同情形显示如错误信息和提示等各类信息。

2. PMC 梯形图的显示与编辑

（1）梯形图显示与编辑画面的作用　在 PMCLAD 二级菜单下，按【梯形图】软键，进入梯形图显示与编辑画面，如图 6-21 所示。该画面中显示触点和监控线圈的通断状态、功能指令参数中所指定的地址内容，以确认梯形图程序的动作顺序。

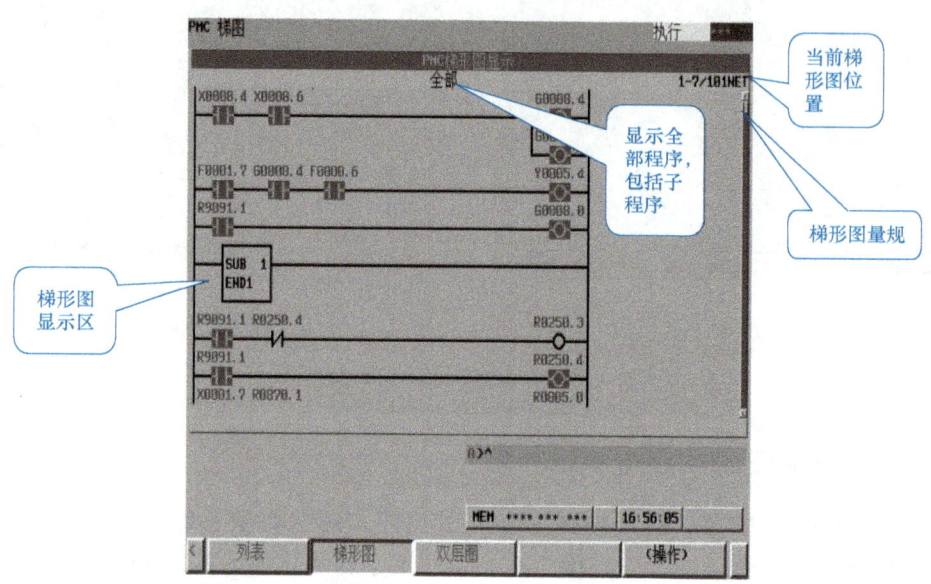

图 6-21　PMC 梯形图显示与编辑画面

（2）梯形图子菜单　在 PMCLAD 子菜单下，按【梯形图】软键，再按【(操作)】软键，进入梯形图子菜单，如图 6-22 所示。

各子菜单的作用如下：

1）列表。对程序进行列表显示。

2）搜索。按照从表头至表尾、地址、网号、线圈、功能指令等关键词进行搜索。

3）编辑。对梯形图以网为单位进行删除、剪切、复制、粘贴操作，改变触点和线圈地址，改变功能指令参数，追加新网，改变网的形状，反映编辑结果，恢复到编辑前状态等。

4）转换。用户通过该菜单可选择监控界面。

5）反向。显示之前的子程序。

6）SPLIST 子菜单。显示子程序列表。

7）设定。设定梯形图显示画面的格式。

（3）梯形图的查阅　梯形图的查阅包括以下内容：

1）查找触点和线圈。顺序按以下软键；【PMCLAD】→【梯形图】→【(操作)】→【搜索】，

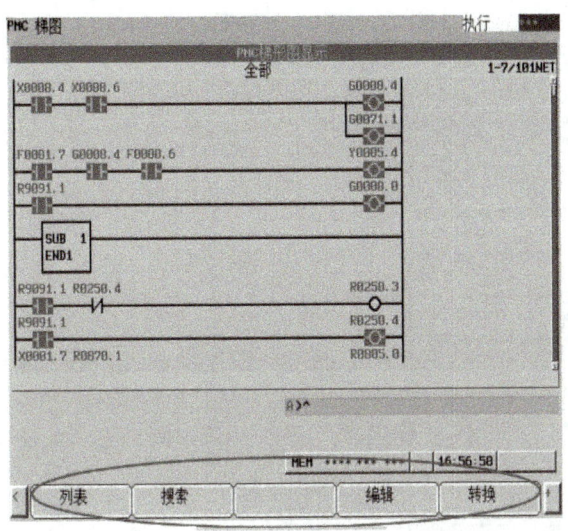
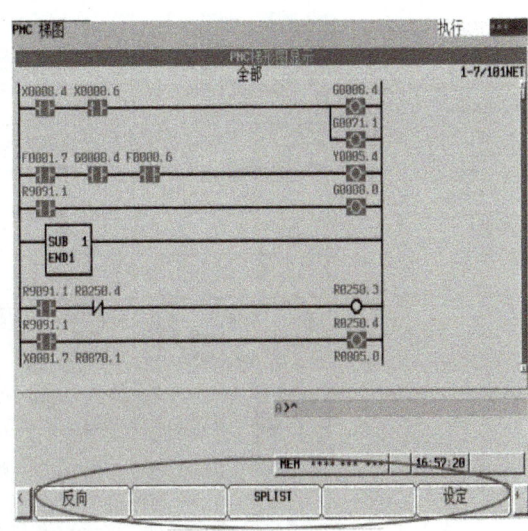

a) 子菜单一　　　　　　　　　　　　　　b) 子菜单二

图 6-22　梯形图子菜单

进入梯形图查找画面，如图 6-23 所示。

键入需要查找的地址，如 "G8.4"（急停信号），按【搜索】软键，则画面显示所查找地址的触点和线圈。使用【搜索】软键可以同时查找触点和线圈。如果只想查找线圈，则输入待查找的线圈地址如 "R204.0"，按【W-搜索】软键，系统就按照指定线圈地址查找，如图 6-24 所示。

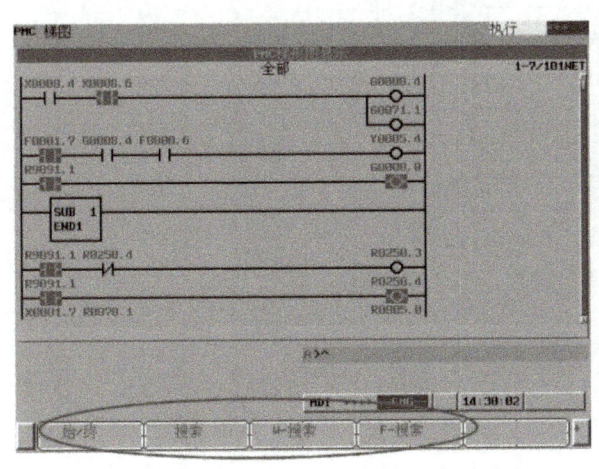

a) 画面一　　　　　　　　　　　　　　b) 画面二

图 6-23　梯形图查找画面

2) 查找梯形图行号。如果知道所要查找的触点或线圈位于梯形图的哪一行，则可以按照行号查询。顺序按【PMCLAD】→【梯形图】→【（操作）】→【搜索】软键，输入

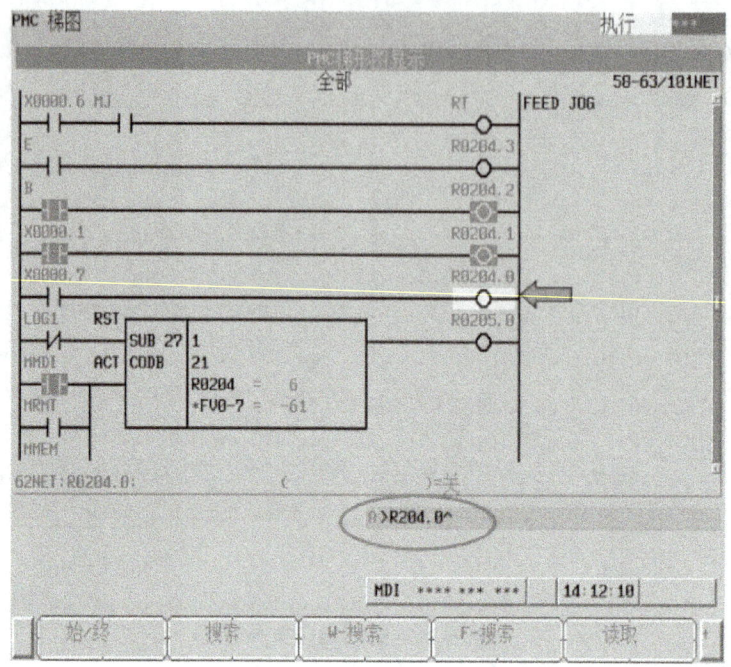

图 6-24 查找 R204.0 线圈

梯形图行号，如"30"，再按【搜索】软键，进入所查找行号的梯形图画面，如图 6-25 所示。

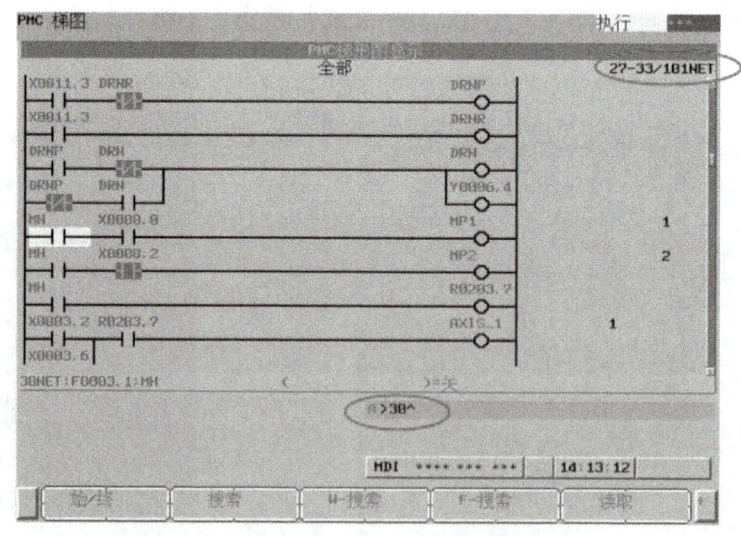

图 6-25 行号为"30"的梯形图触点和线圈

3) 查找功能命令。如果需要查找功能指令，则可以按功能指令的编号进行查找。例如，查找编号为 27 的可变定时器功能指令（SUB27 CODB）时，顺序按【PMCLAD】→【梯形图】→【(操作)】→【搜索】软键，输入功能指令编号"27"，再按【F-搜索】软键，画面第一行即显示所查找的功能指令，如图 6-26 所示。

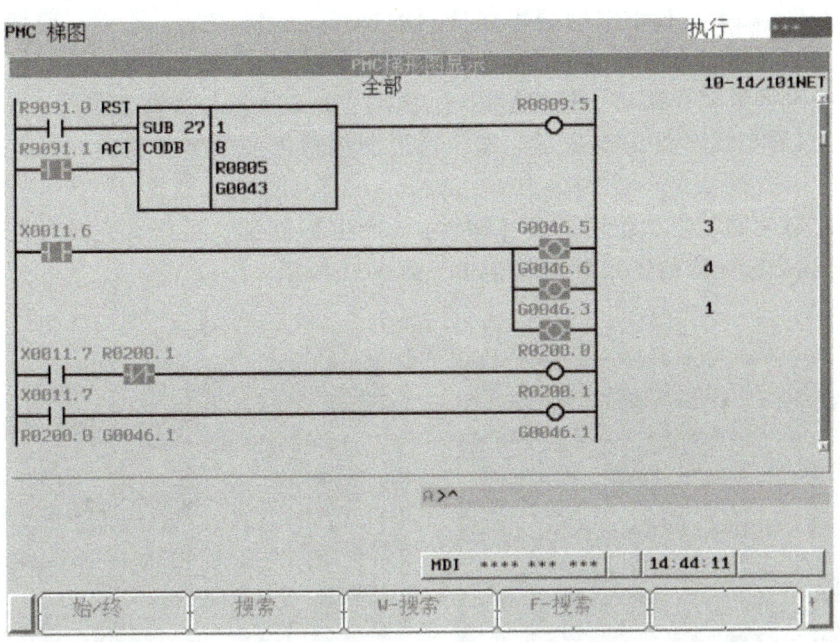

图 6-26　功能指令 SUB27 CODB 的查找

（4）梯形图的设定　顺序按【PMCLAD】→【梯形图】→【(操作)】→【+】→【设定】软键，进入梯形图的设定画面，如图 6-27 所示。在梯形图的设定画面中，可对地址注释（符号/地址）、功能命令的显示形式（压缩/宽度/纵长）、显示触点注释（无/1 行/2 行）、节点幅度（标准/宽度）、显示线圈注释（是/不）、显示光标（是/不）、子程序网格号（局部/全部）、反向搜索许可（是/不）等进行设定，操作时通过移动光标选择各项的设定方式。

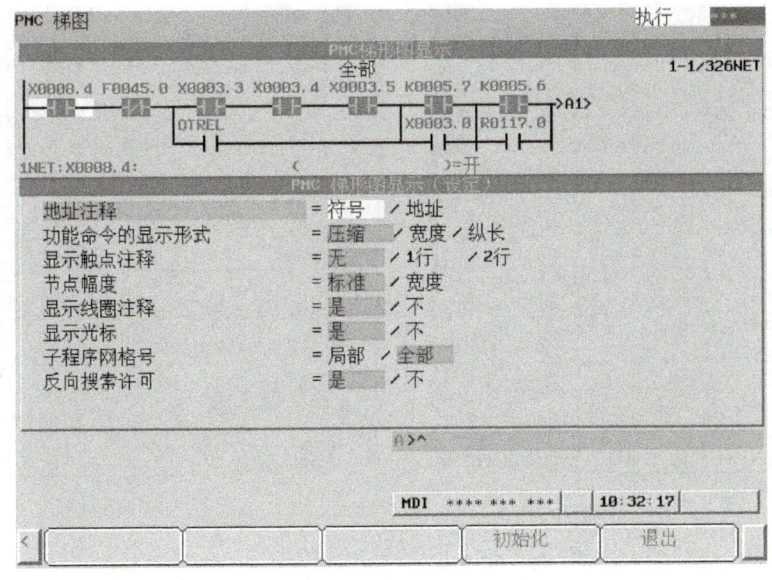

图 6-27　梯形图的设定画面

(5) 梯形图的编辑 梯形图的编辑包括网的修正、新网增加、删除、剪切、复制、粘贴等操作。

1) 进入梯形图编辑子菜单。按梯形图【编辑】软键,进入编辑子菜单。此子菜单由 4 个画面构成,如图 6-28、图 6-29 所示。按下梯形图编辑画面下方各软键,可实现不同的编辑功能。

2) 修正已有的网与追加新网。按【缩放】【产生】软键,可分别完成对已有网的修正和追加新网的操作,对应的子菜单如图 6-30、图 6-31 所示。

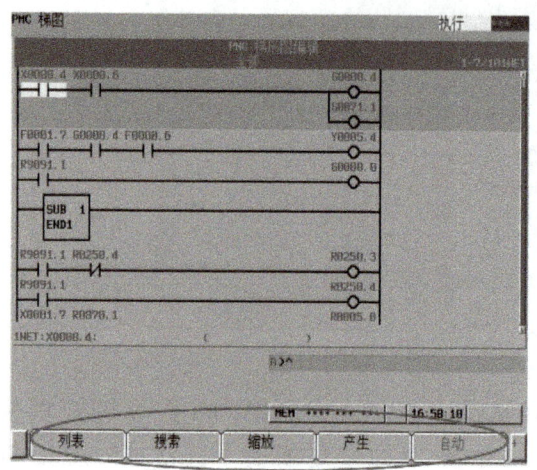

a) 第一个画面

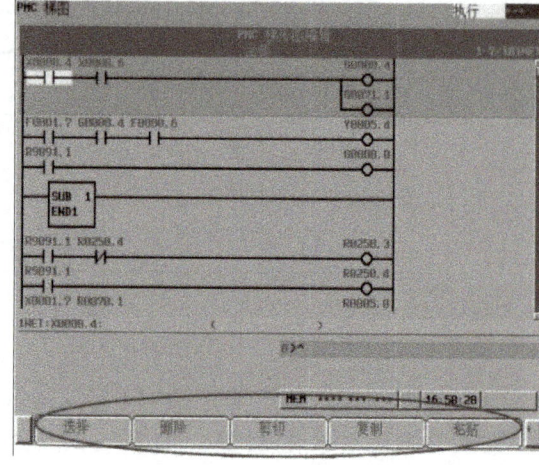

b) 第二个画面

图 6-28 梯形图编辑子菜单的第一、第二个画面

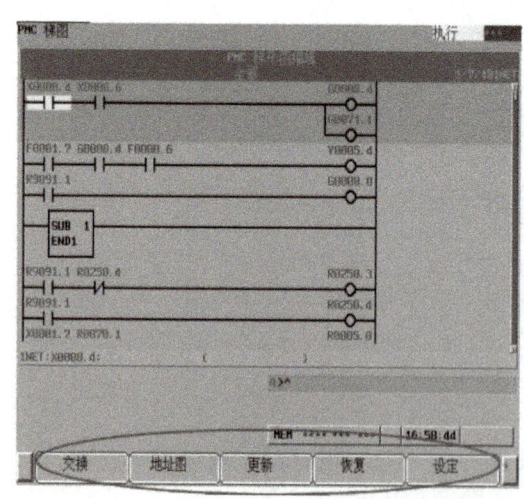

a) 第三个画面

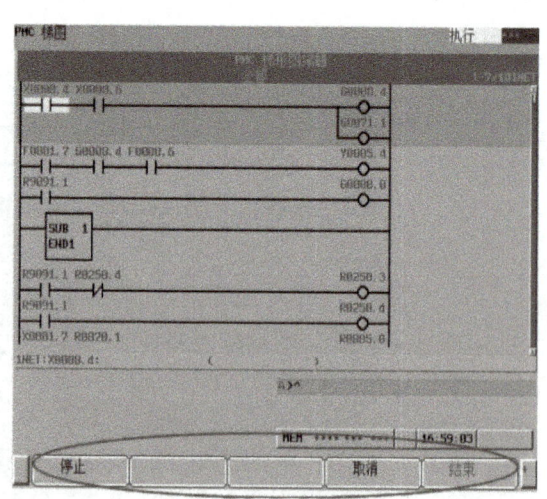

b) 第四个画面

图 6-29 梯形图编辑子菜单的第三、第四个画面

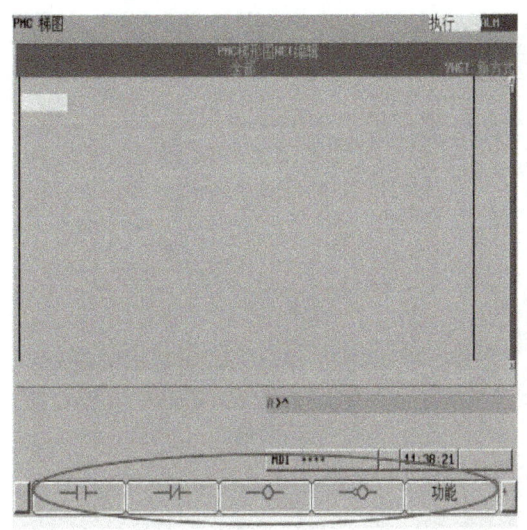
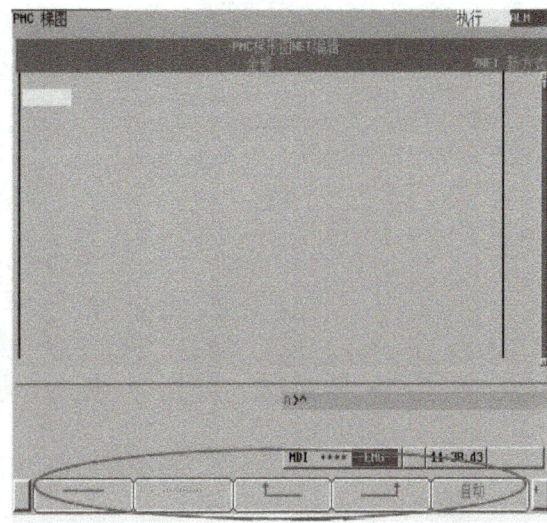

a) 第一个画面　　　　　　　　　　　　　　b) 第二个画面

图 6-30　按【缩放】【产生】软键后的第一、第二个画面

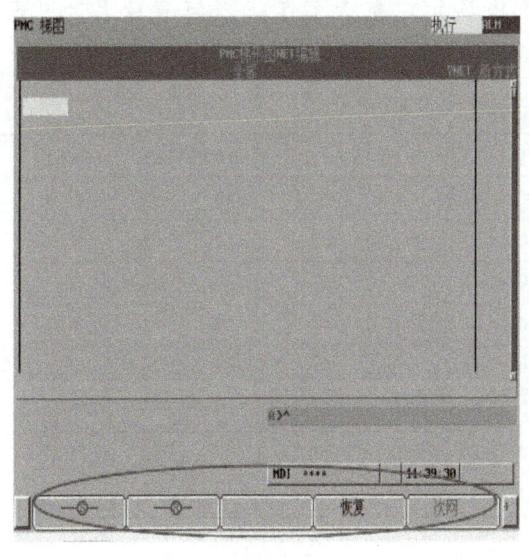
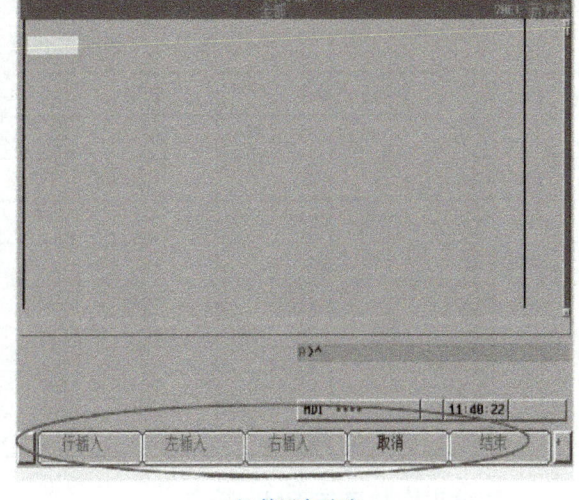

a) 第三个画面　　　　　　　　　　　　　　b) 第四个画面

图 6-31　按【缩放】【产生】软键后的第三、第四个画面

当需要修改已有的网时，将光标移动到待修改处，按【缩放】软键，出现缩放画面，按下所需要添加的触点或线圈下方的软键（如果是修改原有触点或线圈地址，则输入地址后按下 MDI 键盘上的输入键），则完成在原有梯形图上增加触点和线圈的操作，再按【+】软键数次，按【结束】软键，返回梯形图主画面。缩放操作前、后画面如图 6-32 所示。其他操作依此类推。

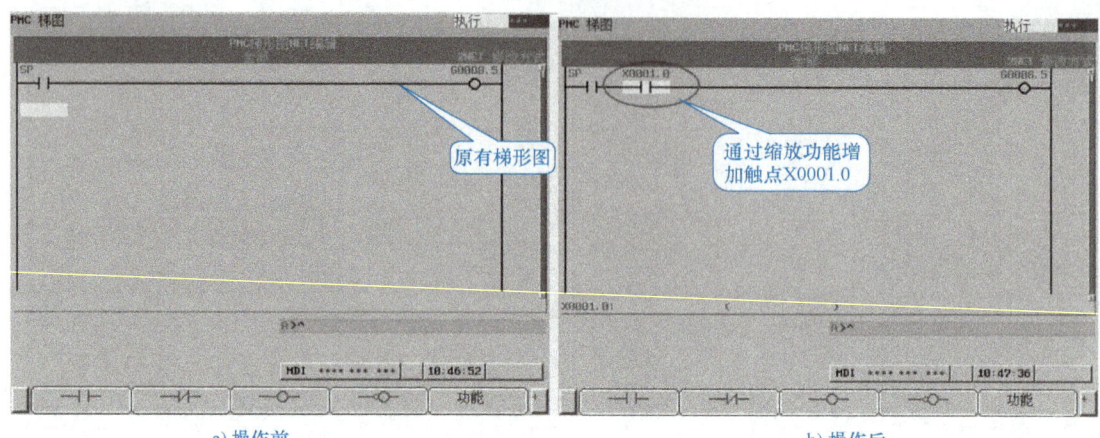

a) 操作前　　　　　　　　　　　　　　b) 操作后

图 6-32　缩放操作前、后画面

6.3　数控机床工作状态开关 PMC 控制分析

1. 系统的工作状态信号

系统的工作状态由系统的 PMC 信号通过梯形图确定。系统工作状态与信号组合见表 6-1，表中的 "1" 为信号接通，"0" 为信号断开。

表 6-1　系统工作状态与信号组合

工作状态	系统状态显示	ZRN	DNC1	MD4	MD2	MD1
	FANUC 0i 系列	G43.7	G43.5	G43.2	G43.1	G43.0
程序编辑	EDIT	0	0	0	1	1
自动运行	MEM	0	0	0	0	1
手动数据输入	MDI	0	0	0	0	0
手轮进给	HND	0	0	1	0	0
手动连续进给	JOG	0	0	1	0	1
返回参考点	REF	1	0	1	0	1
DNC 运行	RMT	0	1	0	0	1

2. 系统工作状态的 PMC 控制

以 FANUC 0i 系列系统为例，设计系统工作状态的 PMC 控制梯形图（见图 6-33），机床操作面板采用标准操作面板。

状态开关信号的输入/输出地址是由系统 I/O LINK 模块进行分配的。

程序编辑：输入信号（面板操作开关）地址为 X4.1，输出信号（指示灯）地址为 Y4.1。

自动运行（又称存储器运行）：输入信号（面板操作开关）地址为 X4.0，输出信号（指示灯）地址为 Y4.0。

手轮进给（又称手脉进给）：输入信号（面板操作开关）地址为 X6.7，输出信号（指示灯）地址为 Y6.7。

手动数据输入（又称 MDI 输入）：输入信号（面板操作开关）地址为 X4.2，输出信号（指示灯）地址为 Y4.2。

手动连续进给（又称点动进给）：输入信号（面板操作开关）地址为 X6.5，输出信号（指示灯）地址为 Y6.5。

返回参考点（又称回零）：输入信号（面板操作开关）地址为 X6.4，输出信号（指示灯）地址为 Y6.4。

远程运行（又称 DNC 运行）：输入信号（面板操作开关）地址为 X4.3，输出信号（指示灯）地址为 Y4.3。

信号 F3.6 表示系统处于编辑状态；信号 F3.5 表示系统处于自动运行状态；信号 F3.3 表示系统处于手动数据输入状态；信号 F3.4 表示系统处于 DNC 运行状态；信号 F3.2 表示系统处于手动连续进给状态；信号 F3.1 表示系统处于手轮进给状态；信号 F4.5 表示系统处于返回参考点状态。

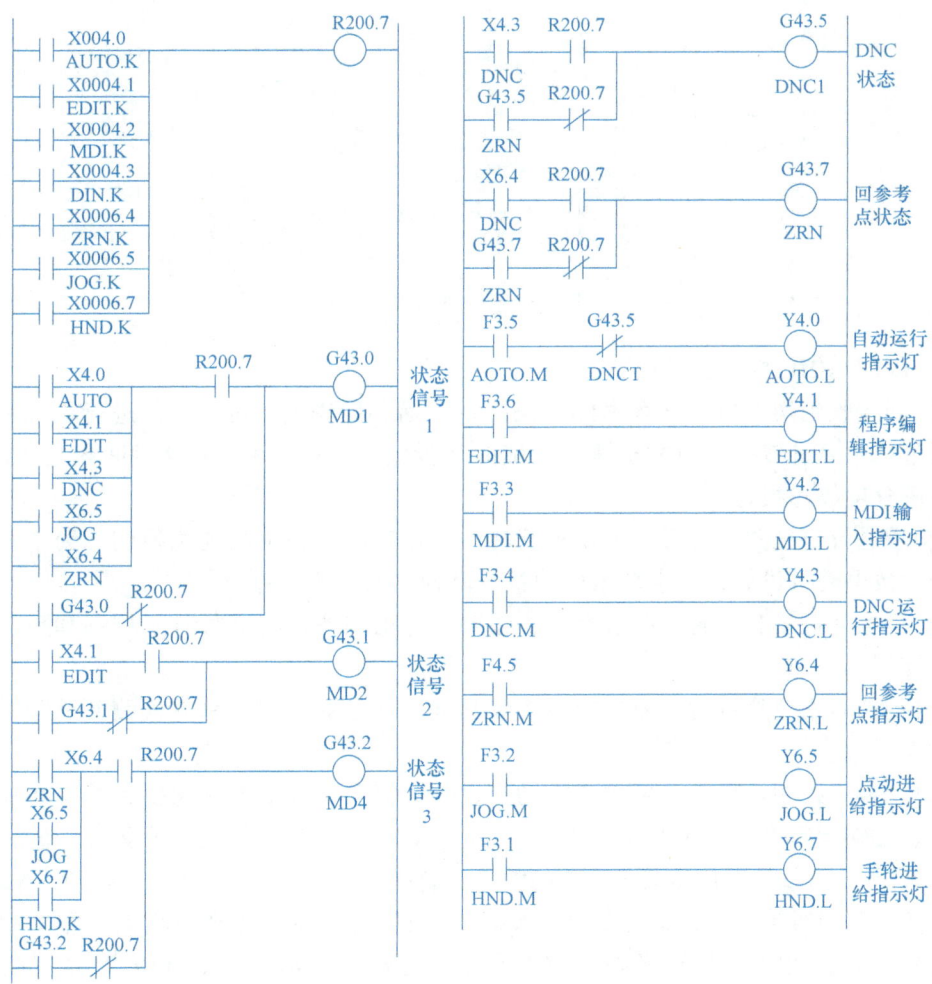

图 6-33　系统工作状态的 PMC 控制梯形图

6.4 数控车床自动换刀 PMC 控制分析

以电动六工位转塔式刀架为例,分析数控车床自动换刀的 PMC 控制过程。

电动六工位刀塔采用蜗杆传动,由定位销进行粗定位,由端面齿啮合进行精定位。电动机正转实现松开刀塔并进行分度操作,电动机反转进行锁紧和定位,电动机的正、反转由接触器 KM3、KM4 控制,刀塔的松开和锁紧由微动行程开关 SQ 进行检测。电动刀塔的分度由刀塔主轴后端安装的角度编码器进行检测和控制,具体控制电路如图 6-34 所示。

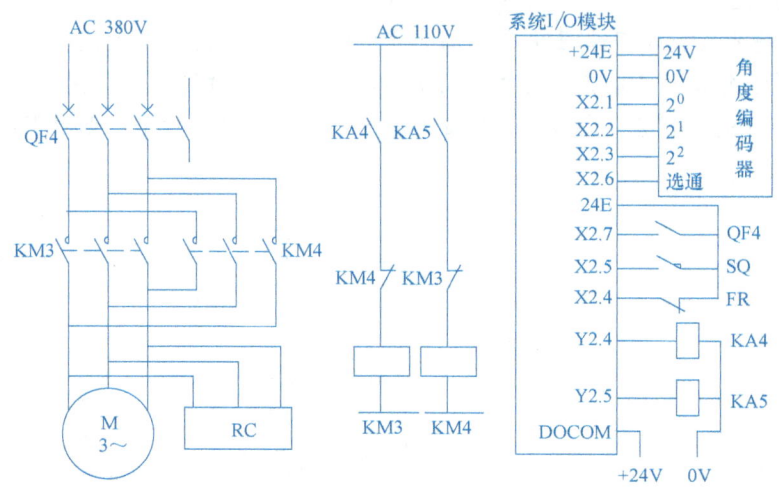

图 6-34 数控车床的电动刀塔控制电路

电动刀塔的 PMC 控制要求如下:

1)机床接收到换刀指令(程序的 T 码指令)后,转塔电动机正转,进行松开和分度控制。分度过程中要有转位时间的检测,检测时间设定为 10s,每次分度时间超过 10s,系统就发出转塔分度故障报警。

2)转塔进行分度并到位后,电动机反转,进行转塔的锁紧和定位控制。为了防止反转时间过长导致电动机过热,要求转塔电动机反转控制时间不超过 0.7s。

3)转塔电动机正、反转控制过程中,还要求有正转停止的延时时间控制和反转开始的延时时间控制。

4)自动换刀指令执行后,要进行转塔锁紧到位信号的检测,只有检测到该信号,才表示 T 码功能结束。

5)自动换刀控制过程中,要求有电动机过载、短路及温度过高保护,并有相应的报警信息显示。自动运行中,程序的 T 码错误($T=0$ 或 $T \geq 7$)时有相应的报警信息显示。

图 6-35 所示为数控车床电动刀塔的 PMC 控制梯形图。图中,X2.1、X2.2、X2.3 为角度编码器的实际刀号检测输入信号地址,X2.6 为角度编码器位置选通输入信号(每次转到位就接通)地址,通过常数定义指令(NUME)把转塔当前实际位置的刀号写入到地址 D302 中。通过判别一致指令(COIN)对当前位置的刀号(D302 中的数值)与程序的 T 码选刀号(F26 中的数值)进行判别,如果两个数值相同,则 T 码辅助功能结束(说明程序

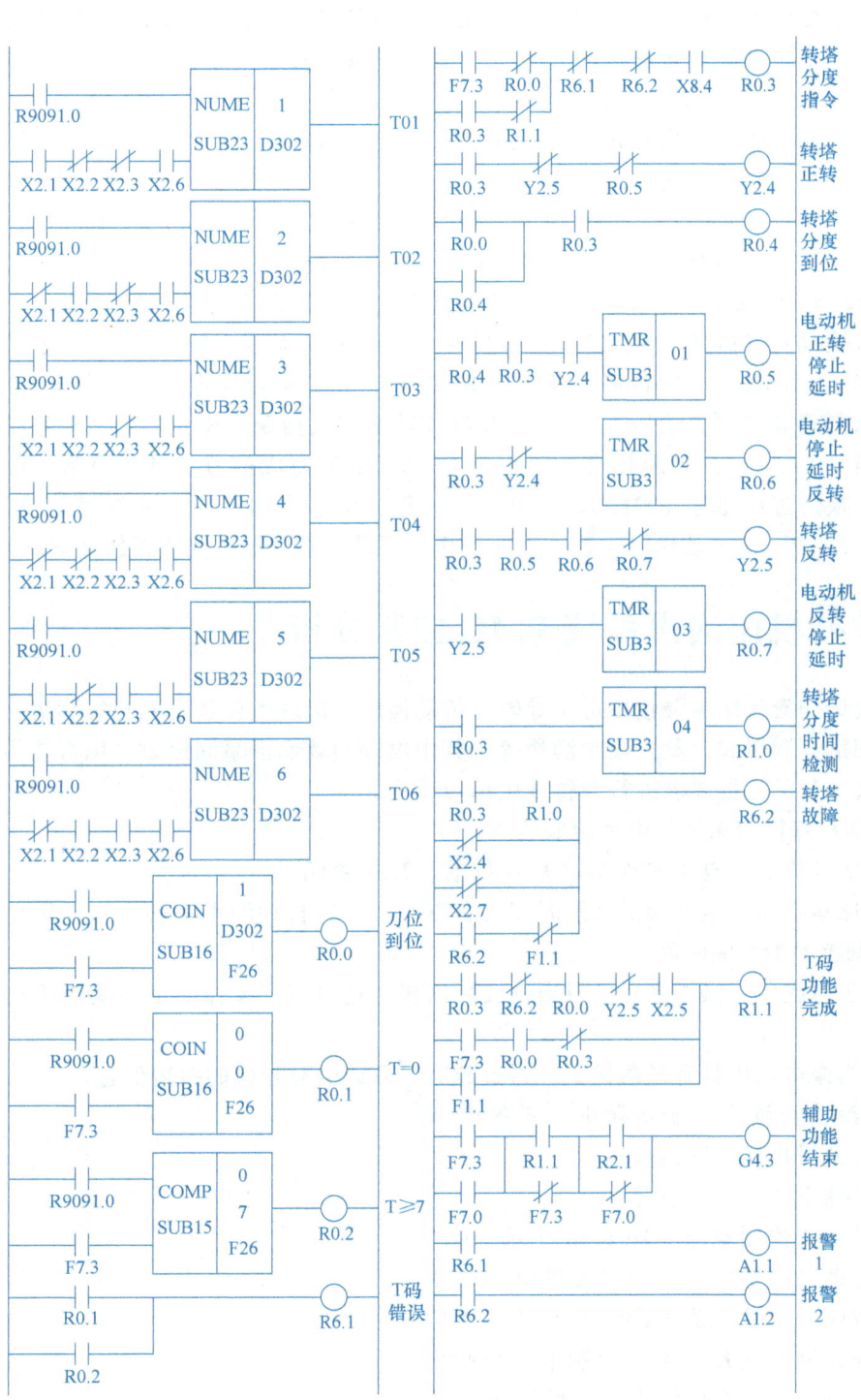

图 6-35 数控车床电动刀塔的 PMC 控制梯形图

要的刀号与当前实际刀号一致);如果两个数值不相同,则进行转塔的分度控制。通过判别指令(COIN)和比较指令(COMP)将 T 码与数字 0 和数字 7 进行比较,如果程序指令的 T

码为 0，或者大于或等于 7，系统要有 T 码错误报警信息显示，同时停止转塔分度指令的输出。当程序指令的 T 码与转塔实际刀号不一致时，系统发出转塔分度指令（继电器 R0.3 = 1），转塔电动机正转（输入继电器 Y2.4 = 1），通过蜗杆传动松开锁紧凸轮，凸轮带动刀盘转位，同时角度编码器发出转位信号（X2.1、X2.2、X2.3）。当转塔转到换刀位置时，系统判别一致指令（COIN）信号 R0.0 = 1，发出转塔分度到位信号（继电器 R0.4 = 1），转塔电动机经过定时器（TMR）01 的延时（TMR01 = 50ms）后，切断转塔电动机正转输出信号 Y2.4，同时接通反转运行开始定时器（TMR）02。经过延时后，系统发出转塔电动机反转输出信号 Y2.5，电动机开始反转，定位销进行粗定位、端面齿啮合进行精定位，锁紧凸轮并发出转塔锁紧到位信号（X2.5），经过反转停止延时定时器（TMR）03 的延时（TMR03 = 0.6s）后，发出电动机反转停止信号（R0.7 = 1），切断转塔电动机反转运转输出信号 Y2.5。通过转塔锁紧到位信号 X2.5 接通 T 辅助功能完成指令（R1.1 = 1），使系统辅助功能结束指令信号 G4.3 = 1，切断转塔分度指令 R0.3，从而完成换刀的自动控制。在整个换刀过程中，当换刀过程超时（TMR04）、电动机温升过高（X2.4）及电动机过载/短路保护断路器 QF4（X2.7）信号动作时，系统立即停止换刀动作并发出系统换刀故障信息。

6.5　数控机床润滑系统 PMC 控制分析

数控机床润滑系统主要包括机床导轨、传动齿轮、滚珠丝杠及主轴箱等润滑，其方式有电动间歇润滑泵润滑和定量式集中润滑等，其中电动间歇润滑泵润滑方式用得较多，润滑时间和每次泵油量可根据要求进行调整或用参数设定。

1. 数控机床润滑系统的电气控制要求

1）首次开机时，自动润滑 5s（2.5s 打油、2.5s 关闭）。

2）机床运行时，达到润滑间隔时间（如 30min）即自动润滑一次，而且用户可以通过 PMC 参数调整润滑间隔时间。

3）加工过程中，操作者还可以根据实际需要，通过机床操作面板的润滑手动开关进行手动润滑。

4）润滑泵电动机具有过载保护，当过载时，系统会有相应的报警信息。

5）润滑油箱液面低于极限时，系统会有报警提示（此时机床可以运行）。

2. 润滑系统的 PMC 控制

润滑系统的控制电路如图 6-36 所示。QF7 为润滑泵电动机的短路器，用来实现电动机的短路与过载保护。用户通过系统 PMC 控制输出继电器 KA6，继电器 KA6 常开控制电路控制接触器 KM6 线圈，从而实现机床润滑的自动控制。系统 PMC 输入/输出信号中，QF7 为短路器的常开点，作为系统润滑泵过载与短路保护的输入信号；SL 为润滑系统液面检测开关（润滑液面下限到位开关），作为系统润滑油液面

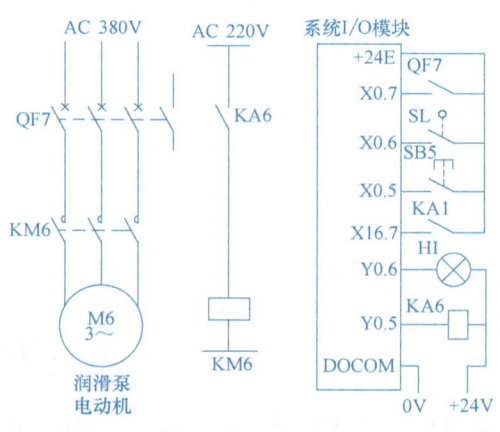

图 6-36　润滑系统的控制电路

过低报警提示（需要添加润滑油）的输入信号；SB5 为数控机床面板上的手动润滑开关，作为系统手动润滑的输入信号；KA1 为机床就绪继电器（如机床液压泵控制继电器）的常开点，作为机床就绪的输入信号；HL 为机床润滑报警灯的输出信号。

润滑系统的 PMC 控制梯形图如图 6-37 所示。机床自动润滑时间和每次润滑的间歇时间不需要用户修改，所以系统 PMC 采用固定时间定时器 12、13 来控制每次润滑的间歇时间（2.5s 打油、2.5s 关闭），固定定时器 14 用来控制自动运行时的润滑时间（15s），固定定时器 15 用来控制机床首次开机的润滑时间（15s）。用户有时需要根据机床实际加工情况不同对自动润滑的间隔时间进行调整，所以自动润滑的间隔时间控制采用可变定时器，且采用两个可变定时器（TMR01 和 TMR02）串联，来扩大定时的时间，用户可通过 PMC 参数画面中的定时器画面对其进行设定或修改，从而改变自动润滑的间隔时间。

当机床首次开机时，机床准备就绪信号 X16.7 = 1，起动机床润滑泵电动机（Y0.5 输出），同时启动固定定时器 15，机床自动润滑 15s（2.5s 打油、2.5s 关闭）后，固定定时器 15 的延时断开常闭点 R526.6 切断自动润滑回路，机床停止润滑，从而完成机床首次开机的自动润滑操作。机床运行过程中，通过可变定时器 TMR01 和 TMR02 设定的延时时间，机床自动润滑一次，润滑的时间由固定定时器 14 设定（15s），通过固定定时器 14 的延时断开常闭点 R526.3 切断润滑控制回路，从而完成一次机床运行时润滑的自动控制。机床周而复始地进行润滑。当润滑系统出现过载或短路故障时，通过输入信号 X0.7 切断润滑泵输出信号 Y0.5，并发出润滑系统报警信息（#1007：润滑系统故障）。当润滑油的液面下降到极限位置时，机床润滑系统报警灯闪亮，提示操作者需加注润滑油。

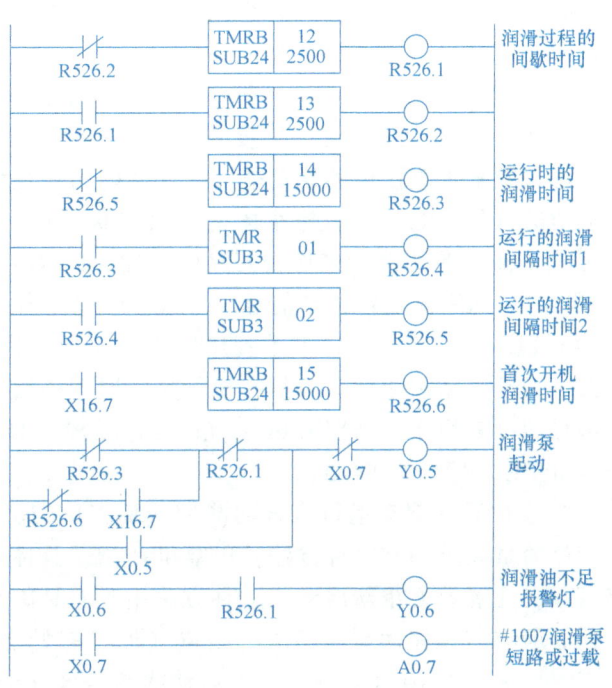

图 6-37 润滑系统的 PMC 控制梯形图

6.6 数控机床加工程序功能按钮 PMC 控制分析

1. 数控机床加工程序功能按钮的用途

（1）机床锁住　在自动运行状态下，按下机床操作面板上的机床锁住按钮，执行循环启动时，刀具不移动，但是显示器上显示每个轴的运动位移在变化，就像刀具在运动一样。系统有两种类型的机床锁住：所有轴锁住（停止所有轴的运动）和指定轴锁住（如立式数控铣床或立式加工中心 Z 轴锁住）。在机床锁住的状态下，可以执行 M、S、T 指令。FANUC 0i 系统的机床所有轴锁住信号（MLK）地址为G44.1，机床每个轴锁住信号（MLK1~MLK4）地址为G108.0~G108.3。机床所有轴锁住状态信号（MMLK）地址为F4.1。

（2）程序辅助功能锁住　执行程序辅助功能锁住后，程序运行时，禁止执行M、S、T指令。该功能一般与机床锁住功能一起使用，用于检查程序是否正确。但是，M00、M01、M02、M30、M98和M99指令即使在辅助功能锁住的状态下也能执行。FANUC 0i系统的辅助功能锁住信号（AFL）地址为G5.6。

（3）程序空运转　在自动运行状态下，按下机床操作面板上的空运行按钮，刀具按参数（各轴快移速度）中指定的速度移动，而与程序中指定的进给速度无关。快速移动倍率开关也可以用来更改机床的移动速度。该功能用来在机床不装工件时检查刀具的运动，或通过坐标值的偏移功能（对数控车床是X轴坐标值的偏移，对数控立式铣床或立式加工中心则是Z轴坐标值的偏移）来检查刀具的运动。FANUC 0i系统的程序空运转信号（DRN）地址为G46.7，程序空运转状态信号（MDRN）地址为F2.7。

（4）程序单段运行　按下单程序段方式按钮，进入单程序段工作方式。在单程序段方式中按下循环启动按钮后，刀具在执行完一段程序后停止。通过单段方式一段一段地执行程序，可仔细检查程序。FANUC 0i系统的程序单段信号（SBK）地址为G46.1，程序单段状态信号（MSBK）地址为F4.3。

（5）程序重新启动运行　该功能用于加工中刀具出现断裂或者中途维修后重新启动程序。程序的重新启动有两种方法：P型和Q型，具体何种方法由系统参数设定。P型操作方法指可以在任意地方重新启动，这种方法用于刀具破裂时的重新启动；Q型操作时，重新启动之前必须将刀具移动到程序的起始点（加工起始点）。FANUC 0i系统的程序重新启动信号（SRN）为地址G6.0，程序重新启动状态信号（SRNMV）地址为F2.4。

（6）程序段跳过　在自动运行状态下，当操作面板上的程序段选择跳过按钮接通时，有斜线"/"的程序段将被忽略。FANUC 0i系统的程序段跳过信号（BDT1）地址为G44.0，程序段跳过状态信号（MBDT1）地址为F4.0。

（7）程序选择停　在自动运行时，当加工程序执行到M01指令的程序段后也会停止。这个代码仅在操作面板上的选择停止按钮接通的状态下有效。

（8）程序循环启动运行　在存储器方式（MEM）、DNC运行方式（RMT）或手动数据输入方式（MDI）下，若按下循环启动按钮，则数控系统进入自动运行状态并开始运行，同时机床上的循环启动指示灯点亮。系统循环启动信号为下降沿触发（信号ST从1变为0）。FANUC 0i系统的循环启动信号（ST）地址为G7.2，循环启动状态信号（STL）地址为F0.5。

（9）程序进给暂停　自动运行期间按下进给暂停按钮时，数控系统进入暂停状态并且停止运行。同时，循环启动指示灯灭。如再重新启动自动运行时，需按下循环启动按钮。FANUC 0i系统的进给暂停信号（*SP）地址为G8.5，进给暂停状态信号（SPL）地址为F0.4。

2. 数控机床加工程序功能按钮的PMC控制

输入/输出信号地址通过系统的I/O LINK模块进行分配。程序循环启动按钮的输入地址为X6.1，程序循环启动指示灯的输出地址为Y6.1。程序进给保持按钮的输入地址为X6.0，程序进给保持指示灯的输出地址为Y6.0。机床锁住按钮的输入地址为X5.1，机床锁住指示灯的输出地址为 Y5.1。程序单段按钮的输入地址为 X4.4，程序单段指示灯的输出地址为 Y4.4。程序段跳过按钮的输入地址为 X4.5，程序段跳过指示灯的输出地址为 Y4.5。程序重新启动按钮的输入地址为 X5.0，程序重新启动指示灯的输出地址为 Y5.0。程序空运行按钮的输入地址为 X5.2，程序空运行指示灯的输出地址为 Y5.2。程序辅助功能锁住按钮的输入地址为 X5.3，程序辅助功能锁住指示灯的输出地址为 Y5.3。程序选择停按钮的输入地址为 X4.6，程序选择停指示灯的输出地址为 Y4.6。

图 6-38 中，循环启动按钮按下（X6.1＝1）时，系统循环启动信号地址 G7.2＝1；当松开循环启动按钮（X6.0＝0）时，系统循环启动信号地址 G7.2 由 1 变成 0（信号的下降沿），系统执行自动加工，同时系统的循环启动状态信号地址 F0.5＝1。程序自动运行中，按下进给暂停按钮（X6.0 常闭点断开），系统进给暂停信号地址 G8.5＝0，程序停止运行，同时系统进给暂停状态信号地址 F0.4＝1，系统的循环启动状态信号地址 F0.5＝0。机床锁住、程序单段、程序段跳过、程序重新启动、程序空运行、辅助功能锁住及程序选择停功能开关的 PMC 控制逻辑关系是相同的，只是信号的地址不同。下面以机床锁住功能开关为例，分析程序功能开关的 PMC 具体控制过程。当机床锁住功能开关按下（X5.1＝1）时，通过继电器 R200.0 和 R200.1 获得一个扫描周期的脉冲信号（R200.0），继电器 R200.0 的常开点闭合，机床锁住信号地址 G44.1 和机床锁住状态指示灯地址 Y5.1 均为 1 并自保（松开机

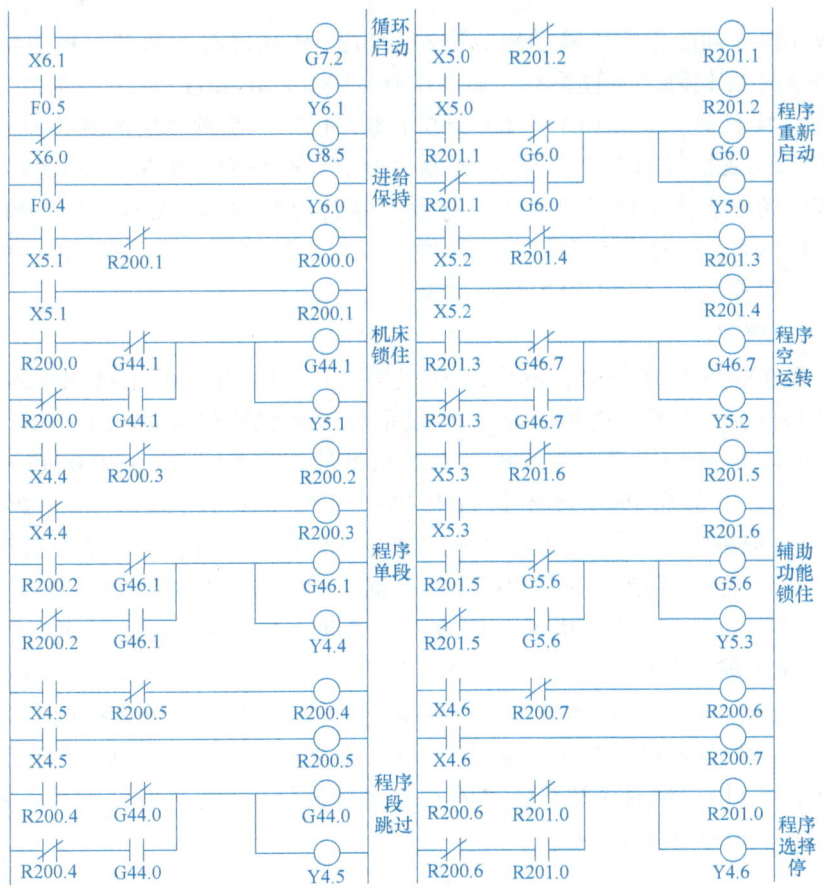

图 6-38　数控机床加工程序功能开关的 PMC 控制梯形图

床锁住按钮时信号维持 1 不变）。当再次按下机床锁住按钮时，通过继电器 R200.0 的常闭点拉断机床锁住状态信号的自保回路，机床解除轴锁住状态。松开按钮后，机床锁住状态信号地址 G44.1 保持不变，仍然维持为 0 状态。

6.7 数控机床辅助功能代码 PMC 控制分析

数控机床的辅助功能包括 M 代码、T 代码和 S 代码。M 代码用来控制主轴的正转、反转、停止及主轴定向停止，切削液的供给和关闭，工件或刀具的夹紧和松开，刀具自动更换等。机床厂家根据机床具体控制情况也可编写辅助功能 M 代码，如主轴换档功能、工作台的交换功能等。

1. M 代码使用说明

通常，在 1 个程序段中只能指定 1 个 M 代码。但是，在某些情况下，对某些类型的机床，最多可指定 3 个 M 代码。在 1 个程序段中指定的多个 M 代码（最多 3 个，如 FANUC 0i 系统参数 3404#7 设定为 "1"）被同时输出到机床，这意味着与通常的 1 个程序段中仅有 1 个 M 指令相比较，在加工中可实现较短的循环时间。这是因为系统通过 PMC 的译码后（第 1 个、第 2 个、第 3 个 M 代码输出的信号地址是不同的），将 M 代码同时输出到机床侧执行。

在一个程序段中同时指定了移动指令和辅助功能 M 代码时，系统处理方法有两种：第一种是移动指令与 M 代码同时被执行，如 "G00 X0 Y0 Z50. M03 S800"；第二种是移动指令结束后才能执行 M 代码，如 "G01 X100. Y50. F200 M05"。两种方法的具体控制选择是由系统编制 M 代码译码或执行 M 代码（PMC 控制梯形图）时分配结束信号（DEN）决定的。

即使机床辅助功能锁住信号（AFL）有效，辅助功能 M00、M01、M02 和 M30 也可执行，所有的代码信号、选通信号和译码信号按正常方式输出。辅助功能 M98 和 M99 仍按正常方式执行，但在控制单元中不输出执行结果。

2. M 代码控制时序

系统读到程序中的 M 代码时，就输出 M 代码信息，FANUC 0i 系统 M 代码信息的输出地址为 F10~F13（4 个字节二进制代码）。经过系统读 M 代码的延时时间 TMR（系统参数设定，标准设定时间为 16ms）后，系统输出 M 代码选通信号 MF，FANUC 0i 系统 M 代码选通信号地址为 F7.0。当系统 PMC 接收到 M 代码选通信号（MT）后，执行 PMC 译码指令（DEC、DECB），把系统的 M 代码信息译成某继电器为 1（开关信号），通过是否加入分配结束信号（DEN）实现移动指令和 M 代码是否同时执行，FANUC 0i 系统分配结束信号（DEN）的地址为 F1.3。M 功能执行结束后，把辅助功能结束信号（FIN）送到数控系统中，FANUC 0i 系统辅助功能结束信号（FIN）地址为 G4.3。当系统接收到 PMC 发出的辅助功能结束信号（FIN）后，经过辅助功能结束延时时间 TFIN（系统参数设定，标准设定时间为 16ms），切断系统 M 代码选通信号 MF。当系统 M 代码选通信号 MF 断开后，切断系统辅助功能结束信号 FIN，然后系统切断 M 代码指令输出信号，系统准备读取下一条 M 代码。系统 M 代码的控制时序如图 6-39 所示。

3. M 代码的 PMC 控制

图 6-40 所示为某数控铣床（采用 FANUC 0i 系统）的 M 代码辅助功能执行的 PMC 控

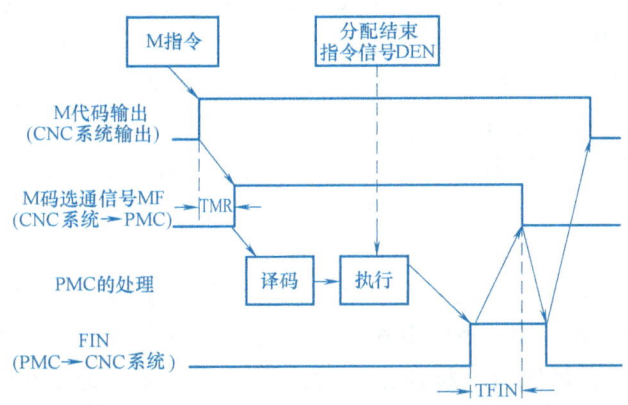

图 6-39 系统 M 代码的控制时序

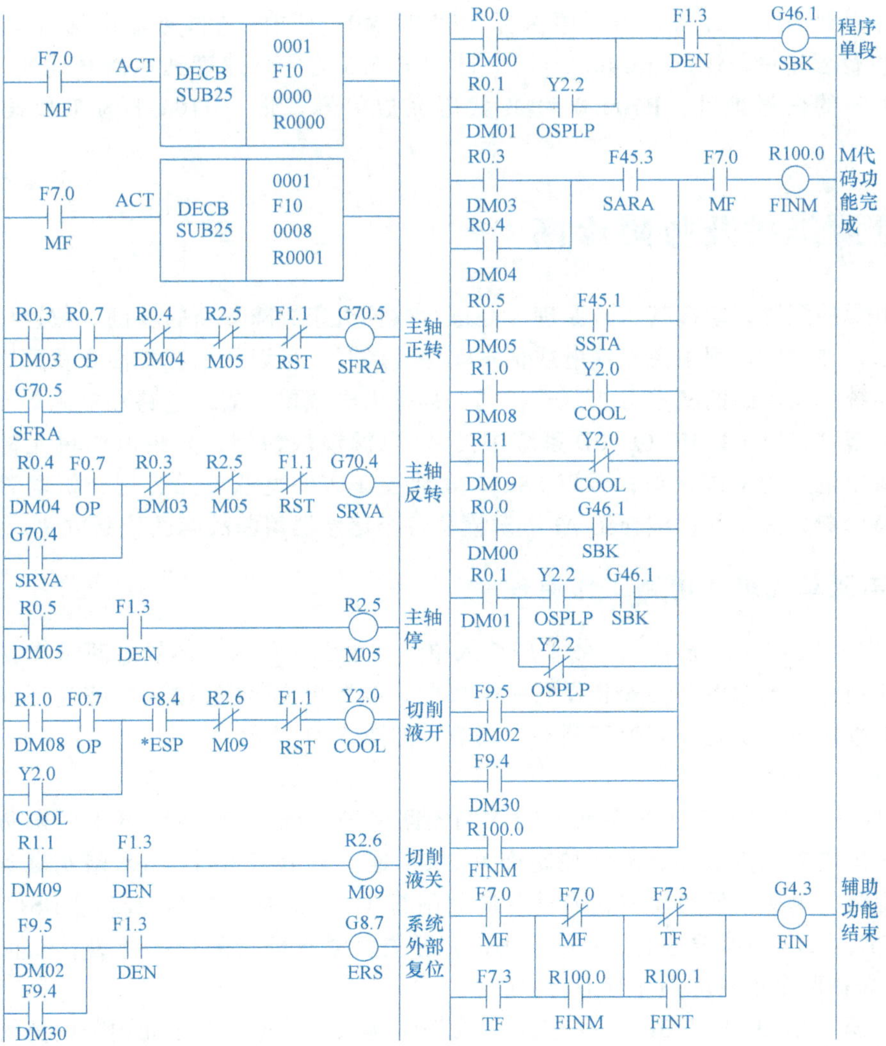

图 6-40 M 代码辅助功能执行的 PMC 控制

制。二进制译码指令 DECB 把程序中的 M 代码信息（地址为 F10）转换成开关量控制。程序执行 M00 指令时，R0.0 = 1；程序执行 M01 指令时，R0.1 = 1；程序执行 M02 指令时，F9.5 = 1；程序执行 M03 指令时，R0.3 = 1；程序执行 M04 指令时，R0.4 = 1；程序执行 M05 指令时，R0.5 = 1；程序执行 M08 指令时，R1.0 = 1；程序执行 M09 指令时，R1.1 = 1。G70.5 为串行数字主轴正转控制信号地址，G70.4 为串行数字主轴反转控制信号地址，F0.7 为系统自动运行状态信号地址（系统在 MEM、MDI、DNC 运行方式下），F1.1 为系统复位信号。当系统在自动运行方式时，程序执行 M03 指令或 M04 指令，主轴按给定的速度正向或反向旋转；程序执行 M05 指令或系统复位指令（包括程序的 M02、M30 代码），主轴停止旋转。在执行 M05 指令时，加入系统分配结束信号（地址为 F1.3），如果移动指令和 M05 指令在同一程序段中，保证执行完移动指令后执行 M05 指令，进给结束后主轴电动机才停止。当程序执行 M08 指令时，通过输出信号 Y2.0 控制冷却泵电动机，打开机床切削液。程序执行 M09 指令时，关断机床切削液，同理执行 M09 指令时也需要加入系统分配结束信号（地址为 F1.3）。当程序执行 M02 或 M30 指令时，系统外部复位信号地址 G4.3 = 1，停止程序运行并返回到程序的开头。当程序执行 M00 或 M01（同时选择停输出信号地址 Y2.2 = 1），系统执行程序单段运行（G46.1 = 1）。图中 F45.3 为主轴速度到达信号地址，F45.1 为主轴速度为零的信号地址，R100.0 为 M 代码完成信号地址，R100.1 为 T 代码完成信号地址。

6.8 电源维护及故障诊断

熟悉电源的配置，掌握其工作原理，是进行数控机床故障诊断的基础。数控机床的通电有顺序要求，在操作过程中突然停电或根本无法起动时，可以从电源方面查找原因。对于不同的数控系统，其电源的基本工作原理相同，都是由电源单元输入电路和电源单元输出电路组成的。本节首先以 FANUC 0C/0D 系统中的 AI 电源模块为例，介绍电源单元输入电路和电源单元输出电路的工作原理，再以 SSCK-20 数控车床的电源单元为例分析电源单元无法接通的故障诊断方法，并详细介绍 AI 电源模块各个熔断器熔断故障的诊断方法。

6.8.1 电源单元输入电路工作原理

在 FANUC 0C/0D 系统中，一般采用输入单元与电源集成为一体的电源模块 AI，其输入单元的控制电路与电源电路均安装在同一模块中。电源单元 AI 的输入电路包括输入的主电路、输入的控制电路及电压监控和调整电路等，如图 6-41 所示。

1. 输入的主电路

熔断器 F11、F12 实现电源单元的输入侧短路保护，稳压二极管 VS11 用来防止输入的浪涌电压，继电器触点 RY3、RY4 控制交流 200V 输入，电阻 RF11 用来限制电源启动时电容的充电电流。电源单元启动后，通过双向晶闸管 TA11 短接了电阻 RF11。DS11 为输入的整流块，C12、C13 为滤波电容，Q14、Q15 为开关调整管即场效应晶体管，二极管 VD33、VD44 用来保护两个场效应晶体管 Q14、Q15。

外部电源（AC200V，50Hz）由输入端子 CP1 输入，经过电源单元内部的整流和滤波电路后输出约 300V 直流电压，再经过开关调整管变成脉宽可调整的方波输入到开关变压器

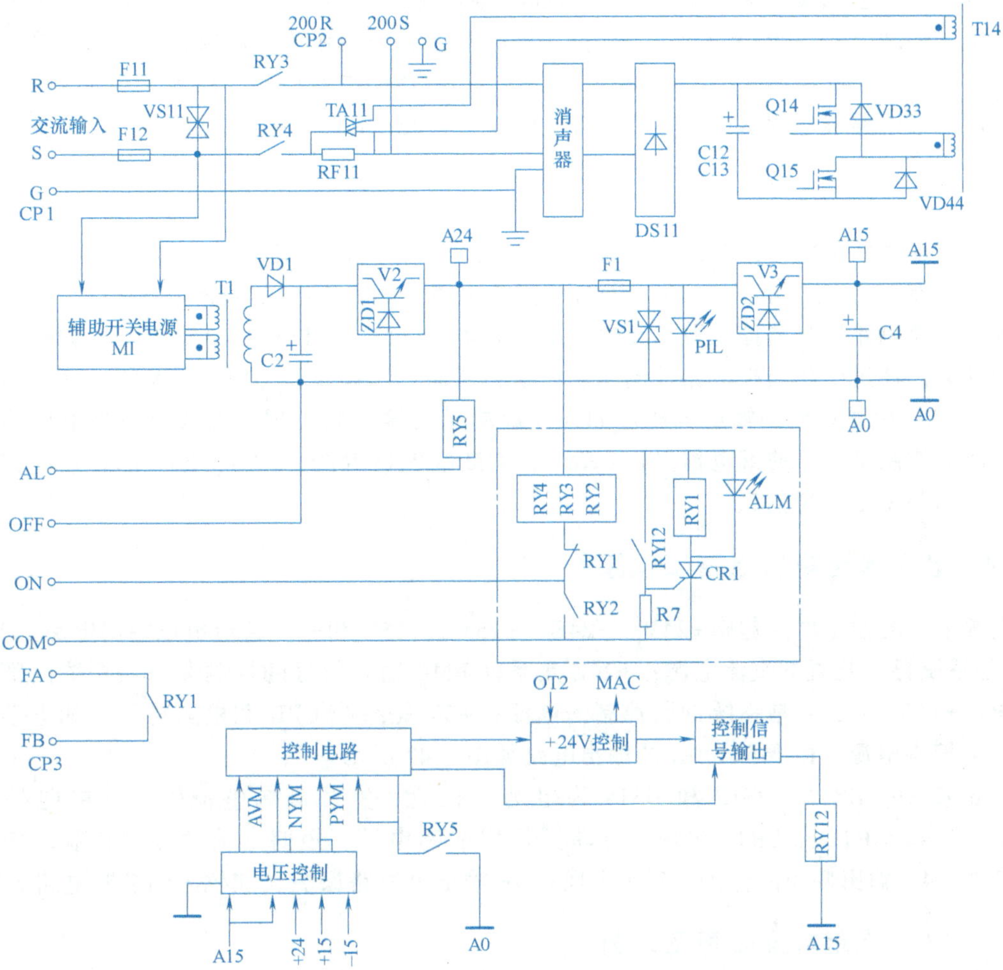

图 6-41 电源单元 AI 的输入电路

T14 的输入侧。

当电源单元启动后即继电器触点 RY3、RY4 闭合后，电源单元输出端子 CP2 输出 AC200V。

2. 输入的控制电路

控制电路的电源电压是由电源单元内部辅助开关电源 MI 经半波整流电路（二极管 VD1）、滤波电路（电容 C2）、稳压电路（调整管 V2、稳压管 ZD1）输出的直流电压 24V。当电源单元辅助控制电路正常工作时，电源单元指示灯（绿色发光二极管 PIL）亮。

如果电源单元的控制端子 CP3 的 OFF-COM 端子接电源的停止按钮，ON-COM 端子接电源的启动按钮，当按下电源的启动按钮（机床面板上对应为 NC 准备开关）后，继电器 RY2、RY3、RY4 的控制电路断开，电源的主电路停止工作。

当电源内部检测出故障时，通过电压监控电路使故障输出继电器 RY12 获电动作，RY12 的常开触点闭合，单向晶闸管触发 CR1 导通，继电器 RY1 获电动作，RY1 的常闭触点断开，切断继电器 RY2、RY3、RY4 的控制电路，电源的主电路停止工作，同时电源单元的故障指示灯（红色发光二极管 ALM）亮。

电源单元的控制端子 FA-FB 为电源内部报警输出信号端子，一般用于控制电源单元的输入接触器线圈（AI 电源单元可以不用）。控制端子 AL-COM 为电源单元的外部故障输入信号端子，当 AL-COM 接通后，电源单元内部继电器 RY5 获电动作，RY5 的常开触点闭合，通过控制内部电路继电器 RY12 动作，切断继电器 RY2、RY3、RY4 控制电路，电源主电路停止工作。

3. 电压监控和调整电路

电压监控和调整电路的控制电源电压是由电源单元内部辅助开关电源输出的 24V 直流电压经熔断器 F1、稳压电路（V3、ZD2）、滤波电路（C4）输出的直流电压 15V。

电压监控电路用来监控电源单元输出电压+24V、+5V、+15V 和 −15V，当电源单元输出电压波动时，通过电压监控电路控制调整电压，从而控制调整管 Q14、Q15 的脉宽调制信号 PWM，以稳定电源单元的输出电压。如果电源单元的输入侧出现短路故障，则电压控制电路发出故障控制信号，使继电器 RY12 动作，切断继电器 RY2、RY3、RY4 的控制电路，电源停止工作并发出报警信息。

6.8.2　电源单元输出电路工作原理

电源单元的输出电路包括+24V、+24E、+15V、−15V 和+5V 直流电压输出电路。其中，+24V 是系统显示装置的直流电源；+24E 是系统 PMC 输入信号的控制电源及系统内部的控制电源；+15V、−15V 是系统伺服控制的电源；+5V 是系统 CPU 和检测装置（如电动机编码器）的控制电源。电源单元 AI 的输出电路如图 6-42 所示。

图 6-42 中，DS12、DS13 和 DS14 为电力二极管，完成高频整流输出。单向晶闸管 CR13、CR14、CR12 和 CR11 实现电源单元输出的高电压、短路电流的保护控制。熔断器 F13 实现+24V 输出侧短路保护，F14 实现+24E 输出侧短路保护（如机床侧控制电路短路）。

6.8.3　电源单元常见故障及诊断

1. 电源单元无法接通的故障诊断

图 6-43 所示为 SSCK-20 数控车床电源单元的连接。当按下准备按钮 SB2 时，单色显示器无任何显示且显示器的灯丝不亮。测量显示器的 CP15 端子无 24V 输出，则说明电源单元不工作，即系统电源无法接通。

当电源单元 LED 指示灯（绿色 PIL）不亮时，故障原因可能是外部交流输入电路（CP1 输入端）故障，熔断器 F11、F12 故障或辅助电路熔断器 F1 故障。

当电源单元 LED 指示灯亮（此时 ALM 电源单元故障指示灯不亮）时，故障原因可能是 CP3 外部连接开关 SB2、SB3、SQ20 及接线故障，也可能是内部电路 RY2、RY3、RY4 继电器控制电路故障。

当电源单元指示灯和故障指示灯都亮时，如果机床断电再送电故障解除，则为电源单元受到外界的干扰导致。如果不能解除故障，则可能是电源单元输出的+5V、±15V、+24V 直流电压异常或内部电路故障。

2. 电源单元熔断器熔断故障的诊断

（1）熔断器 F11、F12 熔断故障诊断　熔断器 F11、F12 用来实现电源单元输入侧电路短路保护。当 F11、F12 熔断时，单色显示器不亮，电源单元指示灯 PIL 和故障指示灯 ALM

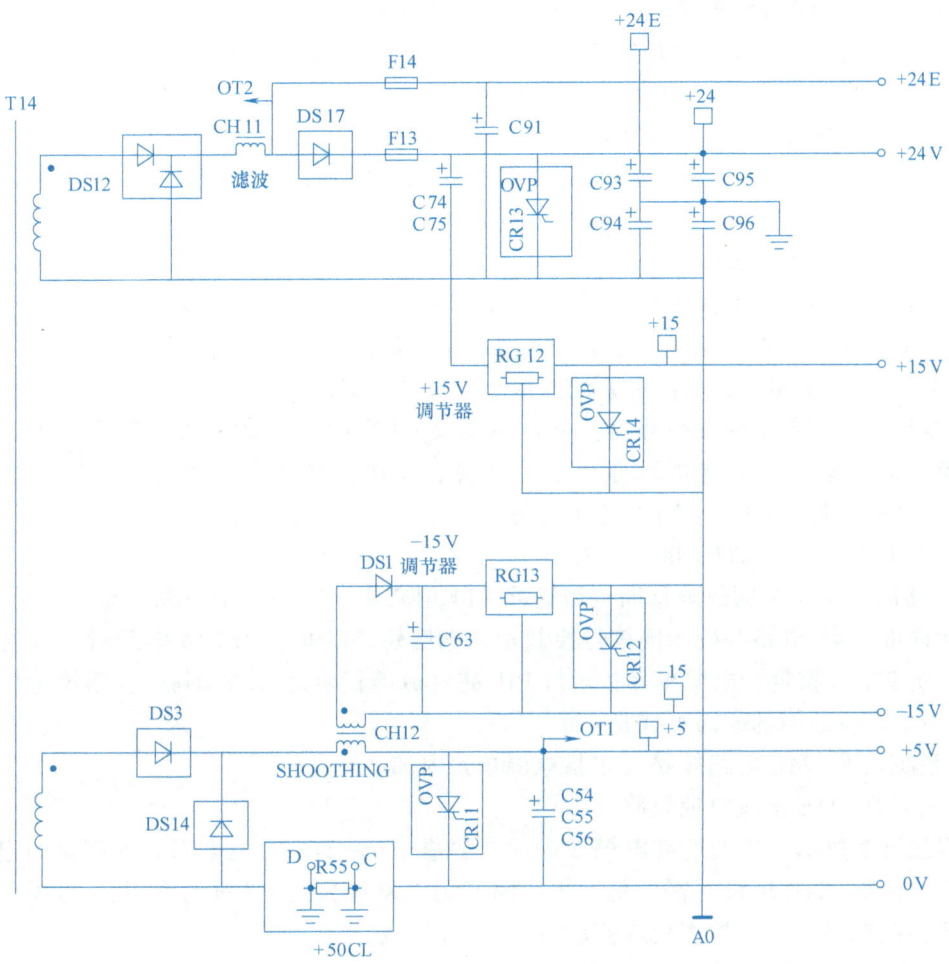

图 6-42 电源单元 AI 的输出电路

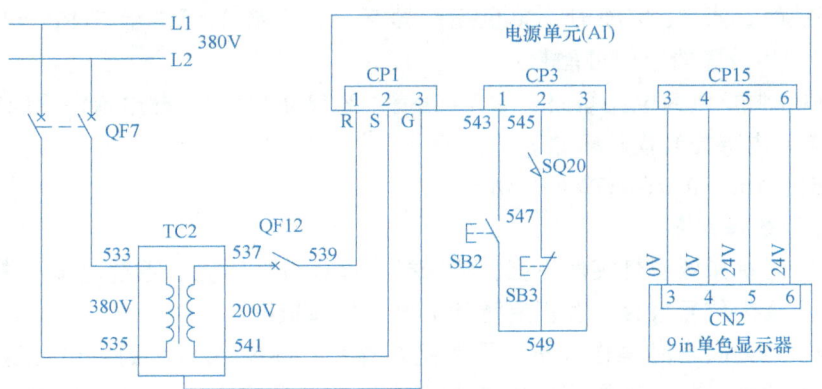

图 6-43 SSCK-20 数控车床电源单元的连接

注：1in＝25.4mm

不亮。产生故障的原因可能是：

1）浪涌吸收器 VS11 故障。

2）整流块 DS11 击穿短路或电容 C12、C13 严重漏电。

3）开关管 Q14、Q15 击穿短路或保护二极管 VD33、VD44 开路。

4）辅助电路短路（如开关管 Q1 击穿短路）。

F11、F12 的规格为 A60L-0001-0194（7.5A）。

（2）熔断器 F13 熔断故障诊断　熔断器 F13 用来实现电源单元+24V 的输出侧短路保护。当 F13 熔断时，单色显示器不亮（灯丝也不亮），电源单元指示灯 PIL 和故障指示灯 ALM 都亮。产生故障的原因可能是：

1）单色显示器中可能发生短路或与之相连的+24V 电源电缆线发生短路。从电源单元上拔下 CP15 的插头，系统重新上电，如果电源单元的报警灯（故障指示灯 ALM）不亮，且 CP15 端子有+24V 输出，则故障在系统显示装置（单色显示器）侧。

2）电源单元内部电路发生短路。从电源单元上拔下 CP15 的插头，系统重新上电，如果电源单元的报警灯（故障指示灯 ALM）还亮，说明故障在电源单元的内部，如二极管 DS17 击穿短路或电容 C74、C75 严重漏电等。

F13 的规格为 A60L-0001-0075（3.2A）。

（3）熔断器 F14 熔断故障诊断　熔断器 F14 用来实现系统内部（各印制电路板单元）、电源单元内部+24E 电路及机床侧信号控制输入电路短路保护。当 F14 熔断时，单色显示器上显示系统 950 号报警，电源单元指示灯 PIL 亮（故障指示灯 ALM 不亮），系统主板故障指示灯 L2 亮。产生故障的原因可能是：

1）系统内部+24E 电路短路（包括电源单元内部电路）。

2）机床侧+24E 接线对地短路。

可以拔开系统 I/O 板的所有电缆接头后，测量系统+24E 对地电阻。当测量的电阻为 0 时，则系统内部+24E 短路（需要更换相应的印制电路板）。当测量的电阻为 100Ω 左右时，则机床侧接线短路（详细检查机床侧所有的+24E 接线）。

F14 的规格为 A60L-0001-0046（5A）。

（4）熔断器 F1 熔断故障诊断　熔断器 F1 是实现电源单元内部控制模块及辅助调整电源电路短路保护的。当 F1 熔断时，单色显示器不亮，电源单元指示灯 PIL 和故障指示灯 ALM 均不亮。产生故障的原因可能是：

1）电源单元调整电源电路短路，如 V3 击穿、ZD2 击穿、C4 漏电或浪涌吸收器故障。

2）电源单元内部控制模块短路。

F1 的规格为 A60L-0001-0172（0.3A）。

3. 稳压电源故障诊断

机床在运行时机床照明灯突然不亮，机床操作面板灯也不亮，系统电源正常，同时系统发急停报警和主轴无信号报警。关机后重新上电，故障依旧。

故障分析：经询问当时操作人员，没有违规操作，排除人为原因，也可以排除机械原因，估计是电气故障引起。该机床的电气原理图显示，这些失电区域都和 24V 有关，并且该机床拥有两个稳压电源，一个是 I/O 接口电源，另一个是系统电源。经检查失电区域都与 I/O 接口有关，于是打开电气柜观察，发现 I/O 接口稳压电源指示灯不亮，说明该电源未能正常工作或损坏。由稳压电源的工作原理可知，稳压电源有电流短路保护和过载保护功能，当电源短路或过载时自动关断电源输出，以保护电源电路不被损坏。于是试着把电源的输出负载线路拆下来，结果发现重新上电后电源指示灯亮了。这说明电源本身没有损坏。通过分析得知该电源为 I/O 接口电源，负载不大，也不会出现过载现象，应该是输出回路中有短路故障。沿着输出线号进行检查，发现有一根+24V 输出线接头从绝缘胶布中露出并接触到机床床体。原因很明显，即由于该线与机床发生对地短路，造成该稳压电源处于自我保护状态，使得操作面板和一些 I/O 接口继电器供电停止，导致发生以上故障。至于变频器报警，可能是因为 24V 信号不能到位发出的。

解决办法：用绝缘胶布把接头处重新包好，重新上电开机，故障排除，报警解除，照明灯也点亮。

4. 系统程序锁故障诊断

一台数控车床，配有 FANUC 0i Mate 系统，无法输入对刀值等参数，不能编辑程序，并伴有报警。

故障分析：针对此现象首先想到程序保护开关，通过对比正常的系统发现这种故障现象与系统锁住时的故障现象一样，所以怀疑系统锁开关损坏，但经过短接，仍不能解决问题。通过观察故障系统的梯形图发现 X56 输入点无信号输入，说明这条输入线路断路。沿着这条线号用万用表检查，发现在操作面板后面选轴开关接头处线头脱落，导致线路无法输入信号，使 PLC 逻辑关系不正确，从而出现以上故障。

解决办法：用电烙铁和焊锡把脱落的线头重新焊接好，报警解除，参数输入正常，故障消失。

习 题

1. 举例说明系统 PMC 在数控机床上的控制功能。
2. 说明 FANUC 数控系统的 PMC 特点及类型。
3. 如果机床状态转换开关采用 8421 码波段开关，机床状态有系统编辑（EDIT）状态、系统自动运行（MEM）状态、系统手动数据输入（MDI）状态、系统手轮（HND）状态、系统手动连续进给（JOG）状态、系统返回参考点（REF）状态和系统在线加工（RMT）状态。编制系统 PMC 控制梯形图，系统为 FANUC 0i 系统。
4. CAK6136 型数控车床采用四工位的电动刀架自动换刀装置，电动机正转松开刀架并开始转位，当刀架转到位置后，电动机反转锁紧刀架，完成自动换刀控制。换刀位置检测是由安装在刀架内的 4 个霍尔开关元件进行检测和控制的，其信号的输入地址分别为 X4.1、X4.2、X4.3、X4.4，电动机正转输出信号地址为 Y2.1，电动机反转输出信号地址为 Y2.2。编制系统 PMC 控制梯形图，该机床采用 FANUC 0i Mate-TD 系统。
5. 某数控机床自动润滑控制中，当润滑装置中油量不足（液面检测开关信号发出）时，要求机床只是报警提示，机床可以继续运行。当加工工件程序结束后，机床转为报警状态，此时机床不能运行，直到注入机床润滑油为止。PMC 程序如何实现此控制？
6. 如何把编制好的 PMC 程序（LADDER-III 格式）通过存储卡装载到系统中？具体如何操作？
7. 整机无 24V 电源，从电源单元上拔下 CP15 的插头，系统重新上电，电源单元的报警灯（红色故障指示灯 ALM）还亮，说明电源单元内部电路发生短路，有哪些原因会造成该故障？

第 7 章
机械故障诊断与维修

本章导读

- **主要内容及教学要求**

数控机床是集机、电、液、气、光等于一体的自动化机床,利用各部分的执行功能共同完成机械执行机构的移动、转动、夹紧、松开、变速和换刀等动作,实现切削加工任务。机床工作时,其各项功能相互结合,发生故障时也混在一起,因此故障现象与故障原因并非简单的一一对应关系,而往往可能出现一种故障现象由几种不同原因引起,或一种原因引起几种故障的问题。

本章主要讲述数控机床主轴部件典型故障的分析处理、刀库与换刀机械手典型故障的分析处理、滚珠丝杠副的轴向间隙调整及典型故障处理及数控车床导轨副的典型故障处理。

- **重点、难点**
1. 数控机床主传动部分典型故障分析
2. 刀库与换刀机械手典型故障分析

7.1 数控机床主轴部件典型故障的分析处理

数控机床主传动系统主要包括主轴箱、主轴部件、调速主轴电动机。主轴部件在主轴箱内,一般由主轴、主轴轴承、工件或刀具自动松夹机构等组成,加工中心的主轴部件还有主轴定向准停机构等。

7.1.1 数控机床主轴部件的结构

数控机床的主轴部件是影响机床加工精度的主要部件,它的回转精度影响工件的加工精度,功率大小与回转速度影响加工效率,自动变速、准停和换刀等影响机床的自动化程度,这就要求主轴部件既能满足精加工时精度较高的要求,又要具备粗加工时高效切削的能力。因此,在旋转精度、刚度、抗振性和热变形等方面,对主轴部件都有很高的要求。对于具有自动换刀功能的数控机床,在主轴的结构上要处理好卡盘和刀具的装夹,主轴的卸荷、定位和间隙调整,主轴部件的润滑和密封以及工艺上的一系列问题。因此,主轴部件除了主轴、主轴轴承和传动件等一般组成部分外,还要有刀具拉刀机构、吹净装置及主轴准停装置。主轴部件的结构简图如图 7-1 所示。

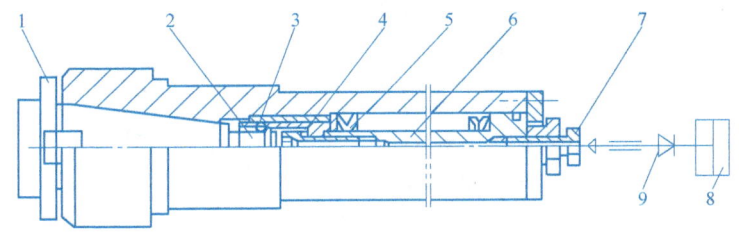

图 7-1 主轴部件的结构简图
1—刀具　2—拉钉　3—钢球　4—锥套　5—碟簧
6—拉杆　7—空心螺钉　8—液压缸　9—顶杆

1. 主轴

对于数控车床主轴，因为在它的两端安装着结构笨重的动力卡盘和夹紧液压缸，所以必须进一步提高主轴刚度，并应设计合理的连接端，以改善动力卡盘与主轴端部的连接刚度。

2. 主轴轴承

数控机床主轴部件的精度、刚度和热变形对加工质量有直接影响。由于加工过程中不对数控机床进行人工调整，因此这些影响就更为严重。目前数控机床的主轴轴承主要有三种形式。

（1）前后支承采用不同轴承　前支承采用双列短圆柱滚子轴承和 60°角接触双列向心推力球轴承组合，后支承采用成对向心推力球轴承。此配置形式使主轴的综合刚度大幅度提高，可以满足强力切削的要求，因此普遍应用于各类数控机床。

（2）前轴承采用高精度双列向心推力球轴承　向心推力球轴承的高速性能良好，主轴最高转速可达 4000r/min。但是，它的承载能力小，因而适用于高速、轻载和精密的数控车床。

（3）双列和单列圆锥滚子轴承　这种轴承径向和轴向刚度高，能承受重载荷，尤其能承受较强的动载荷，安装与调整性能也好。但是，这种轴承限制了主轴的最高转速和精度，广泛用于中等精度、低速与重载的数控机床。

3. 主轴卡盘

为了减少辅助时间和劳动强度，并适应自动化和半自动化加工的需要，数控机床多采用动力卡盘装夹工件。目前使用最多的是自动定心液压动力卡盘，该卡盘主要由引油导套、液压缸和卡盘三部分组成。

4. 拉刀机构及吹净机构

在某些带有刀具库的数控机床中，主轴部件内部还带有拉刀机构和主轴孔内的切屑吹净装置。这主要是因为，主轴内锥面的吹净是换刀操作中的一个不容忽视的问题。如果在主轴锥孔中掉进了切屑或其他污物，再拉紧刀具时，主轴锥孔表面和刀杆的锥柄就会被划伤，使刀杆发生偏斜，破坏刀具的正确定位，影响加工零件的精度，甚至使零件报废。一般用压缩空气将主轴锥孔清理干净，并将喷射小孔设计有合理的喷射角度，且均匀分布，以提高吹屑的效果。

5. 主轴准停装置

自动换刀数控机床主轴部件设有准停装置，其作用是使主轴每次都准确地停止在固定不变的轴向位置上，以保证换刀时主轴上的端面键能对准刀具上的键槽，同时使每次装刀时刀具与主轴的相对位置不变，从而提高刀具的重复安装精度。

主轴准停用于刀具交换、精镗退刀及齿轮换档等场合，有三种实现方式。

（1）机械准停控制　由带 V 形槽的定位盘和定位用的液压缸配合动作。

（2）磁性传感器的电气准停控制　如图7-2所示，发磁体安装在主轴后端，磁性传感器安装在主轴箱上，其安装位置决定主轴的准停点，发磁体和磁性传感器之间的间隙为（1.5±0.5）mm。

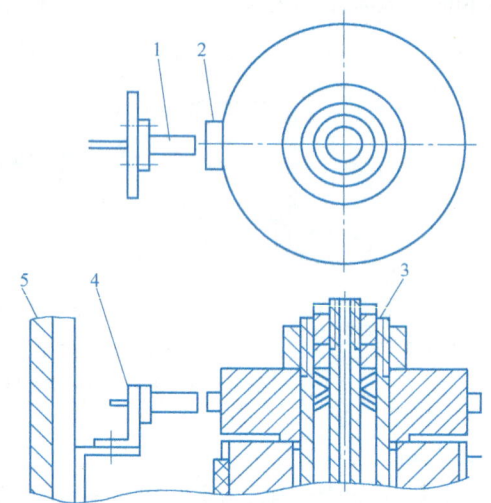

图 7-2　磁性传感器的主轴准停装置
1—磁性传感器　2—发磁体　3—主轴
4—支架　5—主轴箱

（3）编码器型的准停控制　通过在主轴电动机内置或在机床主轴上直接安装一个光电编码器来实现准停控制，准停角度可任意设定。

7.1.2　数控机床主轴部件的维护

1. 主轴润滑

为了保证主轴有良好的润滑，减少摩擦发热，同时又能把主轴组件的热量带走，通常采用循环式润滑系统。用液压泵供油强力润滑，在油箱中使用油温控制器控制油液温度。近年来有些数控机床主轴轴承采用高级油脂封放方式润滑，每加一次油脂可以使用 7~10 年，这简化了结构，降低了成本且维护简单，但需防止润滑油和油脂混合，因此通常用迷宫式密封方式。

为了适应主轴转速向高速化发展的需要，相继开发出了新的润滑冷却方式，如油气润滑和喷注润滑。这些新型润滑冷却方式不仅能减少轴承温升，还能减少轴承内、外圈的温差，以保证主轴热变形小。

2. 主轴密封

在密封件中，被密封的介质往往是以穿漏、渗透或扩散的形式越界泄漏到密封连接处的另外一侧。造成泄漏的基本原因是流体从密封面的间隙溢出，或是密封部件内外两侧介质存在压力差或浓度差，致使流体向压力低或浓度低的一侧流动。

图7-3所示为卧式加工中心主轴前支承的密封结构。卧式加工中心主轴前支承处采用的是双层小间隙密封装置。主轴前端车出两组锯齿形护油槽，在法兰盘 4 和 5 上开沟槽及泄漏孔，当喷入轴承 2 内的油液流出后被法兰盘 4 的内壁挡住，并经其下部的泄油孔 9 和套筒 3 上的回油斜孔 8 流回油箱，少量油液沿主轴 6 流出时，进入主轴护油槽，在离心力的作用下被甩至法兰盘 4 的沟槽内，经回油斜孔 8 重新流回油箱，达到防止润滑介质泄漏的目的。

当外部切削液、切屑及灰尘等沿主轴 6 与法兰盘 5 之间的间隙进入时，经法兰盘 5 的沟槽由泄漏孔 7 排出，少量的切削液、切屑及灰尘进入主轴前的锯齿沟槽，在主轴 6 高速旋转的离心力作用下仍被甩至法兰盘 5 的沟槽内，由泄漏孔 7 排出，达到主轴端部密封的目的。

要使间隙密封结构在一定的压力和温度范围内具有良好的密封防漏性能，必须保证法兰盘 4 和 5 与主轴及轴承端面的配合间隙。

1) 法兰盘 4 与主轴 6 的配合间隙应控制在 0.1~0.2mm（单边）范围内。若间隙偏大，则泄漏量将按间隙的 3 次方扩大；若间隙过小，由于加工及安装误差，法兰盘容易与主轴局部接触，使主轴局部升温并产生噪声。

2) 法兰盘 4 内端面与轴承端面的间隙应控制在 0.15~0.3mm。小间隙可使压力油直接被挡住并沿法兰盘 4 内端面下部的泄油孔 9 经回油斜孔 8 流回油箱。

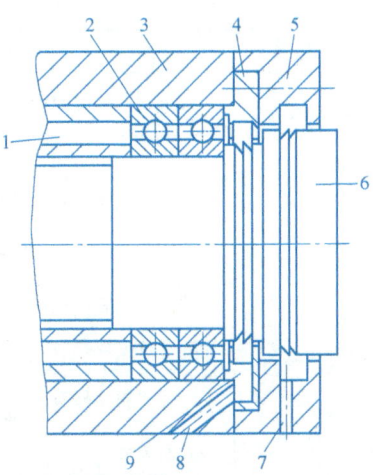

图 7-3　卧式加工中心主轴前支承的密封结构

1—进油口　2—轴承　3—套筒
4、5—法兰盘　6—主轴　7—泄漏孔
8—回油斜孔　9—泄油孔

3) 法兰盘 5 与主轴的配合间隙应控制在 0.15~0.25mm（单边）范围内。间隙太大，进入主轴 6 内的切削液及杂物会显著增多；间隙太小，则法兰盘易与主轴接触。法兰盘 5 的沟槽深度应大于 10mm（单边），泄漏孔 7 直径应大于 φ6mm，并位于主轴下端靠近沟槽内壁处。

4) 法兰盘 4 的沟槽深度大于 12mm（单边），主轴上的锯齿尖而深，一般在 5~8mm 范围内，以确保具有足够的甩油空间。法兰盘 4 处的主轴锯齿向后倾斜，法兰盘 5 处的主轴锯齿向前倾斜。

5) 法兰盘 4 上的沟槽与主轴 6 上的护油槽对齐，以保证被主轴甩至法兰盘沟槽内腔的油液可靠地流回油箱。

6) 套筒前端的回油斜孔 8 及法兰盘 4 的泄油孔 9 的流量为进油口 1 的 2~3 倍，以保证压力油顺利地流回油箱。

这种主轴前端密封结构也适合于普通卧式车床的主轴前端密封。在油脂润滑状态下使用该密封结构时，可取消法兰盘泄油孔及回油斜孔，并且有关配合间隙可适当放大，经正确加工及装配后同样可达到较为理想的密封效果。

3. 刀具自动松夹机构的维护

在刀具自动松夹机构中，刀杆常采用 7∶24 的大锥度锥柄，既利于定心，也为松刀带来方便。刀具自动松夹机构用碟形弹簧通过拉杆及夹头拉住刀柄的尾部，使刀具锥柄和主轴锥孔紧密配合，夹紧力达 10000N 以上。松刀时通过液压缸活塞推动拉杆来压紧碟形弹簧，使夹头张开，夹头与刀柄上的拉钉脱离，即可拔出刀具，进行新、旧刀具的交换。新刀装入后，液压缸活塞后移，新刀具又被碟形弹簧拉紧。在活塞推动拉杆松开刀柄的过程中，压缩空气由喷气头经过活塞中心孔和拉杆中的孔吹出，应将锥孔清理干净，以防止主轴锥孔中掉入切屑和灰尘。

7.1.3　主轴部件的故障诊断

表 7-1 为主轴部件的故障现象、故障原因及排除方法。

表 7-1 主轴部件的故障现象、故障原因及排除方法

故障现象	故障原因	排除方法
加工精度达不到要求	机床在运输过程中受到冲击	检查对机床精度有影响的各部位,特别是导轨副,并按出厂精度要求重新调整或修复
	安装不牢固、安装精度低或有变化	重新安装、调平、紧固
切削振动大	主轴箱和床身联接螺钉松动	恢复精度后紧固联接螺钉
	轴承预紧力不够,游隙过大	重新调整轴承游隙。但预紧力不宜过大,以免损坏轴承
	轴承预紧螺母松动,使主轴窜动	紧固螺母,确保主轴精度合格
	轴承拉毛或损坏	更换轴承
	主轴与箱体超差	修理主轴或箱体,使其配合精度、位置精度达到要求
	其他因素	检查刀具或切削工艺问题
	如果是车床,则可能是转塔刀架运动部位松动或压力不够而未夹紧	调整、修理
主轴箱噪声大	主轴部件动平衡不好	重做动平衡
	齿轮啮合间隙不均匀或严重损伤	调整间隙或更换齿轮
	轴承损坏或传动轴弯曲	修复或更换轴承,校直传动轴
	传动带长度不一或过松	调整或更换传动带,不能新、旧传动带混用
	齿轮精度差	更换齿轮
	润滑不良	调整润滑油量,保持主轴箱的清洁度
齿轮和轴承损坏	变档压力过大,齿轮受冲击产生破损	按液压原理图,调整到适当的压力和流量
	变档机构损坏或固定销脱落	修复或更换零件
	轴承预紧力过大或无润滑	重新调整预紧力,并使之润滑充足
主轴无变速	电器变档信号是否输出	由电器维修人员检查处理
	压力是否足够	检测并调整工作压力
	变档液压缸研伤或卡死	修去毛刺和研伤,清洗后重装
	变档电磁阀卡死	检修并清洗电磁阀
	变档液压缸拨叉脱落	修复或更换
	变档液压缸窜油或内泄	更换密封圈
	变档复合开关失灵	更换新开关
主轴不转动	主轴转动指令是否输出	由电器维修人员检查处理
	保护开关没有压合或失灵	检修并压合保护开关,或者更换
	卡盘未夹紧工件	调整或修理卡盘
	变档复合开关损坏	更换复合开关
	变档电磁阀体内泄漏	更换电磁阀
主轴发热	主轴轴承预紧力过大	调整预紧力
	轴承研伤或损坏	更换轴承
	润滑油脏或有杂质	清洗主轴箱,更换新油
液压变速时齿轮推不到位	主轴箱内拨叉磨损	选用球墨铸铁作为拨叉材料
		在每个垂直滑移齿轮下方安装塔簧作为辅助平衡装置,减轻对拨叉的压力
		活塞的行程与滑移齿轮的定位相协调
		若拨叉磨损,予以更换

7.2 刀库与换刀机械手典型故障的分析处理

数控机床的刀架、刀库和换刀装置是机床的重要组成部分。在一定程度上,刀架、刀库和换刀装置的结构和性能体现了机床的设计和制造技术水平。

7.2.1 刀架、刀库和换刀装置的机械结构

1. 刀架

按换刀方式的不同,数控车床的刀架系统主要有排式刀架、回转刀架和带刀库的自动换刀装置等多种形式。下面对前两种刀架系统进行简单介绍。

(1) 排式刀架 排式刀架一般用于小规格数控车床,以加工棒料或盘类零件为主。它的结构形式是夹持各种不同用途刀具的刀夹沿着机床的 X 轴方向排列在横滑板上,如图7-4所示。这种刀架在刀具布置和机床调整等方面都较为方便,用户可以根据具体的零件车削工艺要求,任意组合各种不同用途的刀具,一把刀具完成车削任务后,横滑板只要按程序沿 X 轴移动预先设定的距离,第二把刀就到达加工位置,这样就完成了机床的换刀动作。这种刀架的换刀迅速省时,有利于提高机床的生产率。

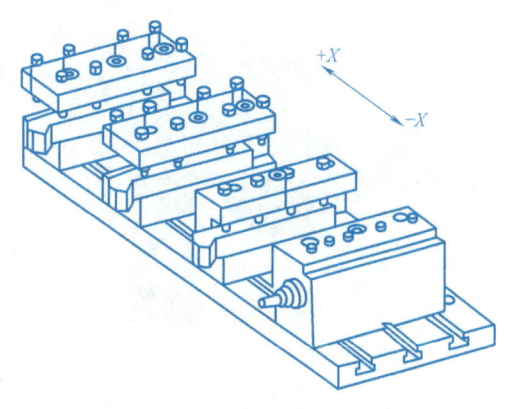

图7-4 排式刀架

(2) 回转刀架 回转刀架(见图7-5)是数控车床最常用的一种典型换刀刀架,通过刀架的旋转分度定位来实现机床的自动换刀动作。根据加工要求,回转刀架可设计成四方形,换刀动作可分为刀架抬起、刀架转位和刀架锁紧等几个步骤。它的动作是由数控系统发出指令完成的。回转刀架根据刀架回转轴与安装底面的相对位置,分为立式刀架和卧式刀架两种。

2. 刀库

加工中心刀库的形式及结构各不相同,最常用的有鼓轮式刀库、链式刀库和格子盒式刀库。鼓轮式刀库结构紧凑、简单,在钻削中心上应用较多,一般存放的刀具不超过32把;链式刀库是在传动链条上安置许多刀座,刀座的孔中装夹各种刀具,链条由链轮驱动,其长度取决于刀具的数量,一般用于刀库容量较大的场合;格子盒式刀库的刀具分几排呈直线排列,由纵、横向移动的取刀机械手完成选刀运动,将选取的刀具送到固定的换刀位置刀座上,再由换刀机械手交换刀具,其空间利用率高、换刀容量大。换刀机械手的结构如图7-6所示。

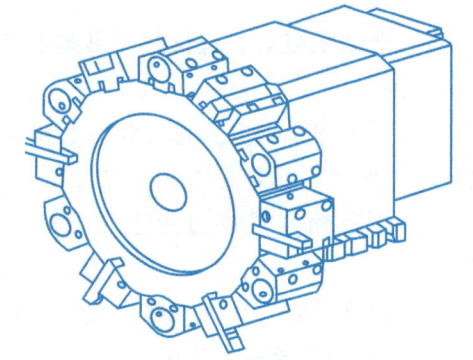

图7-5 回转刀架

3. 换刀装置

数控机床换刀装置的主要功能是实现刀库与机床主轴之间刀具的传递和装卸。根据刀具的交换方式不同，换刀通常分为无机械手换刀和有机械手换刀两大类。换刀机械手如图 7-6 所示，自动换刀控制如图 7-7 所示。

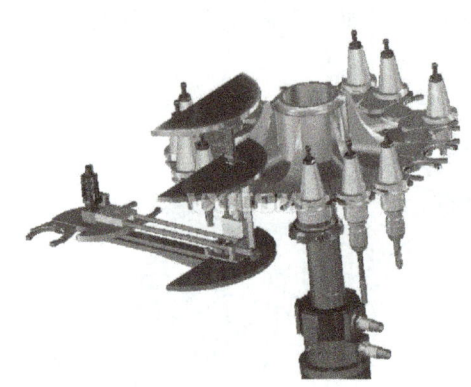

图 7-6 换刀机械手的结构

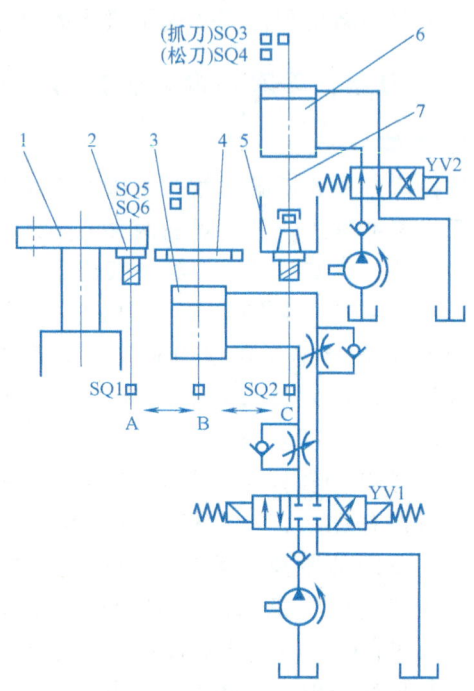

图 7-7 自动换刀控制示意图

1—刀库　2—刀具　3—换刀臂升降液压缸
4—换刀臂　5—主轴　6—主轴液压缸　7—拉杆

7.2.2 刀架、刀库和换刀机械手的维护

1）严禁把超重、超长的刀具装入刀库，防止在机械手换刀时掉刀或刀具与工件、夹具等发生碰撞。

2）用顺序选刀方式选刀时，必须注意刀具在刀库上的顺序要正确。采用其他选刀方式也要注意所换刀具号是否与所需刀具一致，防止换错刀具，导致发生事故。

3）用手动方式往刀库上装刀时，要确保装到位、装牢靠，检查刀座上的锁紧是否可靠。

4）经常检查刀库的回零位置是否正确，检查机床主轴换刀点位置是否到位，并及时调整，否则不能完成换刀动作。

5）要注意保持刀具刀柄和刀套的清洁。

6）开机时，应先使刀库和机械手空运行，检查各部分工作是否正常，特别是各行程开关和电磁阀能否正常动作。检查机械手液压系统的压力是否正常，刀具在机械手上锁紧是否可靠，发现不正常应及时处理。

7.2.3 刀架、刀库和换刀机械手的故障诊断

表 7-2 为刀架、刀库和换刀机械手的故障现象、故障原因及排除方法。考虑到数控车床的转塔刀架也有一些故障，故列在一起。

表 7-2 刀架、刀库和换刀机械手的故障现象、故障原因及排除方法

故障现象	故障原因	排除方法
转塔刀架没有抬起动作	控制系统是否有 T 指令输出信号	如未能输出，请电器维修人员排除
	抬起电磁铁断线或抬起阀杆卡死	修理或清除污物，更换电磁阀
	压力不够	检查油箱并重新调整压力
	抬起液压缸研损或密封圈损坏	修复研损部分或更换密封圈
	与转塔抬起连接的机械部分研损	修复研损部分或更换零件
转塔转位速度缓慢或不转位	检查是否有转位信号输出	检查转位继电器是否吸合
	转位电磁阀断线或阀杆卡死	修理或更换
	压力不够	检查是否存在液压故障，若有则调整到额定压力
	转位速度节流阀是否卡死	清洗或更换节流阀
	液压泵研损卡死	检修或更换液压泵
	凸轮轴压盖过紧	调整调节螺钉
	抬起液压缸缸体与转塔平面产生摩擦、研损	松开连接盘，进行转位试验；取下连接盘，配磨平面轴承下的调整垫并使相对间隙保持为 0.04mm
转塔转位时碰牙	安装附具不配套	重新调整附具安装，减少转位冲击
	抬起速度或抬起延时时间短	调整抬起延时参数，增加延时时间
转塔不正位	转位盘上的撞块与选位开关松动，使转塔到位时传输信号超前或滞后	拆下护罩，使转塔处于正位状态，重新调整撞块与选位开关的位置并紧固
	上、下连接盘与中心轴花键间隙过大，产生的位移偏差大，落下时易碰牙顶，引起不到位	重新调整连接盘与中心轴的位置；间隙过大则更换零件
	转位凸轮与转位盘间隙大	用塞尺测试滚轮与凸轮，将凸轮调至中间位置；转塔左右窜动量保持在两齿中间，确保落下时顺利咬合；转塔抬起时用手摆动，摆动量不超过两齿距离的 1/3
	凸轮在轴上窜动	调整并紧固固定转位凸轮的螺母
	转位凸轮轴的轴向预紧力过大或有机械干涉，使转塔不到位	重新调整预紧力，排除干涉
转塔转位不停	两计数开关不同时计数或复置开关损坏	调整两个撞块的位置及两个计数开关的计数延时，修复复置开关
	转塔上的 24V 电源断线	接好电源线
转塔刀重复定位精度差	液压夹紧力不足	检查压力并调到额定值
	上、下齿盘受冲击，定位松动	重新调整并固定
	两齿盘间有污物或滚针脱落在齿盘中间	清除污物，保持转塔清洁；检修并更换滚针
	转塔落下夹紧时有机械干涉（如夹切屑）	检查并排除机械干涉
	夹紧液压缸拉毛或研损	检修拉毛或研损部分，更换密封圈
	转塔坐落在二层滑板之上，由于压板和楔铁配合不牢产生的运动偏大	修理并调整压板和楔铁，0.04mm 塞尺塞不入

(续)

故障现象	故障原因	排除方法
刀具不能夹紧	气泵气压不足	使气泵气压在额定范围
	增压装置漏气	关紧装置增压
	刀具夹紧液压缸漏油	更换密封装置
	刀具松卡弹簧上的螺母松动	旋紧螺母
刀具夹紧后不能松开	松锁刀的弹簧压力过紧	调节松锁刀弹簧上的螺母,使其最大载荷不超过额定值
刀套不能夹紧刀具	检查刀套上的调节螺母	顺时针方向旋转刀柄两端的调节螺母,压紧弹簧,顶紧卡紧销
刀具从机械手中脱落	刀具超重,机械手夹紧销损坏	刀具不得超重,更换机械手夹紧销
机械手换刀速度过快	气压太高或节流阀开口过大	保证气泵的压力和流量,旋转节流阀至换刀速度合适
换刀时找不到刀	刀位编码用组合行程开关、接近开关等损坏、接触不好或灵敏度降低	更换损坏件

数控车床上的换刀过程是:换刀电动机接到换刀信号后,通过蜗轮蜗杆减速机构带动刀架旋转,由霍尔元件发出刀位信号,数控系统再利用这个信号与目标值进行比较,以判断刀具是否到位。刀具换到位后,电动机反转,锁紧刀架。在维修数控车床的过程中遇到了以下几个故障现象。

故障一:一台六刀位数控车床,换刀时所有刀位都找不到,刀架旋转数周后停止,并且数控系统显示"换刀超时或没有信号输入"报警。

故障分析:对于该故障,仍可以排除机械故障,估计是电气故障所致。产生该故障的电气原因有以下几种:①磁性元件脱落;②六个霍尔元件全部损坏;③霍尔元件的供电和信号线路开路,导致无电压信号输出。其中,第三种原因可能性最大。因此找来电路图,用万用表对霍尔元件的供电线路进行检查,结果发现刀架检测线路端子排上的24V供电电压为0V,其他线路均正常。以此为线索沿线路查找,发现从电气柜引出的24V接线线头脱落,接上后仍无反应。由此判断应该是该接线断线造成的故障。

解决办法:利用同规格导线替代断线后,故障排除。

故障二:一台四刀位数控车床,发生一号刀位找不到,其他刀位能正常换刀的故障现象。

故障分析:由于只有一号刀找不到刀位,可以排除机械传动方面的问题,确定就是电气方面的故障。可能是该刀位的霍尔元件及其周围线路出现问题,导致该刀位信号不能输送给PLC。对照电路图用万用表检查后发现,一号刀位霍尔元件的24V供电正常,GND接线正常,T1信号线正常。因此,可以断定是霍尔元件损坏导致该刀位信号不能发出。

解决办法:更换新的霍尔元件后故障排除,一号刀正常找到刀位。

故障三:一台配有FANUC 0i Mate系统的大连机床厂的六刀位车床,选刀正常但是当所选刀位到位之后不能正常锁紧,系统报警"换刀超时"。

故障分析与处理:刀架选刀正常,正转正常,就是不能反向锁紧,说明蜗杆传动正常,初步定为电气线路问题。在机床刀架控制电气原理图上,发现刀具反向锁紧到位信号是由一个位置开关来控制发出的,是不是该开关即周围线路存在问题呢?为了确认这个故障原因,打开刀架的顶盖和侧盖，参照电路图用万用表检查线路故障，发现线路未有开路和短路故障，通过用手按动刀架反向锁紧位置开关观察梯形图，显示有信号输入，至此排除电气线路问题。于是推断可能是挡块运动不到位，位置微动开关未动作。重新换刀一次进行观察，结果发现挡块未运动到位。于是把挡块螺栓拧紧，试换刀一次正常。再换一次刀，原故障又出现了，同时发现蜗杆端的轴套打滑并且有爬行现象。难道是它造成的电动机反转锁紧时位置开关的挡块不能到位？于是对该轴套进行轴向定位处理，将刀架顶盖装好，刀架锁紧正常。

7.3 滚珠丝杠副的轴向间隙调整及典型故障处理

7.3.1 滚珠丝杠的特点

在数控机床上大多采用滚珠丝杠传动代替螺母丝杠传动。和螺母丝杠传动相比，滚珠丝杠传动有以下特点：

1）高传动效率。滚珠丝杠的传动效率可达 90%～96%，是一般螺母丝杠传动的 2～4 倍，因此利用它能够用较小的力来移动较大的载荷。

2）运动平稳。起动力矩和运动力矩基本相等，起动时无颤振，低速时无爬行。

3）寿命长。由于实际载荷远小于需用载荷，滚珠丝杠的使用寿命大多超过其设计寿命。

4）传动精度高。滚珠丝杠的设计和制造精度很高，而且其运动精度和定位精度也都较高，此外，运动灵敏、无爬行、磨损小也都是它具有良好精度的保障。

5）可预紧消隙。对滚珠丝杠传动进行适当的预紧能提高其反向传动精度和刚度，反向时无空程死区。

6）滚珠丝杠副的摩擦角小于1°，因此不能自锁。如果用滚珠丝杠副驱动升降运动（如主轴箱或升降台的升降），则必须有制动装置。

7）滚珠丝杠副的静、动摩擦因数实际上几乎没有什么差别。

7.3.2 滚珠丝杠副的维护

1. 滚珠丝杠副的轴向间隙调整

滚珠丝杠副的传动间隙是轴向间隙，为保证反向传动精度和丝杠的刚度，必须消除轴向间隙。消除轴向间隙常采用双螺母结构，利用两个螺母的相对轴向位移，使两个滚珠螺母中的滚珠分别贴紧在螺旋滚道的两个相反的侧面上。用这种方法预紧消除轴向间隙时，应注意预紧力不宜过大，因为过大的预紧力将导致空载力矩增加，从而降低传动效率，缩短使用寿命。此外还要消除丝杠安装部分和驱动部分的间隙。

双螺母消除间隙的结构主要有三种形式。

（1）双螺母齿差调隙式结构 如图 7-8 所示，在两个螺母的两个端面法兰上分别加工出外齿轮 z_2，并各自装入对应的内齿圈 z_1 中，内齿圈通过螺钉固定在螺母座端面上。

通常两个齿轮相差 1 齿（如 $z_1=100$，$z_2=99$）。当调整间隙时，将两个外齿轮从内齿圈中抽出并相对内齿圈分别反向转动一个齿，然后安回原内齿圈中。

p 为丝杠的螺距。当 $p=10\text{mm}$ 时，间隙的调整量为 0.001mm。由此可见，此方法可实现精密微调，预压可靠，不会发生松动。虽然其结构复杂，但仍得到了广泛应用。

（2）双螺母垫片调隙式结构　调整垫片厚度可改变两个螺母间的位移，消除传动副的轴向间隙。其结构简单、可靠性好、刚度高、装卸方便，但垫片厚度难以控制，调整比较困难。图7-9所示为双螺母垫片调隙式结构。

（3）双螺母螺纹调隙式结构　通过转动螺母使两个螺母产生位移来消除传动副的轴向间隙。其优点是结构简单，调整方便，在出现磨损后还可随时进行补充调整，应用较多；缺点

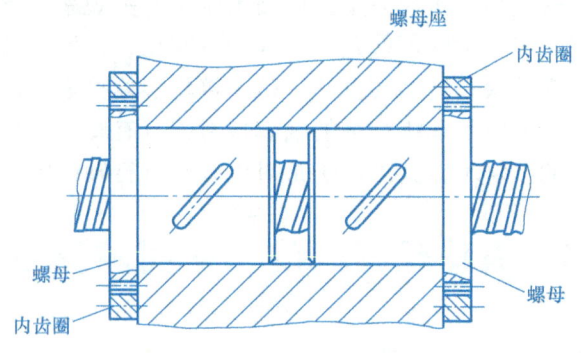

图7-8　双螺母齿差调隙式结构

是调整精度较差，预紧力不能准确控制，轴向尺寸较长，会增加丝杠螺纹部分的长度。如图7-10所示，它用平键限制了螺母在螺母座内的转动，调整时只要拧动圆螺母就能使滚珠丝杠螺母沿轴向移动一定距离，在消除间隙后将其锁紧。

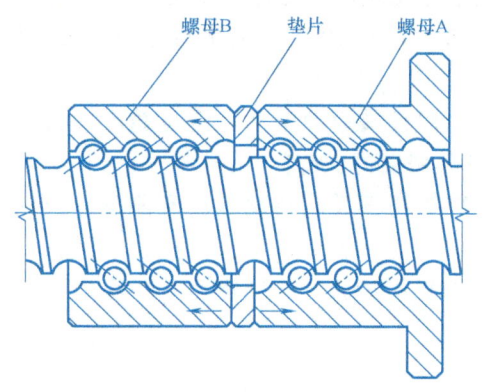

图7-9　双螺母垫片调隙式结构

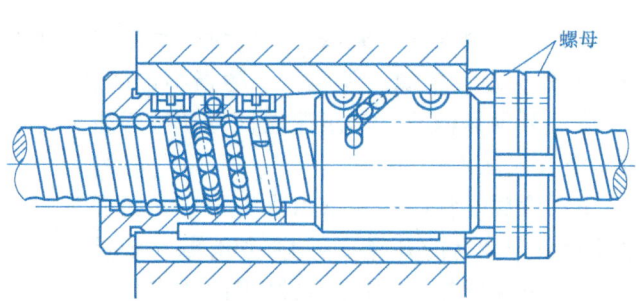

图7-10　双螺母螺纹调隙式结构

2. 支承轴承的定期检查

应定期检查丝杠支承轴承与床身的连接是否有松动，以及支承轴承是否损坏等。如有以上问题，要及时紧固松动部位并更换支承轴承。

3. 滚珠丝杠副的润滑

在滚珠丝杠副中加润滑剂可提高其耐磨性和传动效率。润滑剂分为润滑油和润滑脂两大类。润滑油一般为全损耗系统用油，润滑脂可采用锂基润滑脂。润滑脂一般加在螺纹滚道和安装螺母的壳体空间内，而润滑油则经过壳体上的油孔注入螺母的空间内。每半年应更换一次滚珠丝杠上的润滑脂，清洗丝杠上的旧润滑脂，涂上新的润滑脂。用润滑油润滑的滚珠丝杠副，可在每次机床工作前加油一次。

4. 滚珠丝杠副的保护

滚珠丝杠副和其他滚动摩擦的传动元件一样，只要避免磨料微粒及化学活性物质进入，就可以认为这些元件几乎是在不产生磨损的情况下工作的。但如果滚道内落入了脏物或使用

肮脏的润滑油，不仅会妨碍滚珠的正常运转，而且会使其磨损急剧增加。制造误差和预紧变形量以微米计的滚珠丝杠副对这种磨损特别敏感。因此，有效的防护密封和保持润滑油的清洁显得十分必要。

通常采用毛毡圈对螺母进行密封，毛毡圈的厚度为螺距的 2~3 倍，而且内孔做成螺纹的形状，使之紧密地包住丝杠，并装入螺母或套筒两端的槽孔内。密封圈除了采用柔软的毛毡之外，还可以采用耐油橡胶或尼龙材料。由于密封圈和丝杠直接接触，因此防尘效果较好，但也增加了滚珠丝杠副的摩擦阻力矩。为了避免这种摩擦阻力矩，可以采用由较硬的塑料制成的非接触式迷宫密封圈，内孔做成与丝杠螺纹滚道相反的形状，并留有一定的间隙。

对于暴露在外面的丝杠，一般采用螺旋钢带、伸缩套筒、锥形套筒以及折叠式塑料或人造革等做成的防护罩，以防止尘埃和磨粒粘附到丝杠表面。这几种防护罩与导轨的防护罩有相似之处，一端连接在滚珠螺母的端面，另一端固定在滚珠丝杠的支承座上。近年来还出现了一种钢带缠卷式丝杠防护装置。

7.3.3 滚珠丝杠副的故障诊断

表 7-3 为滚珠丝杠副的故障现象、故障原因及排除方法。

表 7-3 滚珠丝杠副的故障现象、故障原因及排除方法

故障现象	故障原因	排除方法
工件表面粗糙度值大	导轨的润滑油不足，致使溜板爬行	加润滑油，排除润滑故障
	滚珠丝杠有局部拉毛或研磨	更换或修理丝杠
	丝杠轴承损坏，运动不平稳	更换损坏的轴承
	伺服电动机未调整好，增益过大	调整伺服电动机控制系统
反向误差大，加工精度不稳定	丝杠轴联轴器锥套松动	重新紧固并用百分表反复测量
	丝杠轴滑板配合压板过紧或过松	重新调整或修研，用 0.03mm 塞尺塞不入为合格
	丝杠轴滑板配合楔铁过大或过小	重新调整或修研，使接触率达 70% 以上，用 0.03mm 塞尺塞不入为合格
	滚珠丝杠预紧力过大或过小	调整预紧力，检查轴向窜动值，使其误差不大于 0.015mm
	滚珠丝杠螺母端面与接合面不垂直，接合过松	修理、调整或加垫处理
	丝杠支座轴承预紧力过大或过小	修理调整
	滚珠丝杠制造误差大或轴向窜动	用控制系统自动补偿功能消除间隙，用仪器测量并调整丝杠窜动
	润滑油不足或没有	调节至各导轨面均有润滑油
	其他机械干涉	排除干涉部位
滚珠丝杠在运转中转矩过大	两滑板配合压板过紧或研伤	重新调整或修研压板，使 0.04mm 塞尺塞不入为合格
	滚珠丝杠螺母反向器损坏，滚珠丝杠卡死或轴端螺母预紧力过大	修复或更换丝杠并精心调整
	丝杠研损	更换
	伺服电动机与滚珠丝杠连接不同轴	调整同轴度并紧固连接座
	无润滑油	调整润滑油路
	超程开关失灵，造成机械故障	检查故障并排除
	伺服电动机过热报警	检查故障并排除

(续)

故障现象	故障原因	排除方法
丝杠螺母润滑不良	分油器是否分油	检查定量分油器
	油管是否堵塞	清除污物使油管畅通
滚珠丝杠副噪声大	滚珠丝杠轴承压盖压合不良	调整压盖，使其压紧轴承
	滚珠丝杠润滑不良	检查分油器和油路，使润滑油充足
	滚珠产生破损	更换滚珠
	电动机与丝杠联轴器产生松动	拧紧联轴器锁紧螺钉

7.4 数控车床导轨副的典型故障处理

导轨副是数控机床的重要执行部件，按结构分主要有滚动导轨、塑料导轨、静压导轨等，按运动性质分有直线移动导轨和回转运动导轨。

7.4.1 数控车床导轨副的结构与分类

滑动导轨具有结构简单、制造方便、接触刚度大等优点，但传统的滑动导轨摩擦阻力大，磨损快，动、静摩擦因数差别大，低速时易产生爬行现象。目前，数控车床已不采用传统的滑动导轨，而是采用带有耐磨粘贴覆盖层的滑动导轨和新型塑料滑动导轨，它们具有摩擦性能良好和使用寿命长等特点。

导轨刚度的大小、制造是否简单、能否调整、摩擦损耗是否最小以及能否保持导轨的初始精度，在很大程度上取决于导轨的横截面形状。数控车床滑动导轨的横截面形状常为山形和矩形。山形横截面如图7-11a所示。这种截面的导轨导向精度高，导轨磨损后靠自重下沉自动补偿。下导轨用凸形，有利于排污，但不易保存油液。矩形横截面如图7-11b所示。这种截面的导轨制造维修方便，承载能力大，新导轨导向精度高，但磨损后不能自动补偿，需用镶条调节，影响导向精度。

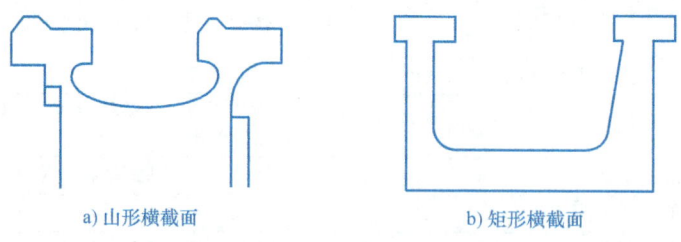

a) 山形横截面　　　　　　b) 矩形横截面

图7-11　数控车床滑动导轨的横截面

滚动导轨的优点是摩擦因数小，动、静摩擦因数很接近，不会产生爬行现象，可以使用油脂润滑。数控车床导轨的行程一般较长，因此滚动体必须可以循环。

根据滚动体的不同，滚动导轨可分为滚珠直线导轨和滚柱直线导轨，如图7-12所示。后者的承载能力和刚度都比前者高，但摩擦因数大。

滚动直线导轨副由导轨、滑块、钢球、反向器、保持架、密封端盖及挡板等组成，如图7-13所示。当导轨与滑块做相对运动时，钢球就沿着导轨上的经过淬硬和精密磨削加工而成的四条滚

第7章 机械故障诊断与维修

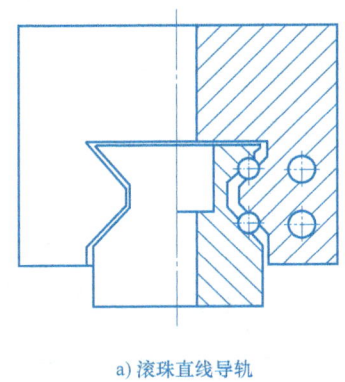

a) 滚珠直线导轨

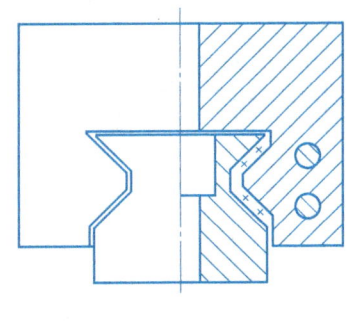

b) 滚柱直线导轨

图 7-12 滚动导轨的两种形式

道滚动,在滑块端部又通过反向装置(反向器)进入反向孔后再进入滚道,就这样周而复始地进行滚动。反向器两端装有防尘密封端盖,可有效地防止灰尘、切屑进入滑块内部。

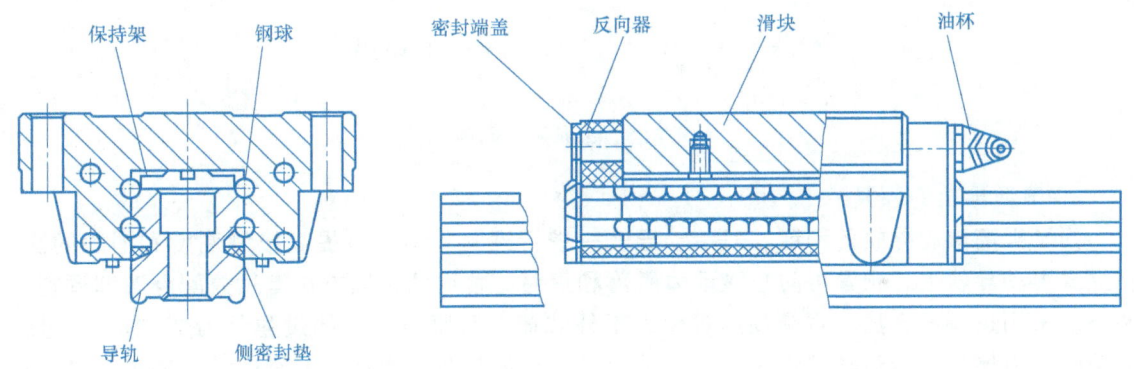

图 7-13 滚动导轨副的组成

7.4.2 数控车床导轨副的维修

1. 间隙调整

保证导轨面之间具有合理的间隙是维护导轨副的一项重要工作。间隙过小,则摩擦阻力大,导轨磨损加剧;间隙过大,则失去运动准确性和平稳性,以及导向精度。间隙调整的方法有压板调整间隙(见图7-14)、镶条调整间隙(见图7-15)、压板镶条调整间隙。

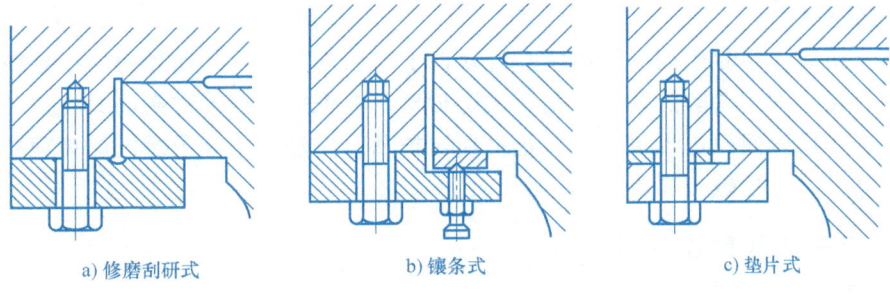

图 7-14 压板调整间隙

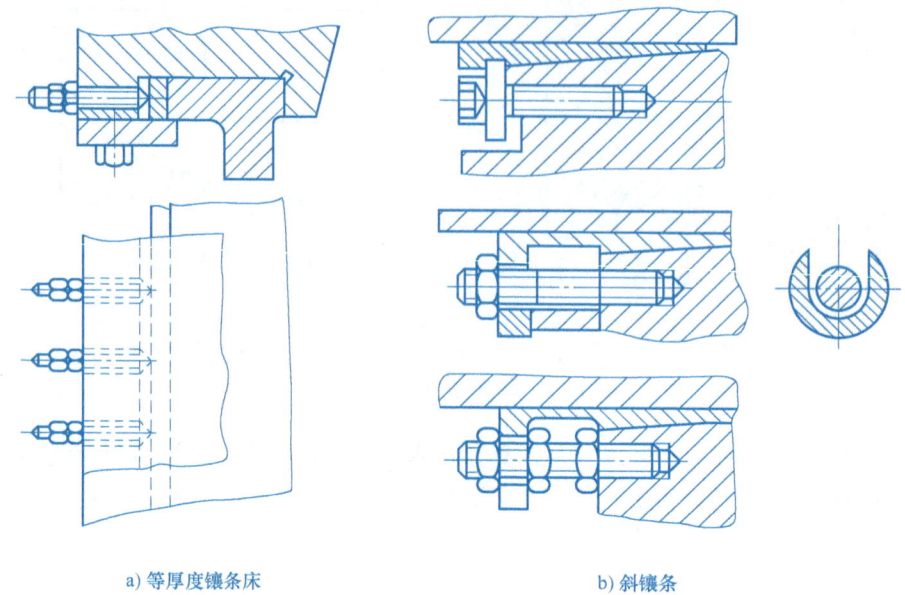

a) 等厚度镶条床　　　　　　　　b) 斜镶条

图 7-15　镶条调整间隙

2. 滚动导轨的预紧

为了提高滚动导轨的刚度，对滚动导轨应进行预紧。预紧可提高接触刚度和消除间隙。在立式滚动导轨上，预紧可防止滚动体脱落和歪斜。常见的预紧方法有过盈配合法和调整法两种。采用过盈配合法，就是预加载荷大于外载荷，预紧力产生的过盈量为 $2\sim3\mu m$，过大会使牵引力增加。若运动部件较重，其重力可起预加载荷的作用。若刚度满足要求，可不预加载荷。采用调整法，就是利用螺钉、楔块或偏心轮调整进行预紧。

3. 导轨的润滑

对导轨面进行润滑后，可降低摩擦因数，减少磨损，并且可以防止导轨面锈蚀。导轨常用的润滑剂有润滑油和润滑脂，滑动导轨用润滑油，滚动导轨既可用润滑油也可用润滑脂。导轨最简单的润滑方法是人工定期加油或用油杯供油。其方法简单、成本低，但不可靠，一般用于调节辅助导轨及运动速度低、工作不频繁的滚动导轨。对运动速度较高的导轨大都采用润滑泵，以压力油强制润滑。这样不但可连续或间歇地给导轨供油润滑，而且可利用油的流动冲洗冷却导轨表面。为实现强制润滑，必须备有专门的供油系统。

4. 导轨的防护

为了防止切屑、磨粒或切削液散落在导轨面上而引起磨损、擦伤和锈蚀，导轨面上应有可靠的防护装置。常用的防护装置有刮板式防护罩、卷帘式防护罩和叠层式防护罩，大多用于长导轨上。在机床使用过程中，应防止损坏防护罩，应经常用刷子蘸机油清理叠层式防护罩的移动接缝，以避免磕碰现象的产生。

7.4.3　数控车床导轨副的故障诊断

表 7-4 为导轨副的故障现象、故障原因及排除方法。

表 7-4　导轨副的故障现象、故障原因及排除方法

故障现象	故障原因	排除方法
导轨研伤	机床经长期使用,地基与床身水平有变化,使导轨局部单位面积负载过大	定期进行床身导轨的水平调整,或修复导轨精度
	长期加工短工件或承受过分集中的负载,使导轨局部磨损严重	注意合理分布短工件的安装位置,避免负载过度集中
	导轨润滑不良	调整导轨润滑油量,保证润滑油压力
	导轨材质不佳	采用电镀加热自冷淬火对导轨进行处理,导轨上增加锌铝铜合金板,以改善摩擦状况
	刮研质量不符合要求	提高刮研修复的质量
	机床维护不良,导轨里落下脏物	加强机床保养,保护好导轨防护装置
导轨上移动部件运动不良或不能移动	导轨面研伤	用 F180 砂纸修磨机床导轨面上的研伤
	导轨压板研伤	卸下压板,调整压板与导轨间隙
	导轨镶条与导轨间隙太小,调太紧	松开镶条止退螺钉,调整镶条螺栓,使运动部件运动灵活,保证 0.03mm 塞尺塞不入,然后锁紧止退螺钉
加工面在接刀处不平	导轨直线度超差	调整或修刮导轨,公差为 0.015mm/500mm
	工作台镶条松动或镶条弯度太大	调整镶条间隙,镶条弯度在自然状态下小于 0.05mm/(全长范围内)
	机床水平度差,使导轨发生弯曲	调整机床安装水平,保证平行度误差、垂直度误差在 0.02mm/1000mm 之内

习　题

1. 数控机床主轴目前有几种安装形式？
2. 说明主轴采用磁性传感器的准停过程。
3. 常用的双螺母丝杠消除间隙的方法有几种？
4. 加工中心进行刀具交换时,掉刀是由哪些机械原因引起的？
5. 在刀具交换过程中主轴中的刀具拔不出,原因有哪些？
6. 为什么在调整双螺母滚珠丝杠时预紧力不宜过大？
7. 导轨上移动部件运动不良或不能移动的原因有哪些？
8. 导轨面上可靠的防护装置有哪些？

附　录

FANUC系统常用缩略语

缩略语	英文	中文
AC	Alternating Current	交流
A-D	Analog-Digital	模-数转换
ALM	Alarm	报警
AMP	Amplifier	放大器
APC	Automatic Pallet Changer	自动托盘交换装置
APC	Absolute Pulse Coder	绝对式脉冲编码器
APL	Automatic Parts Loader	自动工件装卸装置
ASCII	American Standard Code for Information Interchange	美国标准信息交换代码
ATC	Automatic Tool Changer	自动换刀装置
AUTO	Automatic	自动方式
AWG	American Wire Gauge	美国线规
BCD	Binary-Coded Decimal	二进制编码的十进制
BLDCM	Brushless DC Motor	无刷直流电机
BLU	Basic Length Unit	基本长度单位,脉冲当量
BOP	Basic Operation Package	基本操作包
BR	Braker	制动器
CAD	Computer Aided Design	计算机辅助设计
CAM	Computer Aided Manufacturing	计算机辅助制造
CAP	Computer Aided Programming	计算机辅助编程
CIMS	Computer Integrated Manufacturing System	计算机集成制造系统
CMOS	Complimentary Metal Oxide Semiconductor	互补金属氧化物半导体
CMR	Command Multiplying Ratio	指令倍乘比
CNC	Computerized Numerical Control	计算机数字控制
COM	Common/Communication	公共端/通信
CPU	Central Processing Unit	中央处理单元
CRT	Cathode Ray Tube	阴极射线管
CSS	Constant Surface Speed	恒线速度切削
CTS	Clear To Send	清除发送
CW	Clockwise	顺时针旋转,正转
CCW	Counter Clockwise	逆时针旋转,反转
D-A	Digital-Analog	数-模转换
DC	Direct Current	直流
DDA	Digital Differential Analyzer	数字积分法
DGNOS	Diagnostic	诊断
DIR	Directory	目录

缩略语	英文	中文
DMR	Detection Multiplying Ratio	检测倍乘比
DNC	Direct Numerical Control/Distributed Numerical Control	直接数字控制/分布式数字控制
DOS	Disk Operating System	磁盘操作系统
DRAM	Dynamic RAM	动态随机存取存储器
DRF	Differential Resolver Function	微分解算功能
DRO	Digital Read Out	数显装置
DSP	Digital Signal Processor	数字信号处理器
DSR	Data Set Ready	数据就绪
DTR	Data Terminal Ready	数据终端准备好
EDM	Electrical Discharge Machine	电火花加工机床
EIA	Electronics Industries Association	美国电子工业协会
EOB	End of Block	程序段结束
EOF	End of File	文件结束
EMG	Emergency Stop	紧停信号
E-Stop	Emergency Stop	紧急停止
EPROM	Erasable Programmable Read Only Memory	可擦除可编程只读存储器
FA	Factory Automation	工厂自动化
FANUC	FUJITSU Automation NUmerical Corporation	富士通自动化数控公司
FEPROM	Flash Erasable Programmable Read Only Memory	快闪 EPROM
FFG	Flexible Feed Gear	柔性进给齿轮
FMC	Flexible Manufacturing Cell	柔性制造单元
FMS	Flexible Manufacturing System	柔性制造系统
FOCAS	FANUC Open CNC Application Software	FANUC 开放 CNC 应用软件
FROM	Flash Read Only Memory	快闪只读存储器
FSSB	FANUC Serial Servo Bus	FANUC 高速串行伺服总线
F/V	Frequency/Voltage Conversion	频率/电压转换
FWD	Forward	向前,正转
GND	Ground	接地
GTR	Giant Transistor	大功率晶体管
HMC	Horizontal Machining Center	卧式加工中心
HMI	Human Machine Interface	人机接口
HP	HorsePower	马力,功率
HPCC	High Precision Contour Control	高精度轮廓控制
HRV	High Response Vector	高响应矢量
HSC	High Speed Cutting	高速切削
HSM	High Speed Machining	高速加工
HSSB	High Speed Serial Bus	高速串行总线
IC	Integrated Circuit	集成电路
IGBT	Isolated Gate Bipolar Transistor	绝缘门双极晶体管
IN	Inch	英寸
INC	Incremental	增量方式
I/O	Input/Output	输入/输出
IPL	Initial Program Load	初始程序加载
IPM	Intelligent Power Module	智能功率模块

缩写	英文	中文
ISO	International Standard Organization	国际标准化组织
JIT	Just-In-Time	准时生产制
LAN	Local Area Network	局域网络
LCD	Liquid Crystal Display	液晶显示器
LED	Light Emitting Diode	发光二极管
LF	Line Feed	跳至下一行
LS	Linear Scale	直线光栅尺
LSIC	Large Scale Integrated Circuit	大规模集成电路
LUB	Lubrication	润滑
MAP	Manufacturing Automation Protocol	制造自动化协议
MC	Machining Center	加工中心
MCC	Main Contactor Control	主接触器控制
MCP	Machine Control Panel	机床控制面板
MCS	Machine Coordinate System	机床坐标系
MCU	Machine Control Unit	机床控制单元
MDC	Manufacturing Data Collection	机床生产数据采集
MDI	Manual Data Input	手动数据输入
MTBF	Mean Time Between Failures	平均无故障工作时间
MIT	the Massachusetts Institute of Technology	麻省理工学院
MMC	Man Machine Communication	人机通信
MODEM	MOdulation and DEModulation	调制解调器
MPG	Manual Pulse Generator	手摇脉冲发生器
MRDY	Machine Ready	机床准备好
MTB	Machine Tool Builder	机床制造商
MTTR	Mean Time To Repair	平均修复时间
MZi	Magnetic Encoder with Zero signal	带零标志信号的磁性编码器
NC	Numerical Control	数控
NC	Normally Closed	常闭(触点)
NO	Normally Open	常开(触点)
NURBS	Non-Uniform Rational B Splines	非一致有理化 B 样条
OEM	Original Equipment Manufacturer	原始设备制造商
OH	Over Heat	过热
OR	Orientation	主轴定向
OVL	Over Load	过载
PARAM	Parameter	参数
PC	Personal Computer	个人计算机
PC	Pulse Coder	脉冲编码器
PCB	Printed Circuit Board	印制电路板
PCMCIA	Personal Computer Memory Card International Association	国际个人计算机存储卡协会
PG	Pulse Generator	脉冲发生器,脉冲编码器
PLC	Programmable Logical Controller	可编程逻辑控制器
PMC	Programmable Machine Controller	可编程机床控制器
PMSM	Permanent Magnetic Servo Motor	永磁伺服电动机
POSIT	Position	位置

缩略语	英文全称	中文含义
PRDY	Position Ready	位置控制准备好
PROG	Program	程序
PSM	Power Supply Module	电源模块
PWE	Parameter Write Enable	参数写入允许
PWM	Pulse Width Modulation	脉冲宽度调制
RAM	Random Access Memory	随机存取存储器
REF	Reference	参考点
RET	Return	返回
RISC	Reduced Instruction Set Computer	精简指令集计算机
RMS	Root Mean Square	均方根值(也称有效值)
ROM	Read Only Memory	只读存储器
RPM	Revolution Per Minute	转速,r/min
RS232C	Recommended Standard	EIA颁布的一种通信标准
RTS	Request To Send	请求发送
RxD	Receive Data	接收数据
SCR	Silicon Controlled Rectifier	可控硅
SERCOS	SErial Real time COmmunication Specification	串行实时通信协议
SG	Signal Ground	信号地
SHG	Smooth High Gain	平滑高增益
SM	Servo Motor	伺服电机
SP	Spindle	主轴
SPC	Serial Pulse Coder	串行脉冲编码器
SPWM	Sine Pulse Width Modulation	正弦波脉宽调制
SRAM	Static RAM	静态随机存取存储器
SSPA	Serial SPindle Alarm	串行主轴报警
SV	Servo	伺服
TCP/IP	Transmission Control Protocol/Interconnect Protocol	传输控制协议/互连协议
TG	Tachometer	测速发电机
THR	Thermal	热控
TSA	Tachometer Speed	测速反馈
TTL	Transistor Transistor Logic	晶体管-晶体管逻辑电路
TxD	Transmit Data	发送数据
UPS	Uninterruptible Power System	不间断电源
USB	Universal Serial Bus	通用串行总线
VCMD	Velocity Command	速度控制指令
VMC	Vertical Machining Center	立式加工中心
VRDY	Velocity Ready	速度控制单元准备好
WCS	Work Coordinate System	工件坐标系
ZRN	Zero Return	回零

参 考 文 献

[1] 郭士义,徐衡,关颖. 数控机床故障诊断与维修 [M]. 北京:机械工业出版社,2015.
[2] 张志军. 数控机床维护与维修 [M]. 北京:北京理工大学出版社,2013.
[3] 邓三鹏. 数控机床故障诊断与维修 [M]. 北京:机械工业出版社,2014.
[4] 夏燕兰. 数控机床维修工(高级、技师)[M]. 北京:机械工业出版社,2009.
[5] 董晓岚. 数控机床故障诊断与维修(FANUC)[M]. 北京:机械工业出版社,2013.
[6] 白斌. FANUC 数控系统故障诊断与典型案例分析 [M]. 北京:化学工业出版社,2009.
[7] 涂家海. 数控机床故障诊断与维修 [M]. 武汉:湖北科学技术出版社,2009.
[8] 北京发那科机电有限公司. FANUC CNC 维修与调整(0i-D)培训教程 [M]. 北京:高等教育出版社,2011.
[9] 周兰,陈少艾. FANUC 0i-D/0iMate-D 数控系统连接调试与 PMC 编程 [M]. 北京:机械工业出版社,2012.
[10] 刘永久. 数控机床故障诊断与维修技术 [M]. 2版. 北京:机械工业出版社,2010.